社会科教育課程の
歴史的研究

古代史教材の分析と社会科の
現代的課題を考察する

壽福隆人

芦書房

序

　本書は中等教育でおこなわれている社会科教育・地理歴史科教育・公民科教育，とくに歴史教育に焦点をあてて，教育課程の問題を討究するものである。ただし，戦前の歴史教育と戦後の歴史教育の継続性，とくに義務教育段階での継続性を重視して検討していくため，戦前の歴史教育に関しては初等教育で行われた歴史教育教材に注目している。

　また，本書は教員免許状を取得して中等教育の教員を目指す学生を指導する教員養成を担当されている先生方へ，筆者の歴史教育を中心とした教育理念を問うものではあるが，日本の社会科教育や歴史教育に関心を持たれている一般の方々や，教職課程を履修して教員を目指している学生諸君にも，筆者の社会科教育観や歴史教育観を批判いただけるよう工夫して編集した。

　今春，教職課程の筆者の科目を履修していた学生に，2017年10月22日に行われた第48回衆議院議員総選挙について問うたところ，多くの学生が投票に行っていなかったことがわかった。筆者は法学部に所属して教職課程を担当しているが，法学部に進学し，そのうえで，社会科・地理歴史科や公民科の教員免許状取得を目指している学生でさえこのような認識であることに落胆したものである。

　戦後社会の基本が国民主権にあることを法学部の学生にあらためて講義する必要があるとは思われない。小学校から公民的な分野だけでなく，繰り返し，国民主権について学校教育は児童生徒に教えてきたはずである。また，戦後70年間，多くの教員団体や教育研究諸団体は憲法学習や国民主権に関する学習のために，いかに多くの教材を開発してきただろうか。しかし，教えても教えても，学んでも学んでも，青年層の投票率は下がっていく。

　もちろん，青年の投票率が下がる原因が学校教育や社会科教育だけにあるわけではないだろう。しかし，社会科教育・地理歴史教育や公民科教育に関わってきたものとして寂しく感じてしまう。

　以下，極端な例になってしまうが，考えてみたい。もし，ここにふたりの若

者がいるとしよう。ひとりは重箱の隅をつついたような難しい入試問題に正確な答えを出して優秀な成績で大学に入学した。しかし，選挙には行かなかった。一方の青年は，大学に進学することはなかったし，国民主権や社会科学の理念を詳しく説明できるような知識はないが，小学校以来何度も教わったきたことを記憶していて，必ず選挙に行く。

さて，どちらの青年に社会科教育の成果を認めることができるのだろうか。

最近のテレビ番組のなかには，クイズ形式で歴史や社会科学の知識を競うものが多くみられる。知識の量を競うことが，学校や受験の世界だけでなく，日本の社会全体に広まってしまっている。日本中が知識の多寡を競うことに血道をあげているように思われてならない。これは本来の社会科教育・地理歴史教育や公民科教育の目的ではないことは言うまでもない。

周知のごとく「社会科」は 19 世紀末から 20 世紀初頭にかけてのアメリカの中等教育カリキュラム改革のなかから生まれてきたものである。この改革をリードしたのは「NEA（全米教育協会）10 人委員会」である。この委員会は歴史教育の目的を次のように説明した。

> 歴史学習の目標のひとつは有用な事実の習得である。しかし，最高の目的は判断の訓練に，すなわち，自説の根拠を選定し自説のための資料を収集し，事実を関連付けて，事実に基づいて一般化し，特色を明らかにし，歴史の教訓を現在の出来事に応用し，子どもたちが結論を自分の言葉で述べることに慣れさせることにある。[*]

筆者はこの説明が社会科教育，歴史教育の目的を最もよく示していると考えている。選挙に行かなかった大学生は，有用な事実を多く習得して知識は豊富であるが，「歴史の教訓を現在の出来事に応用し」ているとは言えないし，「結論を自分の言葉で」表現することもできていないことになるのではないだろうか。

今，私たちはここでもう一度，社会科教育・地理歴史科教育や公民科教育をなぜ学校教育のなかに配置しているのか，なぜこの学習が必要なのか，問い直

さなければならない。

　本書出版の動機はここにある。

　本書は1998年（平成10年）4月に刊行した拙著『日本古代史教材開発―古代生産技術教育史と河川型歴史教材―』（梓出版）（以降旧著）を発展させて，その前後の研究成果をも加味して出版したものである。

　旧著は日本古代生産技術教育史の研究成果を歴史教材の開発につなげるという観点で編集したが，本書では日本古代生産技術教育史の部分を削除し，社会科教育理念に焦点を置き，社会科歴史的分野の「教育課程」を中心テーマとしてまとめた。

　まず，筆者が社会科教育の教育課程を問い直さなければならないと考えるに至った研究動機を1980年代の教育界の問題から解き起こし，さらに，教育課程の改革や改善にはひとつひとつの教材を再検討するというところにまで立ち入って探求して考えなければならないという社会科教育課程に対する筆者の主張を述べる。

　教育課程の問題は学校全体，義務教育全体，中等教育全体の大まかなカリキュラム編成問題と考えてはならないと主張したい。各教科・科目ひとつひとつのなかにある教材ひとつひとつを検討し直すことから教育課程研究は始められなくてはならないと考える。そうでなければ教育課程の改革はできないと考えている。その作業がこれまでまったく行われてこなかったとは言わないまでも，十分なものではなかったと筆者は考えている。

　この20年間を見ても，教科書上の歴史記述は，歴史研究の成果を踏まえて，変更されてきたし，最近の例，たとえば，新しい学習指導要領のなかでは，中学校社会科歴史的分野では「鎖国」という歴史用語がなくなると発表された。これは，歴史研究の成果だけでなく，教育課程研究のひとつの成果であるとも筆者は考えている。

　しかし，同時に発表された「聖徳太子」を「厩戸皇子」に変更するという点は国会の審議過程での批判を受けて「聖徳太子」表記を継続するということになったようである。筆者は「厩戸皇子」とするべきでると考えているが，これは「聖徳太子」教材に関する探究が十分に行われていないことを露呈するもの

ではないかと考える。

　本書では，この点を明らかにするために，歴史教育課程研究に必要な史料の問題から解き起こし，本書の前半で詳しくこの「聖徳太子」教材の持つ問題点について説明した。「聖徳太子教材」は戦前戦後を通じて，近代日本の社会科教育，歴史教育を象徴的に示している教材であることを多くの読者にご理解いただけると考える。この教材はわが国の社会科教育課程，歴史教育課程の問題点を象徴的に示していると思われる。

　それに続いて本書では，歴史教育課程を改善していくために筆者がこれまで試みてきた諸問題についての論述を紹介している。学校現場での試みや教員養成課程を指導した経験から書きためてきた研究を収録して諸氏のご批判をお待ちするところである。

　ところで，先日，ある方にお目にかかり，社会科教育学に関することをお話しする機会があった。その方もお若いときに社会科の教員免許状を取得されていたものと思われるが，その方は社会科教育というのは，地理学や歴史学などを専攻にされている先生方が，ご自分の専門領域を中心に講義されるものだと考えていたとのことであった。

　しかし実際には，社会科教育研究は歴史学研究者，地理学研究者や政治学など社会科学諸領域研究者の方々との共同研究で進められている。したがって，社会科教育に関する諸学会や研究団体はこれら諸科学の人たちと，さらに，学校現場で社会科・地理歴史教育や公民科教育を実際に担当している先生方がともに参加する形で運営されている。

　筆者は教育学を研究の主領域としていて，教育史学，教育の方法や技術論研究を基礎として社会科・地理歴史・公民科教育の研究を進めてきた。本書も教育史学の方法論や成果，教育方法学研究の方法論や成果に基づいてまとめたものである。

壽福隆人

　　＊　NEA, "Report of the Committee of Ten" p. 168, 1882.
　　　本書では，森分孝治著『アメリカ社会科成立史研究』風間書房，1994年，63ページの森分氏の訳を用いた。

もくじ

第1章 歴史教育課程における史的研究の重要性
―問題提起として―

第1節 はじめに 11
第2節 1980年代とはどんな時代だったか 12
第3節 教育荒廃の質的転換と教師の質 17
第4節 1980年代の生徒はどんな異議を学校に申し立てようとしたのか―柴田義松の分析を参考として― 18
第5節 1980年代を再考する 23
第6節 むすび 26

第2章 教育の「技術論」考察
―「技術論」隆盛をもたらした教育学・教育課程研究の停滞―

第1節 はじめに 29
第2節 教育の「技術」への素朴な理解 30
第3節 教育の「技術」への関心の高まり 32
第4節 教育技術のふたつの側面 34
　第1項 教授学としての教育の技術（第一の立場） 35
　第2項 個別的指導技術 37
第5節 むすび 40

第3章 教育課程史研究における史料
―歴史教材研究の方法論―

第1節 はじめに 43
第2節 日本古代史に関する教材研究の意義 45

第3節 『訓蒙皇国史略』研究の価値　46
第4節 明治初期の歴史教科書執筆者「笠間益三」研究の意味　80
第5節 歴史叙述から歴史教材の編成へ　86
第6節 むすび　88

第4章 教育課程史の実践的研究
　　　　　―『国史略』の分析を通して明治初期古代史教材を考察する―

第1節 はじめに　91
第2節 明治初期の古代史教育と『国史略』　92
　第1項 『国史略』使用状況　92
　第2項 『国史略』の他の教科書への影響　93
第3節 『国史略』の古代史記述の分析　95
　第1項 『日本書紀』との比較による数量的分析　95
　第2項 古代史記述にみる『国史略』の古代史観　98
　第3項 『国史略』と聖徳太子　103
第4節 むすび　106

第5章 聖徳太子教材の成立
　　　　　―教育課程はどのようにして創られ，歴史教育に災いするか―

第1節 はじめに　111
第2節 問題の所在　111
第3節 古代史記述の全体像の分析　113
　第1項 記述の全体的傾向　113
　第2項 「章立て」からの検討　130
　第3項 『日本書紀』記述の採用の実態からの検討　130
第4節 記述内容の検討による聖徳太子像の変化　131
　第1項 明治10年以前に刊行された歴史教科書に見られる聖徳太子像　131
　第2項 仏教系太子伝からの引用による太子高評価の始動　132

第3項　仏教系太子伝引用の進展と史料操作による太子評価の試み　*134*
　第4項　検定初期の太子記述の検討を通してみた森文政期の太子観　*136*
　第5項　『帝国小史』に見られる「聖徳太子教材」原型の成立　*138*
第5節　むすび　*142*

第6章　教育課程を歪める学校教育の現状
―高等学校「日本古代史」学習を例として―

第1節　はじめに　*147*
第2節　問題の所在（試験問題・演習問題にみる古代戸籍）　*148*
第3節　古代戸籍の教材研究　*151*
第4節　西海道戸籍「川辺里」から出題された演習問題　*156*
第5節　現在の歴史学にみる8世紀家族のイメージ　*159*
第6節　高等学校2年生の古代社会の家族観　*161*
第7節　むすび　*166*

第7章　教育課程の現代的課題
―真の学力の育成を目指し静かなる崩壊を防ぐために教科書教材改革の必要性を考える―

第1節　はじめに　*173*
第2節　今「学力」について考える必要性　*174*
第3節　「静かなる崩壊」と学力　*176*
第4節　地理の学習から「学力」を考える　*177*
　第1項　中学校社会科地理的分野から　*178*
　第2項　高等学校2年生選択地理A―インターネットを使っての海外の調査―　*179*
第5節　教師がおこす「静かなる崩壊」　*181*
第6節　歴史教材はこれでいいのか―「真の実力」と「静かなる崩壊」を歴史教材から考える―　*183*
　第1項　重要語句　*183*
　第2項　通史と人物礼賛史　*185*

第7節　今求められている教材とはなにか　*187*
第8節　むすび　*189*

第8章　文化財保護と歴史教育の連携
―歴史教育のあり方を考え，改善を目指す―

第1節　はじめに　*191*
第2節　歴史教育の問題点　*192*
　第1項　大学入試問題に見る歴史教育　*192*
　第2項　歴史資料の取り扱い方に見る歴史教育の問題点　*193*
第3節　歴史資料と文化財　*197*
　第1項　歴史資料に対する新たな視点　*197*
第4節　文化財の概念―文化財保護の歴史―　*198*
　第1項　戦前の文化財保護政策と問題点　*198*
　第2項　戦後の文化財保護政策と「歴史資料」　*200*
第5節　歴史研究・歴史教育のなかの「文化財保護」　*201*
　第1項　造東大寺司の活動　*201*
　第2項　飛驒工の保護　*202*
第6節　文化財保護と歴史教育の連携　*203*
第7節　むすび　*204*

第9章　「身近な問題」としての歴史教材の開発
―教育史上の民衆に関する史料を教材として開発していくうえでの課題―

第1節　「身近な問題」を考える視点　*211*
第2節　人物史教材の開発の必要性と危険性　*212*
第3節　再び「身近なもの」とは何かを考える　*213*
第4節　日本古代教育史から開発する人物史教材　*214*
　第1項　なぜ三島島継は人物史教材として注目できるか　*214*
　第2項　史科に問題はないか　*214*
第5節　むすび　*215*

第10章 新しい教材の開発を目指す史料の発掘
―古代日本における塩と瓦の関係についての研究―

- 第1節 はじめに　217
- 第2節 古代の「塩」と「瓦」　218
- 第3節 古代の「製塩」と「製瓦」　221
- 第4節 塩と瓦の接点　225
- 第5節 製塩・製瓦技術の所有　227
- 第6節 むすび　234

第11章 文化財保護活動に関する調査報告
―世界遺産「ヨーク大聖堂」を持つヨーク市を舞台とした文化財保護活動と社会科・公民・歴史科教員の養成―

- 第1節 はじめに　239
  - 第1項 ヨーク大学の紹介（公民教育・歴史教育教員養成の基礎条件）　240
- 第2節 世界遺産と教員養成　250
  - 第1項 現在のヨーク市　250
  - 第2項 世界遺産「ヨークミンスター」　252
  - 第3項 ヨークと教育学　254
- 第3節 むすび　257

第12章 中高一貫教育と高大一貫教育における教育課程
―高等教育機関はいかに対応すべきか―

- 第1節 はじめに　259
- 第2節 戦後教育の理念と「中高一貫教育」　260
- 第3節 高等学校教育の持つ問題と「中高一貫教育」「高大一貫教育」　261
- 第4節 新制高等学校を考える前提として「単線型」学校制度とは何かを考える　262
- 第5節 新制高等学校の成立　264

第6節　新制高等学校が当初から持っていた矛盾　*265*
第7節　新制高等学校が目指したもの　*268*
第8節　「中高一貫教育」推進の背景を探る　*270*
第9節　むすび　*273*

第13章 高等教育におけるボランティア活動プログラムの研究
―世界遺産プレアビヒアを題材として―

第1節　はじめに　*277*
第2節　学生の学習歴　*278*
　第1項　「体験」に関する学習―特別活動・学校行事―　*278*
　第2項　体験学習としてのボランティア活動　*279*
　第3項　学習指導要領に見るキャリア開発　*280*
　第4項　義務教育段階の学習指導要領に見る体験学習とキャリア開発　*283*
第2節　「世界遺産プレアビヒア」に関するボランティア活動プログラム　*284*
　第1項　「世界遺産」プレアビヒア　*284*
　第2項　「世界遺産プレアビヒア」の現状　*285*
　第3項　プレアビヒア遺跡とその周辺地域でのボランティア組織の活動　*286*
　第4項　PVAJ日本学生隊のボランティア活動　*287*
　第5項　学生隊参加者へのアンケート調査とキャリア開発　*291*
　第6項　「世界遺産プレアビヒアと周辺地域ボランティア活動」プログラムの教育的評価　*293*
第3節　むすび　*294*

あとがき　*301*
初出一覧　*305*
索　引　*307*

第1章
歴史教育課程における史的研究の重要性
――問題提起として――

第1節　はじめに

　1996年春出版された『日本民衆教育史』[1]はわが国の近代教育史を10年刻みで論じた。編集者は「はしがき」のなかで，「章だての年代をみればわかる通り，近代はほぼ10年ごとにしている。これは30余年前に予備校講師が使用していたものを借用した」[2]と紹介している。もちろん，編者はこの時代区分を「借用」などしたのではなく，この時代区分に意味を感じていた。

　さらに，この書は「1980年代以降の教育（仮）」[3]という章を設けて，白紙のページを残していた。この本を手に取る人たちの多くがこれ以降の三十数年をどう書いていくのか，どう生きていくのかを問うていたのである。

　筆者は1980年代を本書執筆の起点とした。それは1980年は文部省が各教科の指導内容を大幅に精選し授業時間を大きく減らした学習指導要領がスタートした年，広義の意味での，いわゆる「ゆとり教育」がスタートした年であったことに起因する。まず，歴史教育課程における歴史的研究の第一歩として，『日本民衆教育史』の編集者の問いかけに自分なりに応えていきたいと考える。それは，これからのポスト「ゆとり世代」の教育をどのように考えていくのか，これからの若者をどう育てていくのか，今，学校教育に求められているものが何であるのかを研究する第一歩となるように思われるからである。

　生徒管理の徹底や特別活動の充実，また，「総合的学習の時間」の導入に見られる新たな学習課題の設定もおこなわれ，多くの試みが提案され，実施されて

きた。しかし，すでにこの「ゆとり教育」それ自体が大きな批判のなかで修正を求められるに至った。

ここで筆者の「ゆとり教育」に対する考えを明らかにしておきたい。筆者は1980年代に導入された広義の意味での「ゆとり教育」の基本的方向に間違いがあったとは考えていない。しかし，この「ゆとり教育」の延長線上で本格的に始められて1992年以降の「新学力観」に基づく学習指導要領によって，学校教育が大きく改善されたとも思っていない。

筆者は1980年代以降のさまざまな教育界の試みをすべて否定するわけではないが，日本の学校教育に潜んでいる最大の問題は学習内容，言い換えると学校教育教材，それ自体が持つ「弱さ」にあるのではないかと考えている。すなわち日本の教育界の「教材研究」の弱さに最大の原因があると考えている。

残念ながら筆者は日本の教育学研究のあらゆる研究分野を総括して，1980年代以降の教育問題を整理し，今後のあるべき学校教育の方向を提示するだけの力を持ち合わせない。しかし，小さな成果ではあるが，歴史教育課程の歴史的研究から見えてくる日本の学校教育の問題を本書で明らかにし，今後の日本の学校教育に資したいと考えている。

それではまず，歴史教育課程の歴史的研究成果を紹介する前に，なぜ，この研究が必要とされたかを明らかにするために，1980年代の教育問題から検討していきたい。

第❷節　1980年代とはどんな時代だったか

今から30数年前の1980年代とは教育界にとってどんな時代だったのだろうか。これを再考することは，この30年間，日本の学校教育が歩んだ過程の原点を明らかにすることであり，少し大げさに言えば，社会科教育や地理歴史教育に関係する者がこの30年をどのように生きてきたのかを再確認することである。

1980年代の国際社会は大きな変貌を遂げていた。ソビエトではゴルバチョフ書記長の登場によって，ソ連の崩壊が始まった。米国ではレーガン政権が2期目に入る頃であり，東西両陣営の対立が東側の崩壊という形で終焉を迎える。

その序曲が始まった時期であった。

　この頃，日本の教育界も大きな転換点を迎えていた。それを象徴するのは，秋田で行われた1985年（昭和60年）の日本弁護士連合会第28回人権擁護大会であろう。その第一分科会の『学校生活と子どもの人権―校則，体罰，警察への依存をめぐって―』と題した基調報告書を発表した。とくに「学校生活と子どもの人権に関する宣言」が採択されたことは注目された。その中には，次のような一節が見られる。

　　　今日の重大な社会問題となっている，『いじめ』，登校拒否，中途退学，非行などの増加は，社会・文化的背景，社会の価値観や社会構造に深く根ざしているものではあるが，学校における管理の状況と無関係ではありえない

　この宣言は教育界のみならず，日本社会全体への「警告」だったと筆者は考えている。この「警告」には，学校が直面していたさまざまな問題を『管理』の強化という方法で対処しようとしていた当時の教育界の状況がよく示されている。
　そこで，まず，この「学校における管理」がどのような経緯から強調され，弁護士連合会から警告されるにいたったのかについて明らかにしておきたい。
　前掲の『日本民衆教育史』は1970年代の教育を「高度経済成長の終焉と『教育の荒廃』の深まり」ととらえ，その中味を「おちこぼれ問題の深まり，非行・問題行動の深刻化」とした。また，その深刻さは「子ども・青年たちの『発達の危機』と言ってよい」とまで述べて，日本の学校教育の危機的状況を明らかにしていた。
　次に示す資料は，戦後から1970年代（昭和24年から平成4年）までの少年非行の推移を示す資料である。
　この資料は1970年代（昭和45～54年）の後半に少年非行が急増したことを示しており，学校教育においても未曽有の危機的状況にあったことがわかる。この頃から，マスコミはこの教育荒廃，学校荒廃の問題を盛んに取り上げるよう

になった。

　たとえば、東京都内のある中学校でおこった教師による生徒への傷害事件をきっかけとして、その中学校のトイレが激しく壊されていた様子が全国ネットで放送されたことは多くの人が記憶しているだろう。マスコミ報道によって、それまで教育界内部で問題視されてきたことが、公にされ、「学校の荒廃現象」が社会問題化した瞬間であった。かくして、1980年代は社会全体が「学校の荒廃現象」にいかに立ち向かって行くのかが問われる時代となったのである。

　直ちに行政も動きを見せた。このなかで注目されるのは、現在の国立教育政策研究所の前身である国立教育研究所内に結成された「校内暴力問題研究会」である。その報告書のひとつに1984年に刊行された『学校紛擾の史的考察』[10]がある。近年「校内暴力」と呼ばれる問題は、戦前、「学校紛擾」と呼ばれていた。もちろん時代的な問題があって、両者がまったく同内容の行為であるとは言えないが、生徒が学校に対して、アンチテーゼを投げかけた点では、同じと

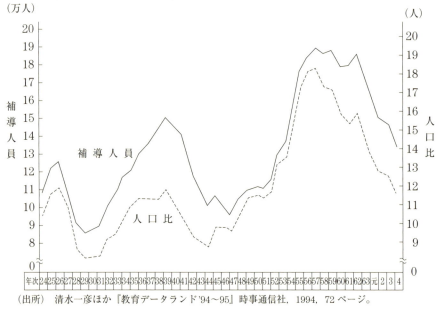

図1−1　刑法犯少年のうち主要刑法犯で補導された者の人員および人口比の推移
　　　　（昭和24年〜平成4年）

（出所）　清水一彦ほか『教育データランド'94〜95』時事通信社、1994、72ページ。

言ってよい。この「学校紛擾」は『教育時論』の記事のなかに頻出していて，これらを抽出し，整理して考察を加えたものがこの研究である。これを見ると，次のような事実が見えてくる。

　①近年「校内暴力」として取り上げられている事件と同様な事件が近代学校成立以来日本の教育界には断続的におこっている。
　②「学校紛擾」という言葉で紹介されている事件には校則問題に端を発した生徒の学校への反抗など，今日の「教育荒廃」現象と似たものが見られ，1970年代の教育荒廃の問題を今日的問題としてのみ捉えることはできない。むしろ，わが国の近代学校の成立とその発展に深く関係し，わが国の学校では，学校が内包してきた矛盾への不満の噴出が断続的に繰り返されてきたと考えられる。

　本来，1980年代の教育改革は，弁護士連合会が指摘したように「管理」の問題ではなく，近代学校制度を根幹から問い直す決意で「学校の荒廃現象」に立ち向かわなければならない問題であった。本書が主テーマとして掲げる教育内容，教材の問題にまで踏み込み，近代公教育の根幹にまでメスを入れるチャンスでもあった。しかし，このとき，そのチャンスを逃し，管理強化で乗り切ろうとしたことに重大なミスがあったと筆者は考えている。
　ところで，断続的に繰り返されてきた生徒による学校への紛擾事件には，やはり時代による質的違いは存在する。この点も以下に指摘しておきたい。
　次に示す資料は「警察白書」に見られる校内暴力事件件数の推移である。
　この資料を見ると明らかなように，1970年代後半までは減少傾向にあった校内暴力が，1980年から一転して増加傾向を見せる。ここには件数の問題だけではなく，質的な問題があったことを，川口幸宏は著書のなかで，指摘している。
　次ページの表1－1は川口が作成した「対教師暴力」の発生件数を整理したものである。
　この資料から，校内暴力における「対教師暴力」が急増していることが明らかである。

一般には，1980年代に入ると，教育荒廃現象の沈静化に向けて，社会も教育界も本腰を入れて立ち向かったことになっているが，実際には「対教師暴力」というこれまではあまり考えられなかった直接的でより深刻な問題が学校に発生していたのである。

図1－2　校内暴力事件数の推移

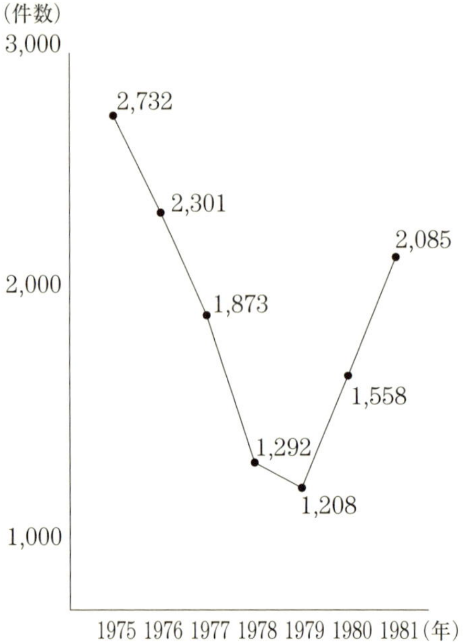

(出所)　『警察白書』1982年版

表1－1　対教師暴力の発生件数

年	1975	1976	1977	1978	1979	1980	1981
総数	149	161	215	191	232	394	772
中学	119	139	193	174	211	372	738

（注）　中学は総数の内数。
(出所)　白井慎ほか『特別活動』学文社，1994，7ページ。

第3節 教育荒廃の質的転換と教師の質

　1980年代の「学校の教育荒廃現象」の特徴は前項で検討したように対教師暴力として現れたことにある。したがって、この時代もまた教師の問題が問われたのである。もちろん、教師は学校荒廃の問題を厳しく受けとめなければならないのだが、責任の多くを教師にかぶせてしまうと、むしろ学校荒廃の本質が見えなくなってしまうことになる。

　しかし、この対教師暴力が増加した時代の教師の問題をここで検討しておきたい。

　総理府青少年対策本部が発表した「青少年と暴力に関する基本調査」[13]は対教師暴力の動機として、次の3つを取り上げている。

- 先生がえこひいきする
- 先生がしつこくしかる
- 先生がしっかりしていない

　この発表だけを見ると、対教師暴力の主たる原因が教師の指導力不足にあったと考えられる。しかし、対教師暴力の実態をもっと詳細に見ていくと、必ずしもそうとは結論できない、少し違った実状が見えてくる。

　対教師暴力の対象となった教師を分類した警視庁の資料がある（「教師に対する暴力事件の実態調査結果（昭和56年1月～12月）」警視庁）。「教師の職務」から対教師暴力の対象となった先生を分類した資料と「教師の経験年」[14]から分類

表1－2　対教師暴力の対象となった教師

先生の職務からの分類	先生の経験年数からの分類
他のクラスの先生…48.0%	5年未満の先生…………32.4%
担任の先生…………21.7%	20年以上の先生………24.5%
生徒指導の先生……15.5%	5～10年の先生…………21.7%
	10～20年の先生………21.5%

（出所）　表左：総理府「対教師暴力の動機と理由」より作成。
　　　　　表右：警視庁「教師に対する暴力事件の実態調査結果」より作成。

した資料である。

　この資料から，担任ではない先生が対教師暴力の対象にされることが圧倒的に多いことがわかる。また，経験年数の少ない先生が対教師暴力の対象となる場合が多いともいえるのだが，中堅，ベテランの先生まで，まんべんなく対象となっていることもわかる。

　生徒に接する機会を考えると，「えこひいき」が発生する機会は担任教師のほうが圧倒的に多いだろうし，生徒をしかる機会も担任教師のほうが圧倒的に多いはずである。また，教師の経験年数にあまり関係なく，対教師暴力の対象となった先生がいたことは，ある特定の事案から，教師と生徒間に対立が生じ，対教師暴力へと発展したとは考えにくいのである。

　もちろん，これらの資料を教師の指導力不足が対教師暴力の原因であったことを証明する資料とみることはできるのだが，指導力不足の先生に生徒の不満が集中してぶつけられたとみることもできるのである。だとすれば，対教師暴力の根本的な原因は教師の指導力以前の問題，すなわち，前出の川口が指摘しているように「対教師暴力は，形の上で教師に対する暴力行為となってあらわれているが，（中略）少なくとも『学校』という存在に対する暴力的行為，つまり，『学校』に対する何らかの異議申し立ての行為を意味する」と見なければならなかった。

　しかし，現実には管理強化は，生徒の管理だけではなく，教師の指導力を問うという形で教師の管理強化へと進み，この時期の「学校の荒廃現象」対策が進められたことは周知のことである。学校教育を根本的に問い直す絶好の機会を逸したのである。

第❹節　1980年代の生徒はどんな異議を学校に申し立てようとしたのか―柴田義松の分析を参考として―

　1980年代の「学校の教育荒廃」を考えるとき，注目すべき一群の書籍がある。それは「特別活動」に関するものである。これは教員養成課程カリキュラムの改正にともない新たに必修となった「特別活動」に関する科目のテキストが1990年前後に多く出版されたことに起因する。それらの書籍群の多くは，「特

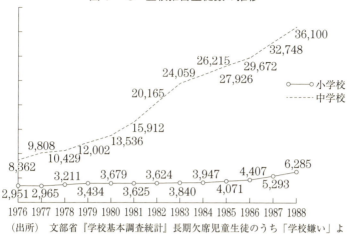

図1-3 登校拒否生徒数の推移

(出所) 文部省『学校基本調査統計』長期欠席児童生徒のうち「学校嫌い」より作成。

別活動」が重視されなければならない基本的視座を提示していた。それらの書籍群のなかから，1985年前後の学校の状況を分析し，学校教育における「特別活動」の意義を示した柴田義松編著の『教職課程講座・第6 特別活動学校の活性化を目指す特別活動』(17)に注目したい。

柴田はこの書のなかで，学校生活の現状を分析し(18)（第1章第3項「学校生活の

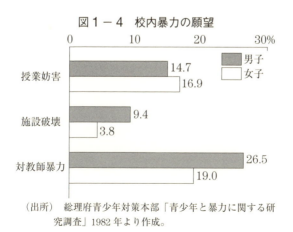

図1-4 校内暴力の願望

(出所) 総理府青少年対策本部「青少年と暴力に関する研究調査」1982年より作成。

現状」),そこから「特別活動の課題」を明らかにしている。この書は教職課程科目「特別活動」の指導論を越えて,本書がテーマとする学校教育の問題を考察する重要な手がかりとなっている。

柴田は次に示す6つ統計資料を紹介し,1980年代の学校生活を分析している。

まず,「登校拒否生徒数の推移」[19]を示し,1980年代に入って「学校の荒廃現象」が沈静化したと言われる一方で,実際には長期欠席や不登校の急激な増加が見られることを明らかにし,1980年代の「沈静化」は外面的暴力の減少に過ぎず,「生徒たちの不満の内面化」が進行していったと結論した。

前ページ下の資料「校内暴力の願望」[20]は,当時,実に3人にひとりの生徒が校内暴力を起こしたいという願望を持っていた驚愕の事実を示すものである。もちろん,この生徒たちのほとんどは,その気持ちを心のなかに秘めて学校生活を送っていたわけで,それらの思いがすべて校内暴力事件へと発展したわけではなかったが,学校への不満は一部の生徒の問題ではなかったことを示している。3人にひとりが校内暴力への願望を持っていたという実状をひとつの教室に置き換えて考えてみると,この事態がいかに深刻なものであったか想像で

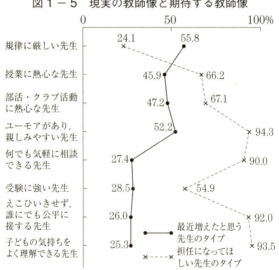

図1-5 現実の教師像と期待する教師像

(出所)「日米中学生・母親調査報告書」1985年より作成。

きる。40人でひとつのクラスが構成されていたとすると，そのなかの12人前後が「校内暴力への願望」を持つほどの学校教育への不満を持っていたことになる。教師の力量を超えた異常な状況が教室で展開されていたことを示している。

　しかし，1980年代，マスコミを賑わすような外面的暴力事件は減少して，生徒の不満は内面化していった。その原因を柴田は学校における「管理体制の強化」に求めていて，それを裏付ける資料が「現実の教師像と期待する教師像」[21]である。

　柴田はこの資料の「最近増えたと思う先生のタイプ」の項目に注目し「規律に厳しい先生」が増えたと感じている人が多いことを指摘した。

　以上の柴田の論点を整理すると，1980年代，派手な外見的暴力事件は減少し，「学校の荒廃現象」は沈静化に向かったとも見えるが，それは管理体制の強化によって，生徒の不満を封じ込めていったものであり，生徒の不満は内面化

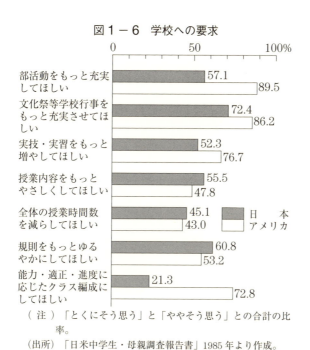

図1-6　学校への要求

（注）「とくにそう思う」と「ややそう思う」との合計の比率。
（出所）「日米中学生・母親調査報告書」1985年より作成。

し，結果的に不登校・登校拒否の増加という深刻な新たな問題を引き起こしていたということである。

柴田はこの1980年代の学校の分析を前提として，教科外活動の充実について考察を続けている。彼が注目したのは次のふたつの資料である。「学校への要求」[22]は，日本の中学生が今，最も学校に期待しているのは「文化祭等学校行事の充実」であることを示している。

また，「学校が楽しい理由」[23]は，学校生活のなかで楽しいのは「友達と出会える」からである。これらの資料は管理強化のもとで内面化しつつあった生徒たちの不満や不登校の増加など学校の今日的課題に応えるひとつの方策が特別活動の充実に求められるという結論を当然に導き出すのである。

しかし，柴田が1980年代の学校の困難な状況の原因を管理体制の強化だけ

表1-3 学校が楽しい理由

(%)

	日　本	アメリカ
授業が面白いから	3.8	16.5
友だちと会えるから	85.3	44.2
先生が好きだから	1.6	4.9
成績がよいから	0.6	16.5
自分の力が発揮できるから	2.1	8.5
勉強が楽しいから	1.8	1.7
そ　の　他	4.7	7.6

（出所）「日米中学生・母親調査報告書」1985年より作成。

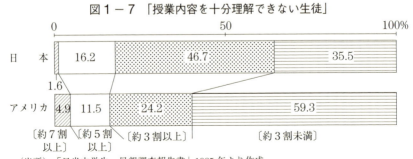

図1-7 「授業内容を十分理解できない生徒」

（出所）「日米中学生・母親調査報告書」1985年より作成。

に求めているのではない点にも注目しておく必要もあるだろう[24]。「授業内容を十分に理解できない生徒」[25]に注目して，わが国の授業が知識の詰め込み形式に偏りすぎている問題を取り上げていることである。筆者はむしろこの点こそが学校の教育荒廃の根本的原因であったように考えている。次節ではこの問題に注目していきたい。

第5節　1980年代を再考する

　今，学校は1970年代以降言われ続けてきた「学校の荒廃現象」を克服することはできたのだろうか。前項で見たような分析や，その分析の資料となる多くの統計が発表されても，不登校生徒は減らないばかりか，いじめはより陰湿さを増している。

　また，管理体制の強化に対してどのような評価が下されているのだろうか。女子高校生が校門で圧死するという事件（神戸高塚高校校門圧死事件，1990年7月6日）がおこり，マスコミはこれを大きく取り上げ，学校における管理主義のひとつの側面が明らかにされた。加害者となった教師に殺意があったなどと考える人はいないだろう。遅刻指導のなかで，1分いや，5秒，10秒のゆとりが許されない「管理」という学校の体制が生徒も教師も不幸にしたとしか考えられない事件であった。しかし，この事件をきっかけにして，学校の管理体制のあり方を根本的に問い返そうとする論調はマスコミにも社会にも，そして学校関係者にもあまり強く起こらなかった。それどころか，公立学校よりも厳しい校則を持つ学校が多い私立学校へと生徒は流れていった。その傾向は都市部で私学ブームとして顕著にあらわれた。さらに，隔週で土曜日に授業が行われないこととなり（隔週学校五日制），かえって時間割りは窮屈となり，そのしわ寄せが特別活動に向けられていったのは周知の事実である。

　この30年間，教育界は真剣にこの「学校の荒廃現象」に立ち向かったと言えるのだろうか。ゆずって，真剣に立ち向かったとして，そこに明確な成果が生まれなかった理由はどこにあったのだろうか。このように考えたとき，われわれは1980年代をしっかりと分析していたのか再考せねばならないように思わ

れる。これまで紹介してきた資料を再度分析し，何か生徒の叫びを見逃していなかったのか再考していきたいと考える。

そのとき検討の中心となるべき問題は柴田も注目していたわが国の学校の「授業」の問題ではないかと考える。ここにいう「授業」の問題とは，生徒が毎日受けている一時間一時間の授業のなかでどのような教材がどのように展開されていたのかという問題である。教育課程の問題をその編成理論に注目して議論するのではなく，毎時間展開される教材の教育内容にまで踏み込んで教育課程を再考しなければならないという考え方である。

同時に，教師はどのように教材研究を進め，どのような教材を準備して次の授業に臨むことができたのかを考える問題でもある。それは，そのための教師の能力がいかに開発され，それに必要な十分な時間が教師に与えられたのかという問題でもある。

前項で紹介した表1－3の「学校が楽しい理由」に再度注目してみたい。日米を比較してほぼ同じ数字が出ているのは「勉強が楽しいから」である。いずれも，1.8％（日本），1.7％（米国）と非常に低い数字で共通していた。日本の中学生も米国の中学生も共通して勉強を楽しいものとは思っていなかったようである。しかし，大切なことは，日米の中学生が共通して勉強を楽しいものだと思っていなかったにもかかわらず，「授業が面白い」と答える米国の中学生が16.5％いて，その数字は日本の3.8％の4倍を超えているという点である。

また，日米ともに学校では「教育評価」が行われていて，当然，「成績のよい生徒」と「芳しくない生徒」が生まれる。したがって，「成績がよい」生徒は日本にも米国にもいるはずである。しかし，自分の「成績が良い」ことを学校が楽しい理由としてあげている米国の中学生が16.5％いるのに対して，日本では0.6％しかおらず，いないに等しい数字である。この事実は「学校がおもしろい」理由に対する回答といっしょに注目されなければならない点である。

米国では「授業が面白い」と感じ，「成績がよい」ことから，学校を楽しいと感じる生徒が全体の3分の1に達していること，すなわち，教育内容，授業内容という学校教育の本来の価値を生徒自身が評価していることが注目される。

しかし，当時の日本の中学生は学校の基本的部分，教育内容や授業内容に学

校の楽しさを感じていなかったのである。日本の中学生が授業を中心に展開される知的能力の開発という学校教育の中心的な課題にあまり関心を示していないのである。「授業が面白いから」「成績がよいから」「勉強が楽しいから」への回答をすべてたしても6.2％にすぎず，当時の教育内容や授業が中学生の知的関心を喚起するものにはなっておらず，生徒が学校の本来の目的を理解していなかったことを示している。だから，日本の中学生の学校への関心は「友達と会える」ことに集中してしまっていたのである。ここに「学校の荒廃現象」から立ち直るためには，制度や管理の問題だけでなく，教材のひとつひとつに注目しなおして，教育改革をすすめる必要性があったことがわかるのである。

ちなみに，「授業が面白いから」「成績がよいから」「勉強が楽しいから」への回答をすべてたした6.2％という数字は，当時の18歳人口に対する国立大学入学定員数に近い。この点にこれ以上言及する力を筆者は持ち合わせていないが，興味ある数字である。

次に，「学校への要求」にも注目しておきたい。これは当時の中学生が学校に何を望んでいたか，何に不満があったかを日米の中学生に聞いた質問である。7項目の質問への回答のうち，6項目は日米ともにほぼ同じ回答の傾向を見せているが，日米で大きく異なった回答が出た項目があった。それは「能力・適性・進度に応じたクラス編成にしてほしい」の項目である。米国の中学生の7割以上が自分の能力に応じたクラス編成を望んでいるのに対し，日本の中学生ではそれを望む者は約2割に過ぎない。日本の中学生の多くが能力別クラス編成を望んでいなかったと考えられる。

「学校が楽しい理由」ですでに検討したように，米国の中学生が学校本来の価値を認めて，学校が学習の場であることを明確に認識していたのに対して，日本の中学生は必ずしもそうではなかった。存在していたはずの成績が良い生徒もそのことを学校が楽しいと考える理由に挙げておらず，知的能力の開発という学校教育の中心的な課題にあまり関心を示していなかった。さらに，「学校への要求」に関する調査は，多くの生徒は能力別のクラス編成を望んでいなかった。むしろ，学校で「選別」されることを嫌っていたかのように思われる。ほとんど理解できなくなっていた授業が展開される教室に居続けなければならな

かった生徒にとっては苦痛であったろうし，もっと高度な学習内容へと進みたい生徒も多くいただろう。自分の能力や適性に見合った授業が知的能力の開発に適していることは，中学生であれば理解できたはずである。しかし，能力別に編成されて授業が行われることを望まなかったのである。日本の当時の中学生が序列と選別のなかで苦しんでいた姿が垣間見える。

柴田もこのような状況を踏まえて，「授業をふくめ学校の活動全体の根本的改革が必要である」(26)とのべている。日本の学校はこのとき知的能力の開発という学校教育の本来的課題を生徒自身が理解できるように改革されなければならなかっと思われる。

第6節 むすび

本章で注目してきた問題は1970年代から1980年代にかけての中等教育の動向であった。そこには，学校の本来的価値である知的関心を喚起する学習の場としての学校のあり方を問い直すチャンスがあった。

筆者が教育学研究を始めたきっかけは，本章でも取り上げた1983年に国立教育研究所内に結成された「校内暴力問題研究会」の資料調査員にアルバイトとして雇われたことであった。この研究会の報告書のひとつに1984年に刊行された『学校紛擾の史的考察』がある。筆者は明治以降近代学校教育のなかで起こった学校紛擾（校内暴力）事件を『教育時論』の記事のなかから探し出し，整理する補助作業員であった。マイクロフィルムに保存されていた『教育時論』各号の記事から学校紛擾事件を抽出していく作業は骨の折れる作業ではあったが，当時，大学院生であった筆者には資料を丹念に検索していくことの重要性を学ぶ機会となった。同時に，近代学校100年の歴史のなかで，なんと紛擾事件の多いことか驚いた。学生寮の食事への不満から起こった「同盟休校」（学生ストライキ）から，恋愛問題にかかわる校則違反による退学処分事件まで，ありとあらゆる問題が学校紛擾事件のきっかけとなっていた。1970年代後半から社会問題化した「学校の荒廃現象」は日本の近代公教育史上はじめて直面した中学生の反乱のように思われた。しかし，学校は子どもや青年の夢や希望に満

ちたところであるといわれる一方で，常に若者の不満がマグマのごとく地下で沸騰しているところでもあったことを忘れてはならないことをこの研究への参加から学んだ。

　教育制度やカリキュラムの問題，また学校の管理体制の問題が，「学校の荒廃現象」を生んだ原因ではないとまでは筆者は言わない。しかし，もっと重要な教育問題が見落とされているように思われてならない。もちろん，1980年代から教育内容の厳選という作業を通じて教育内容の見直しも進められてきた。したがって，1980年代からの教育改革が管理強化だけで進められてきたと指摘するわけではない。

　ただし，教育内容の改革，一時間一時間の授業のなかで展開される教材への検討が十分でなかったのではないかと筆者は考えている。それが，いくら制度を改革しても十分な改革になりえない原因だと筆者は考える。

　日本古代史の教材が十分な教育学的検討を経ないまま使用され続けているのかを明らかにする本書の作業を通じて，これからの教育のあるべき方向を考えるひとつの資料を提供していきたいと考える。

【注】
（1）　石島庸夫・梅村佳代編『日本民衆教育史』梓出版社，1996年。
（2）　同上　はしがき。
（3）　同上　341ページ。
（4）　日本弁護士連合会第28回人権擁護大会シンポジウム第一分科会実行委員会編，1985年。
（5）　藤田昌士編「日本の教育課題4」東京法令，1996年，31ページ。
（6）　前掲『日本民衆教育史』311ページ。
（7）　同上　312ページ。
（8）　同上　313ページ。
（9）　同上　322ページ。
（10）　校内暴力問題研究会，1984年。
（11）　『教育時論』開発社，1885〜1926年，1927〜1934ページ。
（12）　白井慎・西村誠・川口幸宏『特別活動』学文社，1994年。
（13）　総理府青少年対策本部「青少年と暴力に関する基礎調査」1982年。
（14）　同上「対教師暴力の動機と理由」を参考に作成。

(15) 警視庁「教師に対する暴力事件の実態調査結果」1981年参照。
(16) 前掲『特別活動』10ページ。
(17) 柴田義松編著「教職課程講座・第6 特別活動」『学校の活性化をめざす特別活動』ぎょうせい，1990年。
(18) 同上　11ページ。
(19) 同上　12ページ。
(20) 同上　13ページ。
(21) 同上　14ページ，または，財団法人日本青年研究所『日米中学生・母親調査報告書』1985年，28ページ。
(22) 同上　16ページ，または，前掲『日米中学生・母親調査報告書』31ページ。
(23) 同上　17ページ，または，前掲『日米中学生・母親調査報告書』16ページ。
(24) 同上　17〜18ページ。
(25) 同上　15ページ，または，財団法人日本青年研究所『日米学生教師調査報告書』1985，32ページ。
(26) 同上　17ページ。

第2章

教育の「技術論」考察
― 「技術論」隆盛をもたらした教育学・教育課程研究の停滞 ―

 はじめに

　1980年代以降,「教育技術」とか「授業技術」という言葉が頻繁に用いられてきた。今日では, この「教育技術」は教育用語として定着した感があるが, この言葉とこの言葉の背景にある教育観は本書が目指す歴史教育課程の史的研究と重要な関係にある。明確な定義なしに「技術」論が叫ばれることによって, 本来の学校教育の改革が見落とされてしまったと筆者は考えているからである。この問題について以下本章で論じておきたい。

　1990年にスタートした大学における教職課程プログラムでは教育方法学と教育技術論は並立する形でカリキュラム化され「教育の方法・技術論」といった講義科目が多くの大学で設定されることになった。しかし,「教育技術」という言葉は教育学の用語としては明確な概念を持っているとは言えない。

　ある人は「教育技術」を, 教育工学の概念に近いものとして用いているようであり, また, ある人は生徒指導もしくは生活指導の方法に近い概念として用いているようである。中学校や高等学校の教育現場ではこの混乱は著しく, 授業の「巧い」・「下手」を示す概念として位置付けられることがあり, 教員の質的評価の指標とする傾向さえ見られる。

　まず,「教育技術」は教育学の用語として, これまでどのように定義されてきたのかを見ておきたい。『新教育学大事典』(1)と『現代学校教育大事典』(2)には次のような記述が見られる。

『新教育学大事典』
　教育実践上，重要な役割・機能をもつことは否めない事実であるが，それにもかかわらず，二，三の例外を除けば，一般的な技術論に比して，本格的な定説・規定はもちろん意味さえ多様であり，確定しているとはいいがたい状況である

『現代学校教育大事典』
　広義には，その際（教育活動）に利用されるすべての手続き，すべての手段，方法を意味する。（略）狭義の教育技術は，道具としての教材や教具とも，あるいは各種教育手段の組み合わせ，体系化としての教育方法とも区別される概念であって，それら教材・教具・教育諸手段を駆使する教師の主体的・創造的行為そのものに他ならない。（かっこ内は筆者）

「教育技術」という言葉は，教育学の用語としても，教育実践の用語としても，多様な意味を持ち，また，具体的な何かを示す言葉ではなく，抽象的な意味を持った概念であることがわかる。
　本章ではこのように明確な概念を持たない教育や授業の「技術」が，これまでどのように理解されてきたのかを考察して，「技術」論への関心の高まりが，実は，教育学研究や教材研究の停滞に起因するものであることを明らかにしていきたい。それは同時に歴史教育課程の歴史的研究の重要性を明らかにすることをも意味する。

第2節　教育の「技術」への素朴な理解

　教育方法学上の基本理念や教育課程編成，また，学習集団編成の基本理念を教育学の文献を通して学んだならば，それだけですぐに何十人かの生徒を対象として教室で学習指導していけるのかと言えば，けっしてそうではない。学生時代にペスタロッチやヘルバルト以降の教授法史を学び，学校現場に赴任して，

現実は大学で何だものとはあまりにもかけ離れていることに気づくだろう。むしろ，かなり現場での経験を積まなければ，教授法史に登場する先人たちが述べてきたこと，たとえば，ペスタロッチのいう「直観」の重要性などの意味や意義が理解できないのが現実である。[3]

　現実には，生徒や保護者の多くが「力をつけてくれる先生」を支持するのであるが，この「力をつけてくれる先生」とは受験指導に熱心な先生を意味する場合も多く見られ，受験に向けた学習活動，いわゆる知識の量を競う「つめこみ」教育に卓越した先生を示すことがある。2002年以降の学習指導要領が示すようになった「生きる力」も「確かな学力」という語と結びついて，ときには受験を勝ち進んでいく力とさえ理解されることがある。教育の技術もそのための技術と理解されてしまうことがあった。

　また，近年，奇妙な事実を知った。「コンピュータリテラシー」という科目を担当している先生から伺った話である。新入生のなかに，パソコンを十分に使いこなせない学生が多くみられると言うのである。スマホでほとんどの情報収集や通信が可能になった昨今，高校時代にパソコンをあまり勉強せずに大学へ入学してきた学生が見られるのだそうである。2003年，新教科「情報」が新設され，その後ほとんどの高等学校が立派なコンピュータルームを用意しているはずなのに，それらが十分に活用できないでいる現実が見られると言うのである。教育方法や教育技術における工学的発想は，必ずしも教育現場には生かされていないという現実である。

　ここで最も指摘しておきたいことは，「教育技術」という言葉が教員養成や教育現場でよく理解されていないということではない。重要なことは，この言葉が明確に定義されずに議論が進められてきているのに，そのことが必ずしも教育界では深刻な問題として受け取られていないことである。

　戦後の日本の教育界は大学の教職課程で学んだ教授理論がそのまま現実の学校教育には持ち込めないことをどこか当然のことのように考えてきた。平成31年度からの実施を目指している新しい教職課程がコアカリキュラムを前面に打ち出していることは，これまでの大学での教員養成と学校現場の現実との乖離を深刻に受け取った結果であると考えられるが，この裏にはこれまでこの乖離

は放置されてきたという現実があった。

　しかし，筆者はこの乖離を必ずしも克服しなければならない深刻な問題とは考えていない。忘れてはならないことは，本来，理想や理念のない「技術」は存在しないということである。したがって，教育界にも「教育技術」というものが存在するならば，技術を追求する前に，どこかできちんと教育の理念や理想を押さえておく必要があるわけで，それに裏打ちされた教育技術が学校教育の現場で生かされる「技術」として研究されなければならないはずである。時代を超えた普遍的な教育理念がまず明確にされ，そのうえで現代という時代に対応した「教育技術」が探求されなければならない。「教育技術」とはそういうものであろうと考えられる。

教育の「技術」への関心の高まり

　教育の「技術」というと，まず，黒板やチョークのような具体的な「物」を取り扱う職人的な「技術」を考えることがある。大工の「腕前」のようなもので，黒板に定規を使うことなく見事な放物線を描く数学教師や何も参照しないで見事な世界地図を瞬く間に黒板に描き上げる社会科教師など，職人的な優れた「技術」をもった先生がいる。果たして，これが「教育技術」なのだろうか。

　1980年代，「教育技術」への関心が高まった。この背景には，前章で検討した「学校の荒廃現象」に対する反省があったことは言うまでもないが，このとき，次のふたつのことに直接的なきっかけがあったと考えられる。

　ひとつはすでに述べたように，教員免許法の改正によって，新たに特別活動に関する科目などとともに，「教育技術」に関する科目が教員養成課程の必須科目として登場してきたことである。もうひとつは従来の教育学研究に満足できない現場の教師たちの自主的な研究活動として，「教育技術」や授業技術への関心が高まったことである。

　本章で注目したいのは，この後者の動きである。その代表的な運動が向山洋一を中心とした「教育技術法則化運動」である。この運動は次の3つを目標とした運動であったことが向山の著書『教育技術法則化運動の誕生』[4]のなかで紹

介されている。

　　①全国の埋もれた教育技術を発掘する
　　②追試修正を通して教育技術を法則化する
　　③法則化した教育技術を広め共有財産化する[5]

　また，向山はここに見られる「教育技術」という語を次のように定義していた。

　　教育技術とは授業を最も有効に展開する「教材とその配列」や「指示・発問とその配列」のこと[6]

　これを見ると，この「教育技術法則化運動」が目指すものは次のようなものであったことがわかる。全国の教育現場で実際に教壇に立って日々の苦心と努力のなかから教師たちが個々に開発し実践している具体的な指導方法や指導内容を「教育技術」と呼び，それらを収集する。次に，教師仲間の協力のもとにそれらを検証し，価値が認められれば，今度はそれらを全国的規模に広めていって，「技術」として確立する（これを法則化と呼ぶ）というものである。
　この運動の目的が当時の教師の切実な要望に応えるものであったことは，短期間に若い教師の間で急速な広まりを見せたことによく示されている。これは，日々の教育活動の苦悩から，現場教師の切実な要望から発した「教育技術」への期待が現れた運動であったと言えるだろう。
　しかし，この運動に対しては痛烈な批判や強烈な拒否反応がおこった。この批判や拒否反応に注目していくと，「教育技術」とは何かを考える重要な視点が見えてくる。
　この運動の根幹に関わり，かつ，的確な批判であったと思われるものに柴田義松の主張がある。柴田は，教育技術とは「個々の手法が他の手法とは無関係にばらばらに存在することはあり得ず，（中略）教育（技術）は全体として何を目指すものであるかがまず問われ，その目的に照らして個々の手法にどのよう

な意義があるかが評価される(7)」ものであるとする「教育技術」論を展開する。そして，この「教育技術法則化運動」が教育技術を「個々ばらばらの手法（発問とか指示）の寄せ集めとする考え方に，私は疑念を抱く(8)」と批判した。柴田の「疑念」には傾聴すべきものがある。なぜなら，「教育技術法則化運動」には，「教育技術」というものを安易にとらえて定義している傾向が否めなかったからである。

　しかし，柴田のこのような指摘があったにせよ，「教育技術法則化運動」が広範にかつ急速に展開し，学校現場の教師の心をとらえた事実は見落としがたいことであった。

　水越敏行は『授業研究の方法論(9)』のなかでこの運動について次のように指摘をした。「従来からの観念的な理念主義，外来の思想や理念を直輸入した教授理論，技術不在・技術軽視の思想優先主義などに挑戦し，授業研究のイニシアティブを現場教師の手に取戻そうという運動(10)」と述べ，一定の評価を与えた。水越がこう述べたのは，このような運動が登場してくる背景には，種々の教授法が，その時代その時代に次々に取り上げられながらも，「ある一つの教育主張が，それを支え，具現化する技術を伴わずに提唱され，流行しやがて次に台頭してきた流行に置き替えられ(11)」ていった日本の教育学や教員養成の歴史への批判が見られた。つまり，この運動を評価するというのではなく，こういう運動の広まりの背景にあるこれまでの教育学研究の問題点を指摘していたのである。そして，結果的に，「肝心の教育現場そのものは十年一日の如く，何の変化もない(12)」という状況が日本の教育界で長く続いたのである。

　「教育技術法則化運動」に見られる1980年代からの「教育技術」への関心の高まりは，これまでの教育方法学や教授論の研究に対する反省と今後のあり方を問う重要な問題提起であったと考えなければならない。

第4節　教育技術のふたつの側面

　これまでの検討を通して，「教育技術」という考え方は，ふたつの視点から検討していく必要が見出されたであろうと考えられる。まず，第一の立場は，思

想・理念研究を背景として技術を考える視点であり，従来の教育方法学や教授論の学術的研究を基礎とした教育技術の立場である。第二の立場は学校現場で実際に進行している教育活動から個別的・具体的指導法やそれに必要な技術として教育技術を捉えようとする立場である。

本節では，授業の技術に焦点を当てて，このふたつの立場による「教育技術」について検討していきたい。

第1項　教授学としての教育技術（第一の立場）

授業論を多く著している吉本均は授業成立の重要な要素として「まなざし」を取り上げた[13]。彼は，良い授業（＝「わかる授業」）とは子どもたちが参加している授業であるとする考え方を前提として，次のように述べていた。

> 子どもが授業に参加するとは，まず教師と子どもとが「まなざし」を共有して向い合うことである。「まなざし」で向い合うことが，授業参加の第一歩なのである。授業は子どもたちが私語や手わるさをやめて教師とまなざしで対面することからはじまるのである[14]。

吉本のこの「まなざし」への注目は吉本自らが述べているようにペスタロッチの教育観の影響であると考えられる。吉本はこの「まなざし」とは何かについて，生物学的意味での「眼」と区別して次のように説明している。

> 眼は客体としての眼であり，まなざしは主体＝精神の表情なのである[15]。

吉本のこの考え方からすると，良い授業とは「精神の表情」が向かい合っている授業ということになる。しかし，「精神の表情が向かい合った授業」とは何か，これをもっと具体的に説明するとなると大変難しい。それでは，吉本はあまりにも抽象的な表現で授業成立の基本的要素を示したのかと言えば，けっしてそうではない。多くの教員や教育関係者はこれ以上の多くの解説を必要とせず，「まなざし」というこのままの表現でその言葉の持つ深い意味を理解できる

であろう。また，教師として学校教育に直接関係していなくても，人の多くは，親として，教育を受ける子どもとして，学校教育に関係しているし，教育活動と無関係に人は生きていけない。したがって，「まなざし」という言葉の理解はそれぞれに差はあるだろうが，学校教育活動における重要な言葉として理解できる。しかし，教育技術として取り上げられる言葉のなかにはこのように抽象的な表現がある。

この例は吉本の「まなざし」だけではない。戦後，教育実践家として独自の理論と技術論を展開し，多くの業績を残した斎藤喜博は代表的著書『授業』[16]のなかで，授業やその他の指導において，教師の活動には「強じんな精神」[17]が常に要求されると指摘した。この教師に必要とされる「強じんな精神」を具体的に説明することもまた「まなざし」を説明するのと同じように難しい。

授業技術とか，教育技術がどうしても抽象的な表現で説明されるのは，その背景にその技術を支える教師個々人の個性に立脚した長年の経験から「技術」が形成されるからである。そこにはどうしても個人の観念的，理念的なものが存在する。言い換えると，ひとつの授業技術や教育技術の背景にはその技術を確立するまでの長年の経験とその過程で経験した多くの苦悩が存在していて，いわば，教師の人間性そのものに関わりながら技術は成立するものと考えられるのである。

柴田義松は『授業と教材研究』[18]のなかで，次のような指摘をおこなっている。

　　ひとつの授業がうまくいかなかったときの責任はその指導にあたった教師の責任とされることが多い。そのときの教師の責任とは二つの方向から問われるであろう。ひとつは生徒の学習意欲や主体性を引きつけたり，引出したりすることができなかった「教師の人間性」である。ふたつめが具体的な「教師の指導技術」[19]である。

ここには，「教師の人間性」と「教師の指導技術」は不可分のものと考えられている。「教育技術」は「教師の人間性」から発する「技術」ということができるのである。

したがって，重要なことはコメニウス，ペスタロッチに代表される近代教育学に大きな影響を与えた教育家たちがそうであったように，また，斎藤にせよ，吉本にせよ，彼らは，各自の人間性を基礎に，教育のあるべき姿や「良い受業」とはどうあるべきかを常に考え続け，人生をかけて模索してきたところから「技術」を生み出していったのである。したがって，「教育技術」や「授業の技術」は教育者としての人生そのものであり，一般論的な「技術」（テクニック）とは異なる側面を持つ。

第2項　個別的指導技術

　自分の人生をかけて，いかに教育の理念と理想を学びながら教育活動に立ち向かったとしても，理想や理念だけでは実際の教育活動を円滑に行うことはできないという事実もまた存在する。現在，筆者が自分なりの教育観をもとにした教材や資料を学生に提供しようとしても，パソコンの操作に戸惑い，各ソフトの使い方に戸惑い，構想した資料や教材を作成できずに苦労する場面と同じである。やはり，「教育技術」や「授業の技術」には，テクニックという言葉で表現される「技術」の問題も横たわっている。ここに「教育技術」や「授業の技術」におけるふたつ目の側面がある。

　たとえば，同じことを相手に伝えようとしても，話術の優れた人とそうでない人とではその伝達能力には大きな差が生じる。今日の初等教育や中等教育では，教師個々の個性や意志が十分に反映される授業が展開されにくい状況にある。学習指導要領としてあらかじめ教育課程が設定され，定められた時間のなかでそれらを指導し，かつ教育効果をあげなければならない。このとき，教師個々が持つ話術やコミュニケーション力は，「技術」として大きな意味を持っている。すでに紹介した斎藤喜博も著書『授業』のなかで，「授業の中でのコミュニケーションの拡大」[20]という一章を設けて，教師と子ども，子どもと子どもの活発なコミュニケーションを教育活動の重要な柱であると述べている。

　コミュニケーションの原点は言うまでもなく会話力である。したがって，教師にも当然優れた会話力が求められるのである。この会話力は現代の教育の「技術」として重視されつつある。すでに前章で示した資料図1-5はそのことを

よく示している。

　1980年代の「教育の荒廃現象」の調査でもこの問題は明らかになっていた。前章で紹介した図1-5の「現実の教師像と期待する教師像」の調査に再度注目してみたい。この報告のなかで，「担任になってほしい先生のタイプ」の最高値を示しているのが「ユーモアがあり，親しみやすい先生」であった。すなわち，教師にユーモアのセンスが求められていたのである。これは，授業や日常生活のなかで，いかにウィットに富んだ会話を生徒との間で交わせられるかという問題である。

　現代は「情報化社会」であり，とくに，テレビ・ラジオなどのメディアが大量にさまざまの人間の肉声を伝えている時代である。そこには軽快なテンポの滑らかな都会の言葉が全国津々浦々に広がり，ウィットに富んだ会話のプロたちの洗練された「話芸」が展開され，それらは幼い時から子どもたちに浸透している。表現力にすぐれ，人を惹きつける話題を提供する能力に長けた著名人やタレントに慣れ親しんでから子どもたちが学校に入学してくることになる。個性的で，必ずしも上手な会話術とは思わない人が人の心をとらえ，たどたどしい語り口がかえって魅力となって人を惹きつけることがあることは否定しない。しかし，たいていの場合，子どもたちはテレビなどで慣れ親しんでいる洗練された口調と表現力，そしてそのなかの現代的なユーモアのセンスを期待して教師に向かっているだろうと考えられる。教師はそういう子どもたちの期待（子どもたちの文化と言ってもいいだろう）を理解し，教育に当たるべきなのである。実は「教育技術法則化運動」もこのような技術を発掘し，教師間で共有しようという運動であったと考えられる。ここに，「教育技術」や「授業の技術」のふたつ目の側面が存在する。

　教師にはそれぞれ個性や資質があり，テレビやラジオに流れる洗練されたトークができるわけではない。訓練したとしても話術に優れた一流タレントのようになれるわけではない。また，現代のメディアが子どもたちにもたらす刺激的な内容と同じような教育内容が学校教育で用意されているわけでもない。しかし，資質としての会話力が劣っているとしても，それを補う力，たとえば具体例の見つけ方，図や表の上手な提示法を身に付けることによって，会話力の後

れを十分にカバーすることは可能なのである。そのような「技術」を身に付けることは可能である。

　教師の教室での教育活動を「チェーホフの『鷗』を演出したスタニスラフスキー」に擬えて表現したのはすでに紹介した斎藤喜博であった。また，吉本も「ドラマ，演劇の成立ということと共通なものが，教師の仕事には存在している(22)」と述べている。

　ここに大勢の人々に伝えたいひとつのテーマがあるとしよう。そのテーマを「ヒューマニズム」だとしよう。話術の優れた人は講演会を開いて，「ヒューマニズム」という演題で話して聞かせようとする。しかし，話術に自信のない人は「ヒューマニズム」をテーマとした演劇を用意してもよいのである。そこでは自らが「脚本家」となり，「演出家」となり，ときにはキャストともなるのである。ひとつの演劇公演を成功させるためには脚本の吟味，大道具・小道具の製作，照明設備の配置，効果音の用意など，学ぶべき技術は多いのである。教室での授業が演劇公演と違っているのは観客である生徒が実は主役であるという点くらいであり，教師は授業というドラマの脚本家，演出家，そしてその他のスタッフをひとりで担当する演劇家であると考えられるのである。その演劇家として学ばなければならない技術が授業技術の第二の側面である。

　ひとつの演劇はどのような要件を満たすことで人々に感激を与えることができるだろうか。ここで，演劇論を教育学研究の一分野として確立すべきことを主張するつもりはないが，授業技術の第二の側面を考えていくとき，コミュニケーションに関する理論を視野にいれていく必要はある。それは，ひとつの演劇が造られていく前提として，必ず存在するものである何かを人々に訴えようとする衝動である。演劇のテーマと言ってもいいだろう。教育論や授業論で言うところの目的である。観客であれ，生徒であれ，彼等に訴えるべき何かを脚本家や演出家やそして教師がはっきりと意識することが授業技術の第二の側面の大前提であると言える。

第5節　むすび

　これまでの検討を通して，授業の技術論が声だかに叫ばれ，その必要性が教師自身に自覚され，その研究が進められている現状にはこれまでの教育学研究に対する批判を含む反省があったことが確認できた。そして，その反省はふたつの側面をもつ技術論として展開してきた。

　しかし，この傾向は必ずしも教育学研究の新たな発展を意味するものではなかった。なぜなら，このふたつの側面を持つ技術論はけっして新たな発想による教育学の理論とは言えず，従来から存在した教材論の焼き直しにすぎないと考えられるからである。「教材研究」という用語は文部省（現文科省）自身が「教科教育法」と同義語として用いるなど，わが国の教育界において混乱した概念のひとつであるが，「教材研究」こそ，これまでに検証してきたふたつの側面をもつ教師の活動そのものではなかったのだろうか。近年の技術論の隆盛は，裏を返せば，日本の教材研究や教材論研究，すなわち教育課程研究の立ち後れを象徴するものと見ることができるのである。

　わが国の教材研究が立ち後れている問題については，これまでにも多くの指摘がある。結論するならば，戦前のわが国の学校教育が厳しい国家統制のもとにおかれていたことに起因するとも考えられる。この国家統制は教育内容にまで及び，教材・教具に対しても行われた。とくに，教材は教科書のなかにあるものと考えられ，その教科書は文部省がつくるものと考えた。だから，教科書やそのなかの教材は一教師にとって力のおよぶものではないと考えられてきたのである。このような認識のもとでは教師のなかに教材研究活動や教材論が発展する余地はなかった。そのうえ，戦後は，受験主義，選別主義の教育が著しく進展することによって教材事態の吟味や開発より，教材の理解度や習熟度を競う教育が加熱した。教師は教材それ自体の研究意欲を喪失する傾向にあった。

　教育技術論や授業の技術論など，いわゆる「技術」が声だかに叫ばれるということは，教師個々の教材研究・開発能力という本来教師に最も求められる研究分野がおろそかにされていたことを意味している。すなわち，教育学が現実から遊離しているのと同様に，現場の教師も教育学や教材研究から乖離してい

ることを示している。
　したがって，教育や授業の技術論が叫ばれていることに，教育界は深刻な危機感を持って対応しなければならならなかったと言える。

【注】
（1）　編集代表細谷俊夫ほか，第一法規出版，1990年，巻2，207ページ。
（2）　編集代表安彦忠彦ほか，ぎょうせい，2002年，巻2　184ページ。
（3）　村井実『ペスタロッチーとその時代』玉川大学出版部，1986年。
（4）　向山洋一，明治図書，1989年。
（5）　同上　64ページ。
（6）　同上　144ページ。
（7）　柴田義松編著「小学校技術全書1」『授業技術の基礎理論』ぎょうせい，1990年，17ページ。
（8）　同上　16ページ。
（9）　「教育選書9」明治図書　1987年。
（10）　同上　11ページ。
（11）　同上　10ページ。
（12）　同上　10ページ。
（13）　「教育新書24」吉本均『授業の原則「呼応のドラマ」をつくる』明治図書，1988年などの一連の著作。
（14）　「教育新書5」吉本均『授業成立入門―教室にドラマを―』明治図書，1990年，21ページ。
（15）　同上　22ページ。
（16）　「現代教育101選1」国土社，1990年。
（17）　同上　22ページ。
（18）　「教育学6」『授業と教材研究』有斐閣双書，1980年。
（19）　前掲『授業』55ページ。
（20）　「教育課程講座・第6　特別活動」『学校の活性化をめざす特別活動』ぎょうせい，1990年，14ページ，図114「現実の教師像と期待する教師像」。
（21）　前掲『授業』100ページ。
（22）　前掲『授業入門』39ページ。
（23）　中内敏夫『新版教材と教具の理論』あゆみ出版，1990年，37ページ。

第3章

教育課程史研究における史料
―歴史教材研究の方法論―

 はじめに

　学習指導要領の改定時期が近づくと，必ずと言ってよいほど「学力低下の問題」が論議されるようになる。本来は，「学力」とは何かという問題がまず論議され，学力の意味を明確にしたうえで，その低下の問題が議論されるべきである。しかし，多くの場合，議論に参加する人それぞれが考える「学力」を前提として，別々の学力観で「論争」らしきものが進んでいる。

　2002年からの学習指導要領改訂に向けての，小学校の算数学習における，「円周率3」の議論を記憶している人は多いだろう。結果的にはまったくの誤報であったが，塾業界，マスコミを巻き込んだ議論が展開された。あの「事件」は20世紀の最後を飾る日本の教育界の大事件であったかもしれない。

　小数2位までの剰余計算を学習していない段階で円周率を扱うことになったため，計算は3で行うことにしたことが誤解を生み，大論争となっていったが，その過程では真の学力とは何かを議論することなく展開されていった。筆者もある会議でこれを議論する機会があったが，そのとき筆者には小学生が学習する算数で円周率が「3.14」でなければならないと強く主張する人たちの意見をよく理解できなかった。なぜなら中学生になると円周率は「π」で計算するのが一般的であり，それなら文字式を学習する前の小学生が「π」の代わりに用いる円周率が「3」であっても「3.14」であってもさほど問題はないと思われた

からである。しかし，多くの教師や保護者，多くの識者も，またマスコミの論調も，これがわが国の小学生に学力低下をもたらす重大な問題であると映ったようであった。

　実はここには異なった学力観をもとに学習指導要領や日本の教育が議論される「典型」が見られるのである。すでに述べたように，将来，円周率を「π」で計算するようになるのだから，小学生のときから「π」の代わりに用いる数字が必ずしも「3.14」である必要はなく，「3」で十分ではないかと筆者は考える。なぜなら，重要なことは円周率の「考え方」が理解されているかどうかであって，計算能力の問題が問われていたわけではないと考えるからである。しかし，円周率を「3」としたのでは十分な学習が行えないとする考え方の根本には円周率「3.14」を用いて円周や面積・体積を求める学習課題には，円周率の理解だけでなく，計算能力をも含めた能力の育成を求める学力観があったのだろう。当時「百マス計算」という小学生用学習ドリルが話題となっていて，計算能力の向上による知的発達の成果が注目されていたこともこの背景にあったと考えられる。したがって，小学生が円周率を「3」で計算することを批判する考え方をまったく理解できないわけではないが，筆者にはどうしても不毛の論議のように思われてならなかった。

　ところで，筆者が本章で問題としたいのは円周率の指導の仕方など算数教育の問題ではない。この例から見られるように，日本の学校教育理念や学力観が議論されるとき，具体的な「教材」を通して，その背景にある理念や教育観が議論されているという事実である。円周率を「3.14」とすべきであると考える人たちも，筆者のように「π」の代わりに「3」でよいだろうと考える者もけっして小学生の円周率の取り扱いがどうであるべきかを論議しているわけではない。この教材が持つ意味，この教材が生み出される背景の教育観を議論しているのである。

　教材の具体例を通して，そこに見られる教育観を考察していくこと，ひとつひとつの教材のなかから，その教材を支えている教育観やその時代の教育理念を考察していくことの重要性を筆者はこの「円周率3」の例から考えていきたい。これが教育課程研究である。それを歴史的に考察していくことが教育課程

の歴史的研究の意義である。教科書研究やそのなかのひとつひとつの教材を歴史的に研究する意義は，単に教材の意味を研究しているのではなく，その背景にある教育観の研究そのものである。

第2節　日本古代史に関する教材研究の意義

　本書の中心課題は日本古代史の教材を教育課程史研究のテーマとして取り上げて日本の教育の将来に資することである。日本古代史の学習は日本の成り立ちに関する学習を意味するだけではない。日本の近代公教育において，歴史教育は修身教育の一端を担ってきたから，歴史教育の考察は戦前の絶対主義天皇制下の日本の学校教育の本質を明らかにすることとなり，その反省に立った戦後教育の本質を明らかにすることに通じる。

　さらに，本書の教育課程の歴史的研究は，制度・政策に重点を置いて検討していくのではなく，具体的な教育課程，実際に使われた歴史の学習教材から検証していくことである。したがって，教室で子供たちが実際に学んだ教材のなかから，戦前の学校教育の本質を検討しようとするものであり，そこで検討される資料について，本章で検討しておきたい。

　わが国の近代公教育がスタートした時点では「読本」（現在の国語）をはじめ，ほとんどの教科教材は外国の教科書を参考として編成され，翻訳教科書が多く用いられた。この点についてはすでに多くの先行研究が明らかにしたところである。歴史教育も当初は「万国史」（世界史に近い概念）が行われていたから，他の教科と同様にヨーロッパ・アメリカの教科書が参考とされ，そこに見られる教材が翻訳されて教科書が作られた。

　しかし，この明治初期の「万国史」の時代はほとんど続かず，日本の歴史教育は「万国史」を放棄して，国史中心の歴史教育へと変わっていった。その時，外国の教科書を翻訳して日本歴史の教材編成を行うことは不可能だから，歴史教育に関しては，教材の自主編成による教科書作りが始められることとなった。したがって，わが国の歴史教科書は明治新政府の教育観，歴史観，国家観を直接的に示す教科となった。

とくに、日本古代史は日本の成り立ちを示す重要な学習課題であり、「天皇観」という当時の日本社会にとって重要な政治問題とも関わっていた。近代公教育発足時点での日本古代史の教材に注目してその教育観を探ることは日本の近代公教育の理念・本質を解明することにも繋がるのである。

この観点での研究は戦後比較的早くから注目され、教育史研究のひとつの柱となっていた。草分け的な存在は『歴史教育の歴史』(2)『日本教科書体系』(3)と『教科書の歴史』(4)である。『日本教科書体系』は主要な教科書を教科別に体系的に整理し、解題を加えたものであり、最も整理された史料と言うことができる。今日においてもその史料的価値は失われてはいない。しかし、教育課程の歴史的研究という本書の視点から検討しなおすべき点は残されているように感じられる。

本章では、『訓蒙皇国史略』という日本史教科書を取り上げて、教育課程の歴史的研究における史料の問題を検討しておきたい。

　『訓蒙皇国史略』研究の価値

『訓蒙皇国史略』(5)は明治6年刊行の初等学校用歴史教科書である。前掲『日本教科書体系』もこの教科書に注目して、次のような解説を付けている。

> 当時の日本歴史の教科書は、江戸時代以来の漢文体の史書をもととしているために、幼童のために編集したのとは記してあるが、その多くは漢文を仮名交じりの文体に書き下ろしたにすぎないもので、多数の児童の能力をもととして編集した教科書とは言うことができない。(略)児童の興味を日本歴史にもたせるような教科書ではなかった。これらの中で<u>児童の歴史教科書という考えで編集され、他の教科書と異なった特質を示しているものとしては(略)沖修の『訓蒙皇国史略』(略)の如きものが刊行されていた</u>。これらのなかにはさし絵を加えて児童の理解を助け、印象を深くしようとしたものがあり、(以下略)(6)(アンダーラインは筆者)

46

このように，『日本教科書体系』のなかでは明治初期の注目すべき教科書のひとつとして『訓蒙皇国史略』は児童用歴史教科書としては取り上げられていた。
　また，ここに示した解説は，以下の『訓蒙皇国史略』の著者沖修自身がこの教科書の巻頭に記した凡例を高く評価したものであったと考えられる。

　　一　此編ノ主意ハ童蒙ヲシテコレニ階梯シテ史学ニ進歩セシメント欲スルニアリ故ニ訓蒙ヲ以テ名トナシ国字ヲ以テ文ヲ属シ詳ニ左右ノ音訓ヲ施スハ初学ニ読易ク又領解シ易クシテ進歩ヲ速カナラシメンガ為ナリ
　　（中略）
　　一　文中ニ和歌ヲ載セ畫図ヲ挿メルハ読者ニ倦厭ナカラシメテ且領解ノ益モ少ナカラザルニ因テナリ。（以下略）(7)（原文には漢字に振り仮名がある。筆者が省略）

　この『訓蒙皇国史略』は著者の凡例で言うように，教科書の各所に「挿し絵」が挿入されていたことに特徴がある。挿し絵は必ずしも規則的な頻度で挿入されているとは言えないが，おおむね10～15ページに一枚の挿し絵が挿入されている。また挿画の大きさはまちまちで，見開きに一枚，2ページにまたがる挿し絵が挿入されている部分や1ページに挿し絵1枚というものもある。これらの『訓蒙皇国史略』の記述や挿し絵を見ると，先に紹介したような『日本教科書体系』の解説や著者の凡例に述べられていた主意が一見よく実践されているように見える。
　しかし，実際にはよくできた挿画とは言い難いと思われる点を以下に整理していきたい。まず5枚の挿し絵に注目してみたい。
① 挿し絵の右側で太刀に手を置く人物は「眉輪王」と思われるが，これが平安期の貴族の姿であることは一目瞭然である。時代考証の観点から言うと明らかに誤りである(8)（48ページ写真3-1）。
② 武烈天皇が宮中の女子に暴行する様子を示したものであるが，天皇の姿や女性の姿も今日の時代考証からすると甚だ異常なものである(9)（50ページ写真3-2）。

第3章　教育課程史研究における史料　47

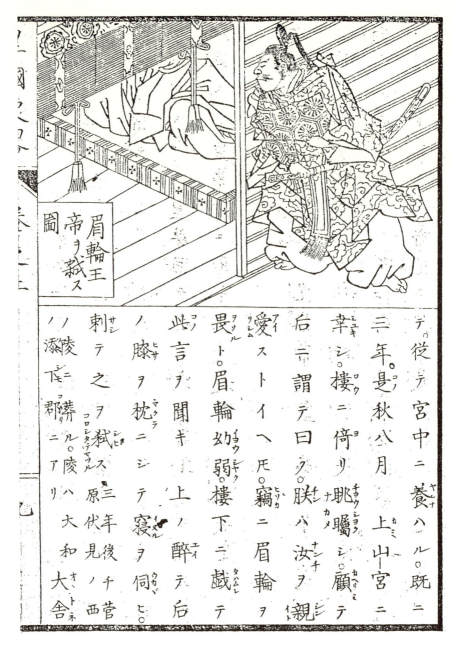

眉輪王弑帝ヲ圖

テ従テ宮中ニ養ハル。既ニ三年。是秋八月。上山宮ニ幸シ。樓ニ倚リ眺矚シ顧テ后ニ謂テ曰ク。朕ハ汝ヲ親愛ストイヘ圧。竊ニ眉輪ヲ畏ルト。眉輪幼弱。樓下ニ戲レテ此言ヲ聞キ上ノ醉テ后ノ膝ヲ枕ニシテ寝ヲ伺ヒ。刺テ之ヲ弑ス。三年後千菅ノ陵ニ瘞ル。陵ハ大和大舎人ノ添下ノ郡ニアリ

安康天皇　天皇ノ諱ハ穴穗　先帝ノ第二子ナリ一ニ曰ク茅母ハ
皇后忍坂大中姫即位ノ元年都ヲ上ニ宅ス徳宮ニ徒ル地ハ大
和ノ山邊ニ屬ス　帝大草香ノ妹幡梭ヲ聘シテ皇弟大泊
瀬ノ妃トナサントス欲シ根使主ヲシテ詔ヲ傳ヘ
シム。大草香大ニ喜ビ。珠鬘ヲ獻ジ以テ信ヲ表ス。
根使主竊ニ匿テ進ス。誣奏シテ曰ク。大草香詔ヲ奉セ
ス。且ツ其言不礼ナリト。帝大ニ怒リ。兵ヲ遣シ
之ヲ殺シ。幡梭ヲ以テ皇弟ノ妃トナス。帝モ亦タ
其妻中蒂姫ヲ納テ妃トナシ尋テ立テ皇后トナル、
ス。〇大草香ノ子。眉輪王皇后ノ生ム所ナルヲ以

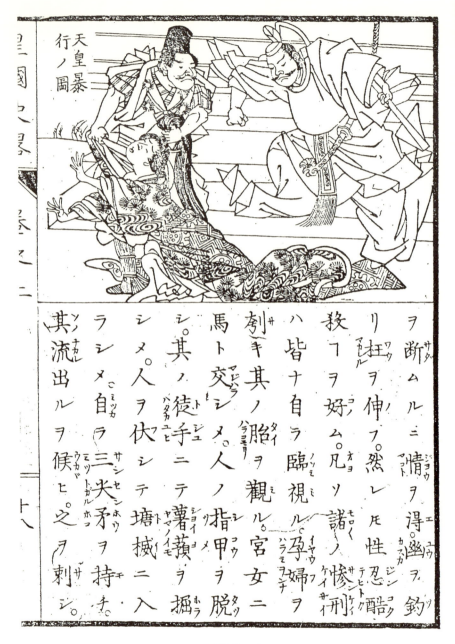

写真3-2

々不臣ナリ。其子鮪物部麁鹿火ノ女ニ通ス。帝太子タル時ニ其ノ支ヲ知ラズ赤之ト會セント期ス。鮪来テ恵争ス。是ニ於テ大伴金村ニ命シ。鮪及ヒ真鳥ヲ殺ス。〇六年百済入貢ス。是ヨリ先キ。百済王末多無道ナリ。國人ノタメニ弑セラル。其ノ同族麻嗣テ立ツ。〇是ニ至テ使ヲ遣シ奉献ス。帝其ノ久シク貢ヲ闕ヲ悪リ。使人ヲ拘ヘ留ム。〇七年百済更ニ其ノ族斯我ヲシテ来貢セシム。天皇在位八年ニメ崩ス。春三傍丘磐杯ノ地大和ノ葛北ノ陵ニ葬ル。天皇刑名ヲ好ミ。法令分明ナリ。日晏マテ朝ニ坐シ。獄

済ニ詔シテ醫易暦等ノ博士遞番ニ徃來シ。年月ニ交代シ。亀ト暦等ノ書及ヒ諸藥物モ。亦當ニ附ケ送ルヘシト○百済援兵ヲ乞フ。夏中使ヲ遣シ馬船弓矢ヲ賜フ○冬百済ノ世子餘昌髙麗ト戰ヒ之ヲ破ル○十五年百済五經博士王柳貴等ヲシテ來リ代ラシム。易博士王道良暦博士王保孫醫博士王有陵陀採藥師潘量豊丁有陀及ヒ樂工若干ノ人ヲ貢グ。皆ノ請ニヨッテ交代ス○百済ノ使筑紫ニイタリ。援兵ノ數及ヒ發遣ノ期ヲ問フ○夏内臣ヲシテ舟師ヲ率ヒテ。百済ニ如キ倶ニ新羅ヲ代タシム。是

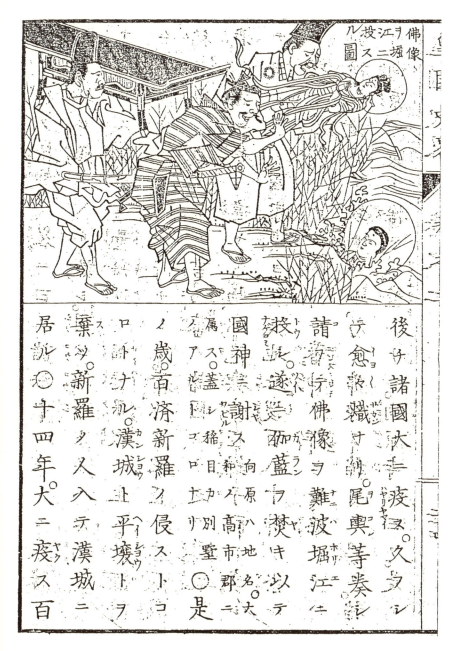

写真3-3

馬子守屋ヲ珍ムル圖

豊聰ト名ヅク。博士覺哿ヲ召シテ經史ヲ讀ミ、又高麗ノ僧ヲ召シ佛ノ敎ヲ習ヒ遂ニ深ク之ヲ好ム。是ニ於テ馬子皇子ト相ヒ謀リテ兵ヲ將ヒテ守屋ヲ稻城ノ攻ム。稻ヲ積テ守屋林樹ノ上ニ坐シテ射ル。家衆皆ナ死鬪ス。皇子兵ヲ進メテ圍ミ攻ム。守屋赤檮ノ射殺ト

避サク。馬子ノ黨トモガラトモノイヒ迹見赤檮勝見ヲ發コシテ。鞍部多須奈姓名近臣ノ薙髮テイハツメ僧トナリ。佛像ヲ造ツテ以テ祈禱トウス。病益々甚シ。遂ニ崩ス。壽久シ。磐余ノ池ノ上ノ陵ニ葬ル。犬和十市郡ニアリ改メ葬ル河內ノ磯長陵ニ。古天皇元年河內磯長陵ニ改葬ル。皇弟ヲ立コトント欲ス。馬子之ヲ弒シ遂ニ兵ヲ構ヘテ。守屋ト相敵アイカタキス。馬子佛ヲ好コノムノ故ヲ以テ。皇子豊聰トヨサトト親ミ善シ豊聰ハ即チ上ノ子。母后行イ廐ノ前ヲ經フルヤ乃チ產サンスルヲ以テ名ヅケテ廐戶ノ皇子ト曰フ。生レテ能ク言ヒ。既ニ長テ聰敏サウビン。時ニ十人ノ訟ショウゲン言ヲ並ナラヒ聽キ失ナフ有ルコトナシ。故ニ又

皇太子トナシ。兼テ政ヲ攝ラシム。又是ハ太子ヲ以テス。異姓ヲ攝政トナス。照宣公ヲ以テ始トナス。故ノ如シ。共ニ國政ヲ執ル○二年將軍紀男麻呂等ヲ筑紫ヨリ至ル○六年磐金新羅ヨリ獻ス。新羅孔雀ヲ獻ス○七年百濟駱駝驢羊白雉ヲ貢ク○八年新羅任那ト戰フ。境部臣ヲ大將軍トナシ。穗積臣ヲ副將軍トナシ。萬餘ヲ率ヒテ往キ任那ヲ助ケシメ境部ノ姓ハ欠ク。新羅ヲ撃ツ。大ニ之ヲ破リ。其ノ五城ヲ拔ク。新羅侵地ヲ歸シ。降ヲ乞ヒ盟ヲ受ケ。且ツ朝貢ノ禮數ヲ定ム。乃チ諸將ヲ召シ還

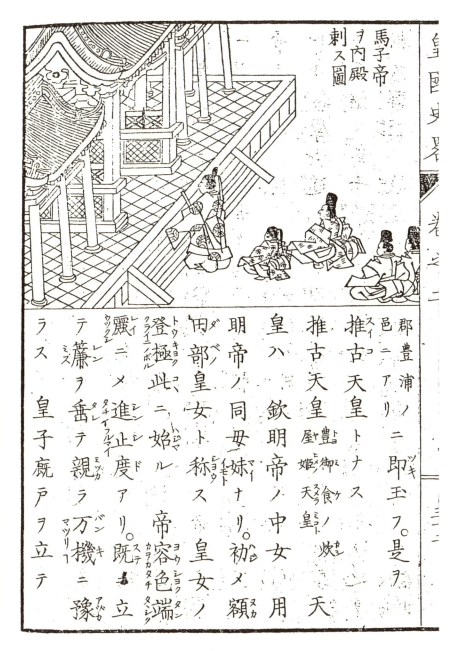

写真3－5

③　崇仏論争期の仏像を投ずる様子を示すものである。ここには比較的身分が低いと思われる者の姿が正面に描かれているが、もちろん当時の庶民や下級貴族の姿ではない（53ページ写真3-3）。
④　蘇我馬子が物部守屋を討つときの様子を示したものと思われるが、馬子の出で立ちは武士の甲冑姿であり、時代の混同が甚だしいことが見て取れる（48ページ写真3-4）。
⑤　推古朝期の宮中の様子を示した図であるが、当時の朝廷の様子とは考えられない（51ページ写真3-5）。

　戦後編集された『日本教科書体系』は挿し絵が教科書に挿入されていたことを重視して、初学用教科書として評価して、すでに紹介したような解説となったものと思われるが、内容的には必ずしもそう言えないものであった。むしろ、「幼童の理解を容易にするため」との名目で、実は明らかに誤っていると思われる挿し絵が採用されていたわけで、今日的教材観からは批判されるべき代物であった。「幼童」に誤った時代認識を与える危険性が高く、「幼童」に興味と関心を持たせるためであっても、絶対に侵してはならないことである。

　ところで、この教科書には注目すべき点がある。それは戦前の教育が明治20年中期以降、教育勅語体制の下で国家主義的歴史教育に向かって行ったが、この『訓蒙皇国史略』はそれ以前に編集されたため、国家主義的教育の下では考えられないような教材が挿し絵入りで収録されていた。戦前の日本の学校教育は絶対主義天皇制下の教育であり、万世一系の天皇家に「悪い」天皇が存在してはいけなかった。しかし、絶対主義天皇制が確立する前、明治新政府発足直後に編纂された歴史教科書の古代史記述には、宮廷内での男女関係のもつれや天皇暗殺事件さらに天皇による女子虐待事件が挿し絵入りで紹介されていた。驚くべき事実である。明治新政府発足後間もないころは明治20年代中期以降の天皇観とは明らかに異なった天皇観が存在したことがわかる。

　さらに注目すべきことがある。次に示す写真3-6〜写真3-11は『訓蒙皇国史略』の大化の改新に関する記述部分である。これを幕末期に広く流布していた歴史書『国史略』の大化の改新部分の記述（写真3-12〜写真3-15）と比較してみたい（『国史略』に関しては次章で詳しく取り上げる）。

両書のこの記述を比較すると，1か所を除いてまったく同文であることが確認できる。異なっている1か所とは，『国史略』ではこの書の著者岩垣松苗がこの一連の事件に対する論評を書き加えているのに対して，『訓蒙皇国史略』にはそれがない点のみである。
(15)

　『国史略』は幕末期に国学を背景として成立した歴史書であるから，ふたつの歴史書を比較すると，成立年はもちろん『国史略』の方が古い。したがって，両教科書の記述が酷似していることから『訓蒙皇国史略』は『国史略』の記述を採用したと考えられる。ただし，すでに紹介したように，『訓蒙皇国史略』は巻頭の凡例のなかで，『国史略』にはまったく触れず，あたかも新しく編纂したかのように記していることから，「盗用」を疑うこともできる。大化の改新に関する記述のみならず，その他の歴史叙述も『訓蒙皇国史略』の記述は『国史略』とほぼ一致するから，筆者は今日的な価値観で言えば，「盗用作品」と言えるだろう。

　『日本教科書体系』は当時の数ある歴史教科書のなかから『訓蒙皇国史略』を明治前期の特異な歴史教科書として抽出して紹介していたが，幕末期までの日本の歴史書の記述内容との比較までは分析対象としていなかったと考えられる。もちろん，『国史略』は『訓蒙皇国史略』のような挿し絵は用いていないから，『訓蒙皇国史略』には初学用教科書として一定の工夫や配慮があった点でその価値をまったく否定するわけではないが，これまでの教科書教材研究には問題点があったことが明らかである。教科書記述の内容，記述内容の系譜にまで踏み込んだ検討なくして教育課程の歴史的研究は成立しないと考えるべきである。

　日本の古代史教材を通して，教育課程の歴史的研究を行うためには近代公教育のなかで注目された教科書『訓蒙皇国史略』の種本となった『国史略』の分析を行わなければならない。この点は，次章以下でおこないたいと考える。

兄ノ孫茅渟王ノ女ナリ初メ称メ宝皇女ト曰フ。帝既ニ位ニ即キ。古ヲ考ヘ改ヲナス。然モ蘇我蝦夷大臣タル故ノ如ク其ノ子入鹿政ヲ専ニシ威權父ニ過ク。○元年。津守大海ヲ高麗ニ大海ハ姓ニシ國勝水雞ヲ百済ニ水雞ハ姓草壁真跡ヲ新羅ニ真跡ハ姓坂本長兄ヲ任那ニ遣ス。○高麗入貢ス。乃チ人ヲ難波ニ遣シ貢獻ノ物ヲ撿シ。其ノ数常ニ減スルヲ責ム。○六月犬二旱ス。秋八月ニ至リ蘇我蝦夷百姓ヲ率ヒテ雨ヲ祈ル。又僧ヲ召シ経ヲ誦シメ以テ禱ル。皆験ナシ。是ニ於テ上南淵郡ニアリ天地ニ幸シ。天地

遂ニ東陵ヲ綏ス。〇十一年。新羅ノ使來ル。之ヲ朝饗シ冠位一級ヲ賜フ。〇冬。伊豫ノ厩坂ノ温湯宮ニ幸シ。明年京ニ還ル。後邑ニアリ。温泉郡道ニアリ。〇十二年。唐ニ適キシ學生高向玄理還テ新羅ニ至ル。百濟新羅ノ朝貢使從ツテ倶ニ來ル。二國ノ使ニ爵各一級ヲ賜フ。〇冬。百濟宮ニ遷ル。百濟邑ハ大和ノ國。廣瀨郡ニアリ。〇十三年大仁船首卒ス。〇是ノ冬十月。天皇崩ス。皇后位ニ即キ玉フ。是ヲ寿元クチ。皇極天皇ト澂ス皇極天皇足姫天豐財重日姫天皇

ノ高市郡冬野村ニアリ谷岡陵ニ葬ムル。大和

敏達天皇ノ孫。押坂彦人大

襲ク廬ノ二人蝦夷ノ兆ナルカ皆ナリ蝦夷入○冬、蘇我入
天災頻タニ瀨ナリ。蓋シ
鹿ニ人賊送フナス
皇孫山背王ヲ弑ス。是ヨリ先キ、入鹿ガ父蝦夷
既ニ朝權ヲ握リ。驕肆日ニ甚シ。家廟ヲ葛城ニ造リ。
祭ニ八佾ヲ舞ス。堂テ病ヲ告テ、朝セス著ケル所ノ紫
冠ヲ脫キ私ニ入鹿ニ授ケ之ヲ以テ大臣ニ擬
ヘ。已ニ代テ寛ヲ視シム。又其ノ弟ヲシテ母ノ姓ヲ
冒サシメ。私ニ物部大臣ト稱ス。是ニ於テ兄弟天憲
ヲ輕弄シ。威焰薰赫密ニ天皇ヲ廢シ。舒明帝ノ子
古人ヲ立ント謀リテ皇孫山背王ノ威名ヲ忌ミ。
巨勢德㹨ラ入鹿ノヲシテ兵ニ將トシテ斑鳩宮ヲ圍ミ

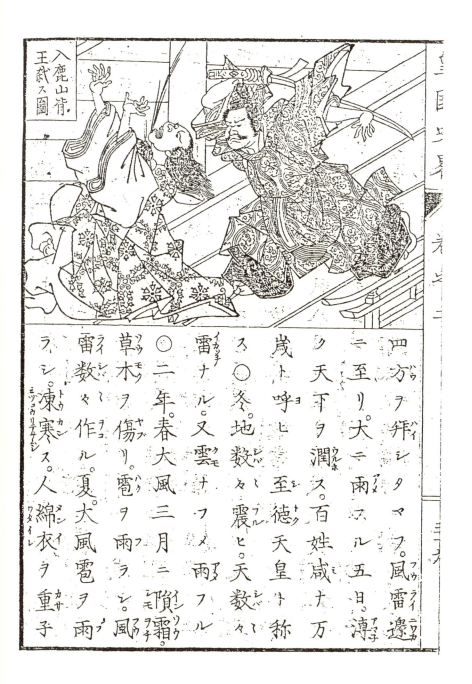

入鹿山宿
王弑ス図

四方ヲ拝シタマフ。風雷遽ニ至リ、大ニ雨フル五日、薄ク天下ヲ潤ス。百姓歳〻万歳ト呼ヒ至徳天皇ト称ス。○冬地数〻震ヒ。天数〻雷ナル。又雲ナフメ雨フル○二年春大風三月艸木ヲ傷リ。雹ヲ雨ラシ風雷数〻作ル。夏大風雹ヲ雨ラシ。凍寒ス。人綿衣ヲ重子

ニ云フ。籠冠ニ伏シテ生キ充ヲ失ツテ斃ルト。今マ人心洶々タリ。公將ニ安ニ適クト。入鹿乃チ止ム。既ニ王山ヲ出テ還リテ斑鳩寺ニ入ル。入鹿又兵ヲ遣メ之ヲ囲ム。王人子弟妃妾ト倶ニ繿レテ薨ス○四レテ無辜ヲ殺ス。故ニ身命ヲ以テ汝カ兵ヲ争賜フヲナリト。竟ニ忍ス。謂ハシメテ曰ク。吾兵ヲ年夏蘇我入鹿誅ニ伏ス。初メ入鹿既ニ山背王ヲ弑シ。復タ顧ミ忌ムナシ。乃チ甘檮岡ニ父子ノ宅ヲ双ベ建テ。拆々王子ト曰ヒ。家門ヲ宮門ト曰ヒ環シ守兵ヲ置キ出入ニハ則チ健人五十ニ伏ヲ持

皇國史畧 巻之二

其ノ備ザルヲ掩シム。王臣及ヒ舍人等拒ギ戰フ。奴三成ナル者アリ善ク射ル。外兵多ク死傷キ輙ク入ルヲ得ス。火ヲ縱チ宮ヲ燬ク。王馬骨ヲ內寢ニ置キ妻子及ヒ家人ヲ携ヘ間ヲ得テ逃出テ膽駒ノ山中ニ匿ル。巨勢德等灰中ニ骨ヲ見誤テ王已ニ薨ズト謂ヒ。圍ヲ解テ退ク。王山中ニ在ス五日。其ノ臣爲ニ謀テ曰ク。潛ニ東國ニ赴キ兵ヲ起シ蘇我氏ヲ滅サント王從ハズ。人アリ入鹿ニ告ク。王膽駒ニアリト。人ヲ遣シ之ヲ索ムルニ得ス。兵ヲ率ヒテ親ラ行ク。皇子古人諸ニ塗ニ遇フ。乃チ謂テ曰ク。鄽語

退テ三島地攝津ノ國ニ屬ス。今分テ萬ニ隱ルル。時ニ
皇弟輕德即チ天皇也。脚疾アリテ朝セス。亦惡ヲ除ク意
アリ。鎌子女ヲ以テ之ヲ妻シ。曰テ深ク相結託シ。密
ニ計策ヲ議ル。又汝ニ見テ与倶ニ天智天皇ト舒明ノ皇子ナリ。
レテ戀末ダ局度ヲ告ルニ由ナシ。一日蹴鞠ヲ举ント欲ス
ニ死シ之ヲ告ルニ由ナラス。一日蹴鞠ヲ皇子法興寺ノ
三村寺ノ大和ノ國ノ飛鳥遊ビ。鞠苟樹ノ下ニ會シ。皇子靴脱ケテ鞠ト轉シ
テ同ク。コトニアリ。皇子靴脱ゲ鞠ト鎌子亦
テ前ニ至ル。曰テ起チ之ヲ取リ跪キ
ニ奉ッル。皇子モ亦跪テ之ヲ受ク。是ニ由テ親

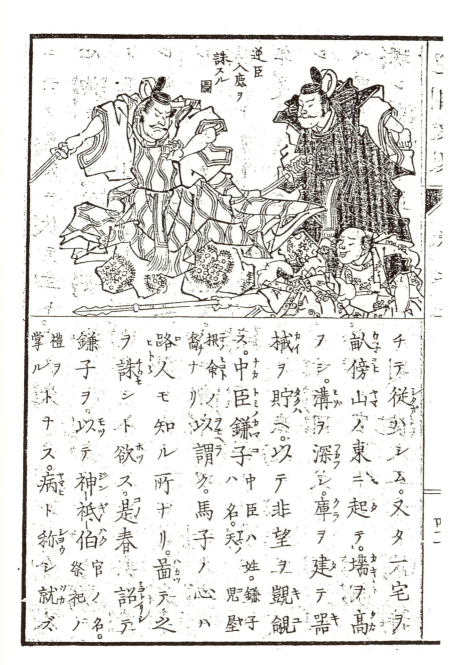

逆臣人屋ヲ
誅スル圖

チテ從ハシム。又タ一ニ宅ヲ畋傍山々東ニ起テ。墻ヲ高フシ。溝ヲ深シ。庫ヲ建テ器械ヲ貯ヘズ。非望ヲ覬覦シテ中臣鎌子ノ姓。鎌子ノ壁ニ隣ノ以テ謂ヲ。馬子ノ心ハ捫ニ中臣鎌子ハ名ヲ。儿路人モ知ル所ナリ。畠ツ之ヲ誅シト欲ス。是春諂テ鎌子ヲ以テ神祇伯ノ官ノ名。禮ヲ掌ルトナス。病ト称シ就ズ。

ヲ持チ之ニ従フ。二劒ヲ穎糟ノ中ニ藏ス。佐伯子麻呂葛城綱田ヲ以テ入鹿ヲ斬ラシメントス。倉山田先ツ前テ表ヲ讀ミ將ニ尽キトスルニ。子麻呂懼怖テ敢テ發セス。倉山田流汗背ニ浹ク。声變リ手顫ク。入鹿怪ミテ問ヒ曰ク。何スレソ其レ爾ヤト。對ヘテ曰ク。天威ニ近キ覚ズ震ヒ襲ルト。是ニ於テ皇子丸ヲ促シ共ニ進テ入鹿ヲ斫ル。入鹿驚キ起ツ。子丸劒ヲ揮ヒ其ノ脚ヲ傷ク。入鹿轉ビ御坐ニ向ヒ叩頭シテ曰フ。臣何ノ罪アルヲ知ラズ。願クハ陛下感ヲ垂レ玉ヘト。皇子モ伏シ奏シテ曰ク。鞍作

趣クルコトヲ告ゲ、与ニ其ノ謀ヲ同クスレドモ、人ノ其ノ
屢々相往来スルヲ怪ミ、櫂チ乃チ同ク車ニ載テ
南淵先生ニ就キ漢人ヒ当テ学ブニ蘇我倉山田麻呂ヲ女
蜜議シテ皇子ノタメニ燕我倉山田麻呂ヲ女
聘シテ妃トナス。倉山田入鹿ト同宗ニシテ其ノ讒ッ
ヲ告ゲ、引テ以テ援ケザラシメントス。久シ三韓ノ使至ル。其
際ニ因テ之ヲ挙ントス。六月
月韓使入朝ス
リ。入鹿モ亦従入テ待ル。皇子中大兄衛士ヲ戒メ
宮門ヲ鎖ス。自ラ長鎗ヲ執リ、戸側ニ隠ル。鎌子弓矢

皇詔シテ位ヲ皇弟ニ讓リ玉フ。是ヲ孝德天皇
トナス
孝德天皇　天萬豐日天皇ノ
帝　皇子中大兄　天皇ノ姪ヲ召シ語ルニ傳國ノ意ヲ以
テス。皇子退キテ鎌子ニ告ク。鎌子カ曰ク。君今叔
アリ兄アリ大兄古人ニ越テ天位ニ陟ラハ乃チ
遜懷ノ義ニ違フ。ナケンヤ。如ス讓リテ叔ヲ立テ
倫序ニ順ハンニト。中大兄悦ビ乃チ前帝ニ勸メ
位ヲ帝ニ傳ヘシム帝古人大兄ニ讓ル。古人大
兄適テ佛寺ニ入リ。祝髮シテ僧トナル。帝乃チ

入鹿又鞍作ト名ツク潜ニ墓奪ヲ圖リ。天宗ヲ削リ弱マス。臣等謹テ宗廟ノタメニ逆臣ヲ誅戮スト、天皇即チ起チ納殿ニ入リ玉フ。子九綱田遂ニ入鹿ヲ刺殺ス。是ノ日大ニ雨フリ潦水庭ニ溢ル。乃チ席及ヒ障子ヲ以テ屍ヲ覆ヒ、人ヲシテ父蝦夷ニ賜ハシム。皇子法興寺ニ入リ以テ備ヲ設ク。諸皇子大臣等咸ナ進ンテ随フ。皇子臣勢德ヲメ兵ニ將トメ、蝦夷ヲ討ム。蝦夷悉ク古今ノ圖書珍寶ヲ焚セテ後チ自殺ス。史慧尺舩氏ノ時ノ人呼テ舩史ト曰フ姓ハ疾ト馳セテ殘册ヲ爐餘ニ收メ。以テ皇子ニ獻ス。天

遣人難波擽貢獻之物責其數減常〇六月大旱、至秋八月蘓我蝦夷率百姓祈雨又召僧諷誦經以禱者無驗於是、上行幸南淵高市郡蘇名在岸天地四方風雷遠至、大雨五日溥潤天下百姓咸呼萬歲

至德天皇〇冬地數震天數雷又無雲而雨

稱至德天皇〇二年春大風三月隕霜傷草木雨雹風雷數作、夏大風雨雹凍寒人重襲綿衣蝦夷入貢二蝦夷皆慍〇冬蘓我入鹿殺皇孫山背王先是入鹿之兆〇父蝦夷既攝朝權驕肆日甚造家廟於葛城祭舞

八德威山背大兄

八佾嘗告朝廷不親脱所著紫冠私授入鹿著之以

遷百濟宮在大和國廣〇十三年大仁船首卒苗
日端石尊仐丈〇是冬十月
首〓〓〓〓〓〓〓〓〓〓〓〓〓〓
日天明下河內富田林耀地俘中〇
天皇崩〓〓〓〓〓〓皇極天皇元年蘇
〓〓〓〓〓〓〓〓〓〓在大和高市郡谷岡
〓〓〓〓〓〓〓〓皇極天皇元年蘇我
〓〓〓〓〓〓〓皇后即倭姬是為
皇極天皇〓〓〓〓敏達天皇之曾孫押坂
彥人大兄之孫茅渟王之女也初稱曰寶皇女
帝既即位考古為政然蘇我蝦夷為大臣如故
其子入鹿專政威權過父〇元年遣津守大海於
高麗〓〓〓〓〓〓〓〓國勝水雞於百濟〓〓〓〓〓〓
於新羅〓〓〓〓〓〓〓〓坂本長兄於任那〇高麗入貢

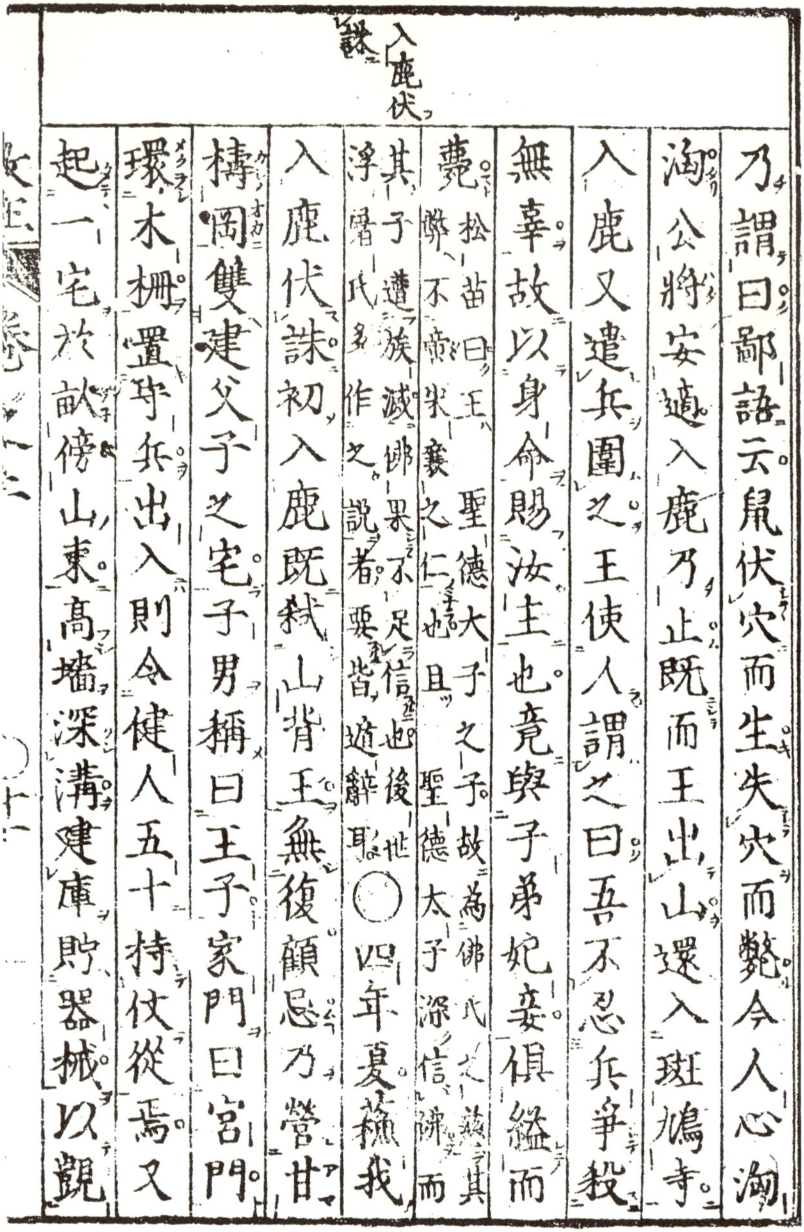

乃謂曰鄙語云鼠伏穴而生失穴而斃今人心淘
淘公將安適入鹿乃止既而王出山還入斑鳩寺
入鹿又遣兵圍之王使人謂之曰吾不忍兵爭殺
無辜故以身命賜汝生也竟與子弟妃妾俱縊而
薨幣、松苗曰、王、聖德太子之子故為佛氏之徒之其
斃弊、不肯米襄之仁姑且聖德太子深信佛而
其子遭族滅佛果不足信也後世浮屠氏多作之說者要皆遁辭耳○四年夏蘇我
入鹿伏誅初入鹿既弑山背王無復顧忌乃營甘
檮岡雙建父子之宅子男稱曰王子家門曰宮門
環木柵置守兵出入則令健人五十持仗從焉又
起一宅於畝傍山東高墻深溝建庫貯器械以備

写真 3 − 13

擬大臣代己視事、又使其弟胄母姓私稱物部大臣、於是兄弟嶽弄威焰薫赫、密謀廢天皇、舒明帝子古人而忌皇孫山背王、威名令巨勢德太處、將兵圍斑鳩宮、掠其不備、王臣及舎人等拒戰有奴三成者善射、外兵多死傷、不得輙入、王燻宮、王置骨於内寢、攜妻子及家人得間、逃出匿膽駒山中、巨勢德等灰中見骨、誤謂王已斃、解圍而退、王在山中五日、其臣三輪君謀曰、潜赴東國起兵滅籔我氏、王弗從、有人告入鹿、王在膽駒、遣人索之不得、率兵親行、皇子古人遇諸塗、

屢相往來、乃同載詣南淵先生名漢人、營受經車中密議而爲倉山田麻呂、娶入鹿同妃。宗而不相睦者也。遂告其謀、引以爲援會三韓使至、欲因其際擧之、定約期六月韓使來聘。
上御太極殿、皇子古人侍側入鹿亦入侍。
皇子中大兄戒衞兵鎖宮門、自執長鎗隱于戶側。
鎌子持弓矢從之、藏二劍貢櫃中、令佐伯子丸與葛城綱田執以斬入鹿、倉山田先前讀表將盡子丸等懼怖不敢發、倉山田流汗浹背聲變、手顫入鹿怪而問曰何爲、其辭對曰天威咫尺不覺震聾、

觀非望中臣鎌子姓鎌子名天以謂馬子之
心路人所知也欲圖誅之是歲春詔以鎌子為
神祇伯固辭不就退隱三島地屬今攝津
豊島上島下島三郡時皇極輕天皇孝德脚疾不朝亦有
意除惡鎌子以蘇我妻之因深相結託齋議計策又
見皇子中大兄舒明皇子即仁慈有局度欲與
俱舉事而未有由告之一日皇子遊法興寺在寺
大和國飛鳥邑南 鎌子亦同在焉會皇子蹴鞠樹下 皇子靴
脫與鞠轉展至前因起取之輒跪奉 皇子
子亦跪受之由是得親迎與同其謀而懼人怪其

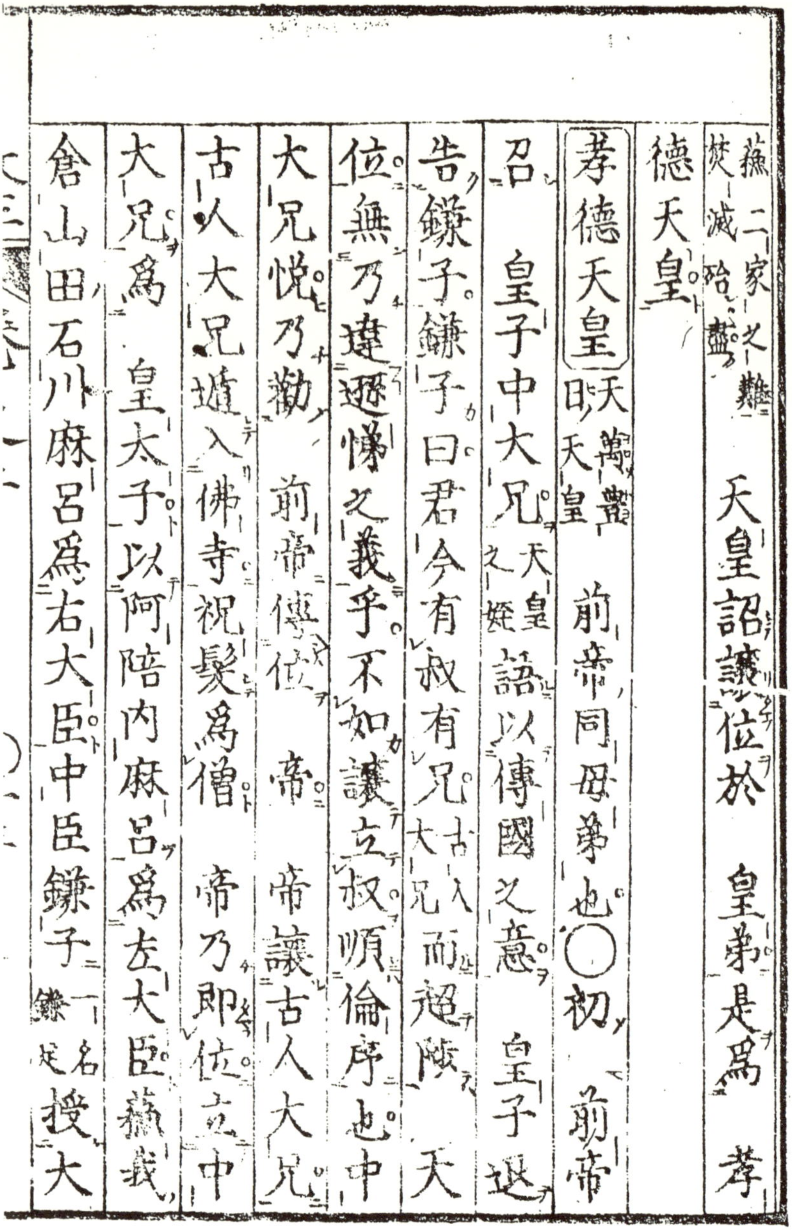

蘇二家之難焚滅始盡天皇詔讓位於皇弟是爲孝德天皇

孝德天皇 天萬豐日天皇 前帝同母弟也〇初、前帝召皇子中大兄語以傳國之意、皇子迯告鎌子、鎌子曰君今有叔有兄、大兄而超陛、天位無乃違遜慊之義乎、不如讓立叔順倫序也、中大兄悅、勸前帝傳位、帝讓古人大兄、古人大兄遁入佛寺祝髮爲僧、帝乃即位、立中大兄爲皇太子、以阿陪內麻呂爲左大臣蘇我倉山田石川麻呂爲右大臣中臣鎌子鎌足一名授大

写真3-15

於是皇子佩子丸共進砍入鹿入鹿驚起子丸
揮劒傷其脚入鹿轉倒向御座叩頭曰臣不知
何罪願陛下垂憨皇子亦伏奏曰鞍作
盡潛圖簒奪削弱天宗臣等謹爲宗廟誅戮逆臣
天皇即起入内殿子丸綱田遂刺殺入鹿是日
大雨潦水溢庭呂以席及障覆屍使人賜艾蝦夷
皇子入法興寺以設守備諸皇子大臣等咸進
而隨之皇子令巨勢德將兵討蝦夷蝦夷悉焚
古今圖書珍寶而後自殺史慧尺姓史火姓史官慧尺人名其時人咋
史曰船疾馳收殘冊于燼餘以獻皇子記舊遺珍本朝上世

第4節　明治初期の歴史教科書執筆者「笠間益三」研究の意味

　笠間益三は1844年九州柳川藩の儒者笠間奧庵の孫として生まれている。藩校伝習館で学んだと伝えられており，幼いときから「神童」と言われていたとの伝承も見られる。その後，彼は江戸に出て昌平黌に学び，後に東京大学校や慶應義塾で洋学をも修めたと伝えられている。彼は多くの著作を残していることが確認されるが，代表的なものに『続日本政記』『日本人名辞書』『日本兵要』などがある。[16] 彼が注目される理由は明治初期，「読本」教科書，「国史」教科書を中心に18編もの著作が見られることにある。

　彼が初めて著作したと考えられる歴史教科書は1872年彼が兵部省に出仕していた28歳の時に著作した陸軍文庫版『日本略史』[17]であろうと推定される。前述の『日本教科書体系』編集者も彼の作品群には注目していて，彼の著作物のなかから陸軍文庫判『日本略史』の改訂版である『新編日本略史』[18]を収録している。改訂の目的について，彼はこの教科書の例言のなかで，誤謬を訂正することと「小学童蒙ノ求ニ供スル」[19]ことにあると述べている。

　しかし，彼の例言で述べていたこととは裏腹に，『新編日本略史』のなかには，「小学童蒙ノ求ニ供スル」とは言い難い教科書としては不適切ではないかと思われる部分が少なからず存在する。その中から，典型的なものを日本古代史の記述部分から紹介しておきたい。

　　　宝亀元年庚一千四百三十年八月，帝（孝謙天皇）崩ス，寿五十三，始メ，帝由義宮ニ幸シ，道鏡ト狎褻ス，道鏡益々帝ノ意ヲ悦ハシメント欲シ，進ムルニ淫具ヲ以テス，帝是ニ由リテ疾ヲ得タリ，竟ニ崩ス（かっこ内は筆者）[20]

　天皇神格化が未だ完成していなかった時代とはいえ，大人の常識としてこのような記述が「童蒙」の目に触れる教科書の中に見られることに違和感を持つ。このような記述が今日よりも儒教道徳が社会に大きな影響を持っていた明治初年に見られることに，明治初期の社会観・天皇観がよく示されているとも言える。しかし，もし仮に，明治初期の性に対する意識が今日よりもおおらかな時

代であったと考えても,「狎褻」とか「淫具」という語句が子どもの学習する歴史教科書に登場することにはどうしても疑問が残るのである。それでは,笠間は天皇家や性に対して特別な考えを持った人物だったのだろうか。笠間は前述したように読本教科書の編集にも熱心であったと思われるが,『小学新読本』[21]の巻8の冒頭に次のような文章を掲載している。ここには彼の歴史教育観が読み取れ,天皇家に特別な感覚を持った人とは言えないことがわかる。

　　○歴史科ハ国土ノ開不治乱興廃強弱或ハ時勢ノ沿革変遷及事業ノ隆替ヲ知ルノ料ナリ之ヲ学フニハ地理ト考証スルコト必要ナリ
　　○歴史ハ先ス我邦ノ歴史ヨリ初メ<u>歴代天皇ノ国ヲ重ンジ民ヲ慰ミ給ヒタル事績及名君賢相忠臣義士ノ行ヲ知リ而シテ古ヲ鑑ミ今ヲ考ヘテ尊皇愛国ノ士気ヲ養フベキナリ</u>[22]（アンダーラインは筆者）

　明治14年の「小学校教則綱領」[23]は絶対主義天皇制構築のための教育政策として重要な役割を果たしたと考えられるが,ここに見られる笠間の教育観は,これと何ら矛盾するものではない。彼が,当時の文部行政の方向と異なった天皇観や国家観を持っていたとは考えにくい。しかし,『新編日本略史』の孝謙天皇に関する記述の背景にある天皇観とは明らかに矛盾している。
　このような矛盾がなぜ生じたのか,それを解く鍵は,『訓蒙皇国史略』でも見られたような,明治初期の歴史教科書編纂者の盗作的行為ではなかったかと考えられる。この事実について紹介したい。
　『新編日本略史』の中に見られる孝謙天皇の記事は笠間のオリジナルの記述ではない。近世末から比較的広く流布していたと考えられる歴史書には前述した『国史略』と並んで『皇朝史略』[24]がある。当時,今日のような発刊部数の調査があったわけではないから正確なことはわからないが,『皇朝史略』の著者青山延于は,前項で検討した『国史略』の著者岩垣松苗より知名度の高い国学者であったと考えられる。したがって,発行部数も『皇朝史略』のほうが多かった可能性が高く,『国史略』より幕末維新期の歴史教育や社会に与えた影響は『皇朝史略』のほうが大きかったと考えられる。この『皇朝史略』の孝謙天皇崩御に関

麻呂深然其言路豊永已下
曰我國家開闢以來君臣分定矣以臣爲君未之有也日本後紀
天日之嗣必立皇緒無道之人宜早罷除清麻呂還奏
道鏡大怒解其本官爲因幡員外介未之任追貶其姓
神教欺罔朝廷故姓名別部穢麻呂流于大隅道鏡使
人殺之於道俄而雷雨晦暝使者未發會敕使來獲免
參議藤原百川愍其忠烈割其封戶給之日本後紀○
冬十月行幸飽浪宮遂幸由義宮詔以由義宮爲西京
河内國爲河内職○四年春二月行幸由義宮○夏四
月先是藤原仲麻呂之亂帝發願造三層小塔一百萬

基眞恃勢狂虐不避朝貴至是坐凌突圍輿流竄○三
年春正月法王道鏡受大臣以下賀於西宮前殿○秋
八月流從五位下和氣清麻呂於大隅初太宰主神中
臣習宜阿曾麻呂媚附道鏡矯宇佐八幡神教曰令道
鏡即位則天下太平矣道鏡聞之稍懷覬覦帝惑之召
清麻呂謂之曰朕昨夜夢八幡大神使來曰大神欲憑
汝姊法均有言汝宜代之往受神教臨發道鏡瞋目按
劍謂清麻呂曰大神欲令我即位故使卿請命因誘以
美官路豐永甞爲道鏡之師至是謂清麻呂曰道鏡若
登天位吾何面目事之乎吾與二三子從伯夷游耳清

皇朝史略卷之四

水府史臣青山延于著

男　延光校

光仁天皇 諱白壁天智帝之孫志貴親王之子也稱德帝崩參議藤原百川與左大臣藤原永手等議奉帝爲皇太子 本書不載藤原百川今從公卿補任水鏡 〇貶僧道鏡爲造下野藥師寺別當流大納言弓削淨人及其子廣方等於土佐淨人道鏡弟起布衣八年間至大納言至是流竄〇河内職復爲河内國〇九月召還流人和氣清麻呂冬十月帝即位改元寶龜〇十一月追尊皇考志貴親

至是成分置諸寺〇四年秋八月帝崩壽五十三初帝幸由義與道鏡卿發道鏡欲益悅帝意進以滛具帝由此得疾還平城竟不起下初帝已在位六年弁前朝凡十六年改元者二曰天平神護神護景雲羣臣定策迎白壁王立之是爲光仁天皇

皇朝史略卷之三終

する記述が85ページ写真3-17（85ページ）の波線部の記述である。[25]

　これを見るとわかるように，笠間はほぼ『皇朝史略』の孝謙天皇記事を採用して『新編日本略史』を編纂したことがわかる。実は『皇朝史略』もこの記述を『水鏡』から引用していた。[26] 笠間は『新編日本略史』編纂のとき，中世歴史書から幕末へと日本に広く受け入れられていた孝謙天皇記述をそのまま踏襲して収録したに過ぎないと考えるべきであろう。

　この事実は，明治初期の歴史編纂事業が，日本古代史に関する限り，ときには盗作的と思われるようなことも生じながら，近世末期の歴史認識をそのまま継続する形で一般的に行われていたことを意味している。当然と言えば当然なのだが，近代公教育がスタートした時点では，近代的な教育課程観や教材観があったわけではなく，一斉教授法など欧米の教育が広く紹介されても，日本古代史の教材はほとんど近代化することはなかったと考えられる。

　明治初期の歴史教科書の多くが「凡例」や「例言」などで，近代公教育の歴史教科書としてふさわしい記述を目指し，その試みを熱心に述べていても，その試みが必ずしも実践されているとは言えない事例が日本古代史に見出される。

　この笠間益三の事例からもまたこれまでの歴史教育課程の歴史的研究における史料の扱いかたに変更が求められる。『日本教科書体系』に見られるように，歴史教科書の記述形式に注目するあまり，その個々の教材内容の検討が十分でない教育課程研究はあまり意味を持たないことが明らかである。歴史記述，教材の細部にまで分け入って分析する教育課程研究が必要である。

　もちろん，『日本教科書体系』などの先行研究は，今日でもなお，重要な指針となる研究成果であることは間違いないが，これまでに示したような事実を踏まえ，歴史教材の拠り所となっている原典を見出し，検証するという作業がひとつひとつの教材研究において必要である。

歴史叙述から歴史教材の編成へ

　明治10年代になると文部省は教育内容の統制に乗り出し，教科書に対する調査を本格的に始めている。明治13年6月地方学務局のなかにおかれた取調掛

がこの調査を担当することになった。調査の結果，妥当な教科書と認められれば，府県単位で「調査済教科書表」に掲載される仕組みができあがる。前項で見た笠間益三の『新編日本略史』は，明治11年版権免許，明治13年8月「再販御届済」教科書となり，明治14年8月再販されている。

　もし，笠間の孝謙天皇に関する「猥褻」を記述した『新編日本略史』がどこかの府県で実際に採用され使用されたのであれば，どこかの府県の「調査済教科書表」にこの教科書が示されているはずである。しかし，管見ではそれが見出せず，実際には学校では使用されなかった可能性が強い。教育課程史研究上の史料の問題として，教科書編成上注目すべき点はあったとしても実際には使われなかった可能性の強い教科書を『日本教科書体系』が収録し，研究対象としてきたことに疑問が残る。

　ところで，笠間が著作した歴史教科書のなかで，「調査済教科書表」に登場するのは『新撰日本略史』である。この教科書に関しては「採用シテ苦シカラサル分」として登場し，教科書としての使用が認められていたことが確認できる。それでは『新撰日本略史』では孝謙天皇の「猥褻」記事はどのようになっていたのであろうか。

　　○四年〔一千四三百年〕八月，帝崩ス，初メ道鏡，帝ニ侍シ，異味ヲ進
　　ム，是ニ依リ病ヲ得テ，遂ニ崩ス，（アンダーラインは筆者）

『新編日本略史』の記述に比べるとかなり和らいだ印象がある。しかし，「異味ヲ進ム」と書いているところを見ると，彼の基本的な歴史観としての孝謙天皇評はあまり大きく変わったとは思われない。

　ただし，『新編日本略史』と『新撰日本略史』とを比較してみると，「調査済教科書表」で「採用シテ苦シカラサル分」とされた『新撰日本略史』は『新編日本略史』よりも全体的に記述量がかなり少なく，大きく簡略化が進んでいる。小学生向け教科書として，ひとつの対策が講じられていると言える。その過程で笠間は孝謙天皇評の表現を和らげたと考えられ，歴史教科書の編纂の意識が，歴史叙述中心から，子どもが学習すべき教材としての妥当性へと変化した可能

第3章　教育課程史研究における史料　87

性を見ることができる。

第6節　むすび

　本章では教育課程の歴史的検討の史料の問題について，日本古代史記述に焦点を当てて検討してきた。その過程で，わが国の教科書教材研究の草分け的存在である『日本教科書体系』が収録した教科書に妥当性があるのか疑問が残った。また，各教書に関する解説や評価の基準が記述内容の細部にまで踏み込んだ検証に基づいたものではない可能性は本章で示したふたつの例から証明できたと思われる。

　今日でも，学習指導要領やその背景に存在する教育観を論評し評価するとき，その史資料は学習指導要領の総論部分であったり，前文であったりする。しかし，教育は机上の計画で進められているわけではない。教育課程の編成において，高い理念や理想を掲げても，それを具体化し，実際に教室で使われる学習教材への注目とその研究がなければ意味をなさない。

　『訓蒙皇国史略』が教科書編成上の理念として掲げた理想は一見達成されていたかに見え，そのように評価した論評も出されていた。しかし，その実際は時代考証的に問題がある挿し絵の挿入に過ぎず，かえって歴史理解に災いした可能性さえ棄てきれない。また，叙述部分は幕末期に広く流布していた歴史書の丸写しに過ぎず，近代公教育における子ども観に立脚したものでもなかった。

　『新編日本略史』の著者笠間益三も近代公教育に供すべき教材の編成への意識と努力が感じられる部分もあるのだが，子どもの学習に供すべきものとして疑問な教材があったことも事実である。

　本章では，この2件の分析を通して，教育課程史研究の史料は教材の成り立ちにまで踏み込んで検討されなければならないことが証明されたと考える。教育課程研究ではカリキュラムなど理念や編成ではなく，それぞれの教材を手にする子どもの「学習の現場」から積み上げていく研究方法が求められる。

【注】
（１） 海後宗臣『歴史教育の歴史』東京大学出版会，1969年，は代表的なものである。
（２） 海後宗臣ほか『日本教科書体系』近代編，講談社，1962年。
（３） 唐沢富太郎『教科書の歴史』創文社，1967年。その他に吉田太郎『歴史教育内容方法論史』明治図書，1968年，も重要である。また，大空社は『復刻墨ぬり教科書』1985年，を出版した。教科書研究の重要な史料となっている。
（４） 沖修『訓蒙皇国史略』国立教育政策研究所所蔵，1873年。
（５） 前掲『日本教科書体系』近代編，歴史教科書総解説，539ページ。
（６） 前掲『訓蒙皇国史略』冒頭「序」に続く「凡例」，8～12ページ。
（７） たとえば，巻之二，23～25ページでは見開きごとに挿し絵が見られる。挿し絵が多く描かれている部分とそうでない部分の違いが何によるものか判断できない。
（８） 前掲『訓蒙皇国史略』巻之二，9ページ。
（９） 同上　巻之二，18ページ。
（10） 同上　巻之二，24ページ。
（11） 同上　巻之二，30ページ。
（12） 同上　巻之二，33ページ。
（13） 同上　巻之二，38～44ページ。
（14） 岩垣松苗『国史略』1826年。明治期何度か復刻されている。本研究では文政9年刊行（国立国会図書館蔵）を用いた。巻之二，9～13ページ。
（15） 『国史略』では歴史的事件の後に「松苗曰」で始まる解説を付けている。ここには著者岩垣の主張が見られる。この部分から岩垣だけでなく幕末の国学者の歴史観を知る重要な手がかりがある。『訓蒙皇国史略』は岩垣の『国史略』の記述に全面的に依拠しているが，この岩垣の主張部分はすべて割愛するという編集方針がとられたようである。
（16） 日置昌一『日本歴史人名辞典』名著刊行会，1973年参照。
（17） 前掲『日本教科書体系』。近代編の歴史教科書総目録では笠間著作の歴史教科書の原型をなすものとの解説がある（484ページ）。なお，『日本略史』には木村正辞著作文部省刊行とこの笠間のものとが有名である。区別するために笠間の『日本略史』1873年を陸軍文庫版と呼ぶ。
（18） 前掲『日本教科書体系』近代編所収，320ページ。
（19） 同上　321ページ。
（20） 同上　345ページ。

(21) 笠間益三編纂,杉本氏蔵版『小学新読本』1887年,巻之八,2ページ。
(22) 同上 巻之八,2ページ。
(23) 文部省内教育史編纂会『明治以降教育制度発達史』第2巻,252ページ。
(24) 青山延于『皇朝史略』1822年（国立国会図書館蔵）を用いた。
(25) 同上 巻之三,33～35ページ。
(26) 同上 巻之三,35ページに「初帝已下水鏡」とある。
(27) 明治14年12月17日の福岡孝弟の府知事県令への訓辞のなかに「教科書ハ教育上重要ノ関係ヲ有セルヲ以テ客年五月教科書ノ検査ニ着手セシニ（略）当省ヨリ毎月検査済ノ教科書を報告シ」とある。前掲『明治以降教育制度発達史』第2巻,230ページ。
(28) 前掲『明治以降教育制度発達史』第2巻,494～497ページにそのサンプルを見ることができる。
(29) 前掲『日本教科書体系』近代編,320ページ。
(30) 前掲『日本教科書体系』近代編,494ページ。
(31) 前掲『明治以降教育制度発達史』第2巻,497ページ。
(32) 笠間益三『新撰日本略史』1880年,巻一下,14ページ。

第4章

教育課程史の実践的研究
―『国史略』の分析を通して明治初期古代史教材を考察する―

 はじめに

　明治以降の戦前の歴史教科書についてはその記述形式や検定制度，国定制度といった制度に対する研究が中心で，記述内容にまで踏み込んだ研究は必ずしも盛んではない。しかし，古代・中世等々，それぞれの時代の教科書記述がどのように変化し，または継承されていったのかを検討しなければ教育課程の真の歴史的研究とはならない。本章では近代公教育において，古代史教材がどのようにして成立してきたのかを明らかにすることを目的として，明治初期の歴史教科書における日本古代史に焦点をあてる。なお，ここでは古代史の範囲を現行の歴史教科書が多くの考古学の成果によって記述している前期と『日本書紀』を代表とする古典を基本史料として記述している後期とに分類し，その後期，とくに仏教伝来から以後，『日本書紀』の記述が終わる持統朝末までに関する記述内容を主たる対象とする。

　前章でも触れたように，明治初期，とくに「学制」期の学校教育では啓蒙性が濃厚であって，教科によっては主に翻訳教科書が使用された。しかし，「日本史」に関しては翻訳教科書が使用できなかったので，近世歴史書の影響をまぬがれなかった。とくに，幕末以来多く使用されてきたと思われる『国史略』の重要性に対する評価は，これまで低く過ぎたのではないかと感じられる。そこで『国史略』の存在を重視して，そのなかに見られる教材観や歴史観を検討し，明治初期の古代史教材成立の実態にせまり，教育課程の歴史的研究に資したい

と考える。

第2節　明治初期の古代史教育と『国史略』

第1項　『国史略』使用状況

　日本古代史教育の教材研究において，『国史略』を重視する考え方は，前章でも紹介したように，教科書教材研究の基礎文献である『日本教科書大系』のなかですでにみられていた。さらに，明治初期の歴史教科書の性格を明らかにした海後宗臣著『歴史教育の歴史』，唐沢富太郎著『教科書の歴史』，吉田太郎編著『歴史教育内容方法論史』をも参考にしつつ，明治初期の歴史教科書の古代史教材において『国史略』の重要性について紹介していきたい。

　維新以後，「学制」以前の小学校における歴史教材の実情を示す史料として，常にあげられてきたのが沼津兵学校付属小学校の教則表と京都小学校の小学課業表である。これらから「学制」以前の小学校においては歴史科の成立はまだみないものの，歴史的教材を使用しようとする考えは存在したものと考えられる。その教材として『国史略』など近世末以来武家社会の子弟教育のために使用されていた歴史書が示されていた。

　「学制」では，歴史は上等小学において教授される科目とされていた。このことは，文部省は「小学教則」のなかで示しており，「歴史輪講」のための教科書のひとつとして，『王代一覧』などとならんで『国史略』を取り上げていた。ただし，この「小学教則」は実際にはほとんど実施されなかったと思われる。そこで，府県教則をもとに，当時の教科書採用の実情を調査してみると，全体的には『日本略史』『史略』など「学制」期に東京師範学校・文部省が編纂刊行した歴史教科書の使用が多かったものと判断できる。このように，使用例もしくは流布度という点で『日本略史』『史略』と比べて『国史略』は劣るとしても「小学教則」に示された教科書は当時の文政当局者の歴史教科書に対する考え方を知るうえでひとつの重要な手がかりとなることは否定できない。それゆえ『国史略』は当時の啓蒙的な歴史書として文政当局者に受け入れられていたものであったことはまちがいない。

また、『日本略史』など文部省刊行の歴史教科書と『国史略』との共通した性格は、いずれも天皇歴代史の記述方式をとっていること、そして「天皇の善政や治績だけを記述して、天皇を親愛畏敬させるという意図をもったものではないこと」などの基本的な歴史観・教材観にある。この性格は明治10年代初期までに刊行された他の教科書にもあてはまるものであるが、これは「『国史略』などに記述されている内容を基としていたため」に生じたものであり、「岩垣松苗『国史略』が、日本歴史を簡略に述べたものとして幕末から用いられていたのでそれを参考とした」ために生じた性格だと考えられてきた。これらのことから明治初期の歴史教育課程・歴史教科書および歴史教育観を検討するとき『国史略』はけっして軽視されるべきものではないと考えられる。

第2項　『国史略』の他の教科書への影響

『国史略』を単に明治初期の一冊の歴史書としてのみとらえることはできない。なぜなら、まず、明治初期『国史略三編字引』など『国史略』の参考書というべきものが多く出版されているからであり、また、明治初期新たに出版された歴史教科書に与えた『国史略』の影響を見落とせないからである。

前章で取り上げた明治6年12月刊行、沖修の『訓蒙皇国史略』の凡例を再度確認しておきたい。ここには、この書を刊行する主意として

　　　童蒙ヲシテコレニ階悌シテ史学ニ進歩セシメント欲スルニアリ（中略）初
　　　学ニ読易ク又領解シ易クシテ進歩ヲ速カナラシメンガ為ナリ

と述べられている。また、編集方法については

　　　記事詳細ナレバ関渉スル処ノ事広ク大ニシテ幼童ノタメニハ反テ煩シク
　　　領解シ難キノミナラズ倦厭ヲ生ジ易シ故ニ務テ簡約ニ従ヒ事実ヲ失ハザル
　　　ヲ要トセリ略ヲ以テ名トスル所以ナリト知ルベシ

とあった。これを見ると、単なる啓蒙書ではなく、小学校用歴史教科書とし

て十分に配慮され，編集された教科書であるかのように思われる。事実，さし絵を随所に掲げ，仮名交じりの文体で記述し，ほとんどの漢字にはルビを付けるなど「初学ニ読易ク」，また「領解シ易ク」するための努力が一定程度なされたことは否定できない。したがって，従来，この『訓蒙皇国史略』は明治初期の日本史教科書としては，他の多くの歴史書が「漢文調を簡略にした歴史綱要の如きもので史実の大きな筋だけの簡単な記述が連ねられている[19]」のとは異なり，「児童の歴史教科書という考えで編集され，他の教科書と異なった性質を示している[20]」ものとされ，注目されてきた。しかし，前章で証明したように，記述されている本文自体は，ほぼ『国史略』と同文であった[21]。『国史略』では，随所に「松苗曰」などとして解説が付加されているが，それを省略しているから，凡例で言う事実を失わない程度に「務て簡約」にしようとした努力は，この解説の部分を省略する程度のものでしかなく，あたかも新しく編纂し直したかのように思われる凡例での主張とは逆に，記述内容それ自体は全面的に『国史略』によっている。序文や凡例のなかで『国史略』を参考にしたとのただし書きがない以上，現代流にいえば「盗作」作品といわざるをえない。この『訓蒙皇国史略』の問題は，当時民間で行われていた小学校用歴史教科書編纂の努力が，近世歴史書の漢文体を仮名交じりにするという記述方法に向けられた程度に留まっていたことを示している。重要なことは，『国史略』がこの「盗作」の対象となっていたことである。

　本章では，『訓蒙皇国史略』の「盗作」問題についてもう一点指摘しておきたい。それはこの教科書が『国史略』を「盗作」することによって『国史略』に存在する記述の誤りをそのまま継承したことである。実は，『国史略』には歴史学的には誤りと考えられる奇妙な記述が存在する。それは推古朝の遣隋使に関する以下の記述である。

　　十五年。始テ信ヲ隋ニ通ス。大礼(冠位)蘇我妹子ヲ以テ使トナス（原文は漢
　　文体，アンダーラインは筆者）[22]

　もちろん「蘇我妹子」という記述は「小野妹子」の誤りである。ただ，この

「蘇我妹子」説は次章の検討からもわかるように著者の歴史観の所産であるとも考えられ，著者が意図的に作文した説と見ることもできるのだが，ともあれ『日本書紀』以後の主要な歴史書にこの説は存在しないことから「誤記」と見るべきである。『訓蒙皇国史略』は内容の再検討なしに『国史略』を「盗作」したことから，この第1回遣隋使「蘇我妹子」という誤記をそのまま継承するという問題が生じている。

　明治初期の歴史書や教科書類のなかには，この「蘇我妹子」説をとっているものが複数存在し[23]，それらは『国史略』と何らかの関係があると思われる教科書であることは注目すべきことである。これらの「誤記」の継承が意味することは，明治初期の歴史教科書編纂において『国史略』の記述が無批判に継承されるほど，近世末以来『国史略』は歴史書としてかなり高い評価を与えられていたことを示しており，また『国史略』の影響の大きさを同時に示している。

第3節　『国史略』の古代史記述の分析

第1項　『日本書紀』との比較による数量的分析

　『国史略』をはじめ明治初期の教科書が従来の歴史書を簡略化した性格を持っていたことはすでに述べたが，実際にどの程度簡略化したものであったかをここであらためて検討しておきたい。それは『国史略』の性格を明らかにするうえで不可欠の要素でもある。そこで，日本古代史を記述する場合の原典である『日本書紀』の記述と明治以降の歴史教科書の記述とを比較し，その記述内容の簡略化の実態を明らかにしたい。

　以下の表は記述内容簡略化の実態を示した表である（表4－1参照）。

　これは黒板勝美による岩波文庫『日本書紀』の分類に従い，本章研究の対象となる仏教流入から持統朝の終わりまでの『日本書紀』の記述を919項目に分類し，それらのうち各教科書の記述と対応するものをチェックし，集計して作成した表である。対象とした教科書は明治初期の府県教則に多くみられる『国史略』『皇朝史略』『日本略史』[24]『内国史略』[25]とした。さらに明治初期の歴史教科書の特徴をより鮮明にするため『日本教科書大系』に収録されている明治以降

終戦までの歴史教科書をも参考として掲載した。

　この調査の結果，以下のような結論を得ることができる。まず，『日本書紀』に記述されている記事と同じ内容の記事を何項目見出せるかに注目し，多い方から並べてみた。

　「a」までの『国史略』と『皇朝史略』は『日本書紀』の約4分の1を収録しており，『日本略史』『内国史略』は約9分の1程度といえる。「C」に注目すれば「C」のポイント以上，つまり『日本書紀』の記述を多く継承しているものは明治20年代初頭以前の教科書群であり，明治20年代後半以後は逆に少ないことがわかる。ここに，日本古代史教材史上のひとつの画期を認めることができる。

　また，この統計作成の原資料である日本書紀の記述項目をもとに，項目ごとにチェックした「チェック表」(26)を用いて，実際に収録されている項目のひとつひとつに注目してみたい。その結果，『日本略史』と『内国史略』は『国史略』や『皇朝史略』が取り上げた『日本書紀』の項目以外の項目を取り上げることがほとんどないことがわかる。これは明治初期に『日本略史』や『内国史略』が編纂されるとき『国史略』など近世以来の歴史書をいっそう簡略化する方向で編纂作業が行われたとする従来の指摘を裏付けており，これは原典である『日本書紀』に対する態度に幕末と明治初期との間には相違が見られないことを示している。

　従来，明治14年の「小学校教則綱領」によって歴史教育が大きく転換したとされていた(27)。しかし，この表を見るかぎり重大な転換としてはあらわれていない。

　これは，『日本教科書大系』に収録されている教科書のみをとりあげたことから生じる史料的限界を示しているのか，それとも数量的検討が質的転換までは示しえないという分析方法の限界を示しているのか即断はできない。それゆえ，ここから「小学校教則綱領」の意義に言及することは本来できないのだが，この表を見るかぎりでは，「小学校教則綱領」が対『日本書紀』という点で教材観を転換してしまうほどのインパクトとなったと見ることはできず，むしろ明治20年代後半から始まる転換への過度期とみるべきである。

表4－1　歴史教科書の『日本書紀』項目数の簡略化の実態

	刊行年	刊行年（西暦）	教科書名	著者名	A 書紀の項目数（黒板勝美氏より）	B 書紀と対応する各教科書の項目数	$\frac{B}{A}\times 100$
a	文政9	1826	国史略	岩垣松苗	919	260	28%
	文政5	1822	皇朝史略	青山延干	919	233	25%
	明治14	1881	新編日本略史	笠間益三	919	144	16%
	明治12	1879	小学日本史略	有恒斉蔵	919	120	13%
	明治5	1872	内国史略	南摩綱紀	919	110	12%
b	明治9	1876	日本略史	木村正辞	919	101	11%
	明治20	1887	小学校用歴史	辻敬之	919	91	10%
	明治20	1887	校正日本小史	大槻文彦	919	73	8%
	明治21	1888	小学校用日本歴史	山県悌三郎	919	71	8%
c	明治16	1883	小学国史紀事本末	椿時中	919	67	7%
	昭和15	1940	小学国史（尋常科用）	（国定5期）	919	35	4%
	昭和9	1934	尋常小学国史	（国定3期）	919	35	4%
	大正9	1921	尋常小学国史	（国定3期）	919	35	4%
	明治33	1901	小学国史	〔普及社〕	919	35	4%
	昭和18	1943	初等科国史	（国定6期）	919	30	3%
	明治44	1912	尋常小学日本歴史	（国定2期改訂）	919	27	3%
	明治31	1898	新撰帝国史談	〔学海指針社〕	919	26	3%
	明治5	1872	史略	木村正辞	919	26	3%
	明治42	1910	尋常小学日本歴史	（国定2期）	919	25	3%
	明治26	1893	小学校用日本歴史	〔金港堂〕	919	22	2%
	明治36	1904	小学日本歴史	（国定1期）	919	21	2%
	明治25	1892	帝国小史	山県悌三郎	919	13	1%

次に,『日本教科書大系』に収録されている教科書の記述を『日本書紀』と対応させていく作業を通じて,明治20年代後半以降の教科書が①仏教流入と崇仏論争,②聖徳太子,③蘇我氏の専横,④大化クーデター,⑤大化改新期の諸政策という古代史上の5つの事件に集中して『日本書紀』と対応していることが明らかとなった。この集中度の少ない順に並べたのが以下の表である（表4－2参照）。

　これを見ると,検定以前,検定期,国定期など時期的特徴が必ずしも明確になっているとは言えないが,明治20年代後半以降の検定期教科書や明治期の国定教科書はこの5つの事件への集中度が非常に高く,一方『史略』を除いた明治初期の歴史教科書の集中度が低いことがわかる。この最大の原因は,幕末および明治初期に編纂された教科書がおしなべてすべての天皇の史蹟をそれぞれ記載しようとする天皇歴代史という記述方法に執着したことが考えられる。[28]これは古典からいくつかの事件をとりあげ,それらの説明を通して古代史を理解させようとする教材観,たとえば国定期の歴史教科書が大化改新期の歴史を藤原鎌足というひとりの人物の活躍に集約して説明するような教材観,が存在しなかったことを示している。言い換えれば,『国史略』など明治初期の教科書には,歴史教育を行ううえでの教材選択という考え方が未発達であったことを示していて,歴史科成立以前の教材観,「漢文教材として歴史的教材を使用する」[29]という教材観という性格を強く持っていたものと考えられる。

第2項　古代史記述にみる『国史略』の古代史観

　この項では『国史略』の記述を質的に分析して,『国史略』が持っていた歴史観に注目して明治初期の日本古代史教材観を検討していきたい。

　『国史略』が持っていた日本古代史観のひとつとして日本の古代仏教に対する批判的態度が挙げられる。ただし,近世儒学の一般的傾向として,仏教軽視の思想は存在していたから,『国史略』だけが持っていた特徴的性格とまで言い切ることはできない。しかし,『国史略』にはヒステリックなまでの徹底した仏教批判が存在することに,この歴史教材の特徴的な古代史観を見ることができる。たとえば,欽明13年（538年）の仏教流入に関して,次のような強い表現の解

表4－2　歴史教科書の「5事件」への集中率

刊行年	刊行年(西暦)	教科書名	著者名	A 書紀の項目数	B 各教科書の書紀に対応する項目数	C 指定した5事件に関するもので書紀に対応する項目数	5事件への集中率 $\frac{C}{B}\times100$	5事件への集中率(書紀項目に対する) $\frac{C}{B}\times100$
文政9	1826	国史略	岩垣松苗	919	260	77	30%	8%
文政5	1822	皇朝史略	青山延于	919	233	75	32%	8%
明治5	1872	内国史略	南摩綱紀	919	110	43	39%	5%
明治9	1876	日本略史	木村正辞	919	101	42	41%	5%
明治14	1881	新編日本史略	笠間益三	919	144	64	44%	7%
明治12	1879	小学日本史略	有恒斉蔵	919	120	57	47%	6%
明治20	1887	小学校用歴史	辻敬之	919	91	44	48%	5%
明治20	1887	校正日本小史	大槻文彦	919	73	40	54%	4%
昭和18	1943	初等科国史	（国定6期）	919	30	17	57%	2%
明治21	1888	小学校用日本歴史	山県悌三郎	919	71	42	59%	5%
明治5	1872	史略	木村正辞	919	26	17	65%	2%
明治16	1883	小学国史紀事本末	椿時中	919	67	45	67%	5%
大正9	1921	尋常小学国史	（国定3期）	919	35	24	69%	3%
昭和9	1934	尋常小学国史	（国定4期）	919	35	24	69%	3%
昭和15	1940	小学国史（尋常科用）	（国定5期）	919	35	24	69%	3%
明治33	1901	小学国史	〔普及社〕	919	35	25	71%	3%
明治44	1912	尋常小学日本歴史	（国定2期改訂）	919	27	20	74%	2%
明治42	1910	尋常小学日本歴史	（国定2期）	919	25	19	76%	2%
明治31	1898	新撰帝国史談	〔学海指針社〕	919	26	23	88%	2%
明治36	1904	小学日本歴史	（国定1期）	919	21	19	90%	2%
明治26	1893	小学校用日本歴史	〔金港堂〕	919	22	20	91%	2%
明治25	1892	帝国小史	山県悌三郎	919	13	12	92%	1%

説を付加している。

　　　百済王聖明深ク仏説ニ溺惑シ信ジテ自ラ禁ゼズ，（中略）新羅ノ為ニ攻メ
　　　ル所其ノ土地ヲ失シ（中略）謂所福徳果報ハ果シテ何レニ在ル（原文は漢文
　　　体）
　　　(30)

　この解説は，あたかも後の百済滅亡の遠因が聖明王の仏教崇敬にあったとさえ解釈できるものとなっていて，著者の仏教への否定的な認識が示されている。さらに日本の仏教受容に大きな役割を果たした蘇我氏に対しても次のようなするどい批判が見られる。

　　　帝以テ群臣ニ曰フ蘇我稲目班ヲ越テ対テ言フ西蕃ノ諸国皆之ヲ尊礼ス我
　　　国豈ニ独リ違ヤト（原文は漢文体，アンダーラインは筆者）
　　　　　　　　　(31)

　注目できる表現は「班ヲ越テ」という部分にある。この部分の前後の記述はほぼ『日本書紀』を簡略にしたものといってよいのだが，管見ではこの句は他の歴史書には見当たらない。おそらく著者の作文であろうが，この蘇我稲目が職掌を越えて賛成したとする作文を通じて著者の厳しい蘇我批判が見て取れる。もちろん日本のほとんどすべての歴史書は，多かれ少なかれ蘇我批判の姿勢は持っている。しかし，『国史略』の蘇我批判の特徴は，仏教流入の直後，この頃はまだ蘇我稲目が「大臣」として崇仏政策を推進していた時期なのだが，この時期にすでに未だ政治的重きをなしていない稲目の子蘇我馬子の批判を持ち出しているところにある。それは次のような解説である。

　　　稲目ガ子ヲ馬子ト曰フ亦父ノ志ヲ継ギ仏ヲ好ム性素ヨリ教驕肆天堂快楽
　　　ノ説ヲ聴ニ従ヒ延ヲ流シ心ヲ蕩シ益々奢慾ヲ極メ崇峻帝ヲ弑スルニ至ル（原
　　　文は漢文体）
　　　　　　　　　　　　　　　　　　　　　　　　　　　(32)

　ここには，崇仏が天皇暗殺へつながるという著者の独特な発想を見ることが

でき，徹底した蘇我批判とヒステリックなまでの仏教批判が存在していることがわかる。また，結局のところ後に馬子が崇峻天皇暗殺を行うから，蘇我氏一族は悪逆なのだという論理とも解せ，そこにある尊王観を見落とすことができない。この尊王観ゆえに，古代仏教の意義やその受容の推進役であった蘇我氏の評価がともすれば歪められてしまう危険性を『国史略』は持っていたと言えるだろう。

さらに，反崇仏派の伽藍焼き打ち事件について，反崇仏派は

遂ニ伽藍ヲ焚キ国神ニ謝ス(33)（原文は漢文体，アンダーラインは筆者）

という再び彼の作文によって神道的要素と結びつけて表現していることもわかる。また，崇仏論争が物部氏の滅亡によって幕を閉じ，その後，仏教が興隆した後の記事においても，次のような作文が見られる。

賢臣跡ヲ潜ム直誅ヲ進ムル物部中臣ノ二氏如キ者ナシ故ヲ以テ仏法大ニ興ル(34)（原文は漢文体）

仏教批判が天皇を絶対とする著者の忠義観とも結びついていると言える。仏教批判に見られるこのような思想のなかに，幕末国学の影響とみられる一種の国粋主義ともいうべき国家観が見出せる。

　第二の特徴としてあげられるのは，著者の国際感覚である。まず，斉明5年秋7月，坂合部石布，津守連吉祥らが唐に遣わされ，津守連吉祥が唐の高宗とまみえた件の記述をとりあげたい。『日本書紀』はこの時の高宗と吉祥との問答をかなり詳しく伝えている。

　　　天子問ヒテ曰ク。国内ハ平ナリヤ不ヤ。使人謹ミテ答フ。治ハ天地ニ称ヒテ万民無事。天子問ヒテ曰ク。此等ノ蝦夷ノ国ハ何レノ方ニ有リヤ。使人謹ミテ答フ。国ハ東北ニ在リ。天子問ヒテ曰ク。蝦夷ハ幾種ゾ。使人謹ミテ答フ。類三種有リ。遠キハ都加留ト名ヅケ次ハ麁蝦夷近キハ熟蝦夷ト

名ヅク。今此ハ熟蝦夷ナリ。歳毎ニ本国ノ朝ニ入リ貢ル。天子問ヒテ曰ク。其ノ国ニ五穀アリヤ。使人謹ミテ答フ。無シ。肉ヲ食ヒテ存活フ。天子問ヒテ曰ク。国ニ屋舎有リヤ。使人謹ミテ答フ。無シ。深山ノ中ニシテ樹ノ本ニ止住ム。天子重ネテ曰ク。朕レ蝦夷ノ身面ノ異ナルヲ見ルニ極理テ喜径シ。使人遠ク来リテ辛苦ラム。退キテ館裏ニ在リ後ニ更タ相見エム（35）（原文は漢文体）

『日本書紀』のこの記述を『国史略』は次のように簡略化している。

高宗相ヒ見テ問テ曰ク本国ノ天子平安ナリヤ否ヤト答テ曰ク天地徳ヲ合シ自ヅカラ平安ナルヲ得タリト云々答対数十言響ノ声ニ応ズルガ如ク一モ失言ナシ（36）（原文は漢文体）

もし『日本書紀』に忠実な記述を心がけようとしたならば,「響ノ声ニ応ズルガ如ク一モ失言ナシ」という記述は生まれなかっただろう。また,不可解なことは「一モ失言ナシ」とした意図である。

ところで,この記述は聖徳太子によって行われたとされる第1回遣隋使に関する記述との関連において考えれば『国史略』の興味深い性格を示していると言える。

第1回遣隋使に関する『国史略』の解説は

隋書ニ曰ク日出ル処ノ天子書ヲ致ス日没スル処ノ天子恙ナキヤト帝之ヲ覧テ悦バズト（37）（原文は漢文体）

と記述しており,対等外交要求が中国側に受け入れられなかったことを述べて,続けて,この使節の目的について,おそらく『神皇正統記』の記述を論拠としたものと思われる次のような記述が見られる。（38）

隋ノ楊廣（煬帝）自立ノ元年始メテ我ニ来聘シ以テ好ヲ通ス故ニ使ヲ遣

シ之ヲ報ユト(39)（原文は漢文体）

また，

> 是レ馬子等ノ奏シ請フ所ナリ彼ノ楊廣君父弑ノ逆賊ヲ為シ而シテ欲シテ己ガ異端ヲ学ブノ資ト為ス以テ天使ヲ辱シメ専輙憎ム可シ但シ馬子ト楊廣トハ悪逆倫ヲ比シ同気相求ム(40)（原文は漢文体）

とも記している。これらの記述が意味していることは，このときの外交が答礼であったとする立場をとって朝貢外交ではなかったかのように繕い，日本の対等外交要求が実現しなかった理由が隋の皇帝煬帝の側に問題があったとし，さらに使節派遣自体が「悪逆」蘇我馬子によるものだというものである。つまり，この時の外交は不忠者同士の外交であって，朝廷自体は関与していなかったというのである。この解説にみられるような外交が，当時の国際情勢のなかではありえないことであるが，対等外交要求の失敗を，失敗として認めたくない著者の必死の弁明を見て取ることもできる。この必死の弁明の延長で「一モ失言ナシ」と記述した斉明5年の件をも考えるならば，そこには朝廷による古代外交に関して，仏教批判でも見られた一種の国粋主義ともいうべき国家観から記述しようとした著者の態度が理解できるのである。

　以上述べてきたように『国史略』の古代史教材観の特徴は幕末国学の影響と思われる一種の国粋主義とも言うべき歴史観によって基礎づけられているところにあると言えるだろう。

第3項　『国史略』と聖徳太子

　明治14年の「小学校教則綱領」は歴史科の目的を「尊王愛国ノ志気ヲ養成センコトヲ要ス」(41)と規定した。この規定がただちに古代史教材の記述を一斉に大きく変化させたとは言えないが(42)，以後の歴史教育の目的と理念の方向を示したものとしての意義は大きい。また明治23年の「小学教則大綱」は「建国ノ体制皇統ノ無窮歴代天皇ノ盛業，忠良賢哲ノ事蹟，国民ノ武勇，文化ノ由来等」(43)と

概略的ではあるが教授すべき内容を示し，かつこれらが「修身ニ於テ授ケタル格言等ニ照ラシテ」[44]教授されるものであるとした。すなわち，歴史教育の修身化が明確となったのである。そして，その修身は「尊王愛国ノ志気」[45]を養うことを目的としていた。明治33年の「小学校令施行規則」では「教育ニ関スル勅語ノ旨趣ニ基」[46]づいて「忠君愛国ノ志気」を養うことを目的とした修身科と「連絡セシメンコト」[47]を歴史科は要求されることになる。このように，明治20年代後半以降の歴史教科書は「忠君愛国」の精神を養成することを目的として教材の編成が行われるようになり，具体的教材として「聖徳太子教材」が6世紀後半から7世紀前半の日本古代史の記述の中心となっていく。たとえば，明確に人物史による記述形式を用いて聖徳太子をとりあげた最初の教科書と思われる『帝国小史』（明治25年，山県悌三郎著）は『聖徳太子伝暦』から太子のひととなりを美化する記述を引用したのち[48]

　　仏教を厚く信じて（中略）是より我国の学芸大に進しなり[49]

としている。国定五期の『初等科国史』（昭和18年）では

　　推古天皇は（中略）聖徳太子を摂政としてゆるんだ政治の立て直しに力をおつくさせになりました。（中略）太子は仏教の長所をお取りになり，お示しになったので，これにならって信じるものが多くなり，人々の心もおちつき，学問や美術・工芸もいちじるしく進むようになりました。[50]

としている。このような聖徳太子評価の記述は明治20年代後半以降終戦まで一貫して歴史教科書に維持されてきた。しかし，『国史略』は聖徳太子に関して

　　生レテ能ク言ヒ既ニ長テ聡敏一時ニ十人ノ訟言ヲ並ヒ聴キ失ナフ有ナシ[51]
　　（原文は漢文体）

と『日本書紀』の記述を引用して，ひとりの人物として有能であったことは

認めているものの，次のような解説を加えて聖徳太子崇拝の立場に疑問を投げかけている。

　　　太子撰スル所ノ憲法条中ニ曰ク悪ヲ見テ必ス匡ト馬子弑逆之賊君父之讎共ニ天ヲ載クベカラズ矣児童走卒モ亦夕其ノ大罪為ヲ知ル也而ルニ太子討セズ唯討セズノミニ非ズ又従テ之ヲ寵ス豈ニ釈氏ノ慈悲ニ傚ント欲ル耶夫レ逆賊ヲ討セザレバ則チ悪ヲ見テ必ス匡スト謂ハ虚文ナルノミ矣太子ノ聖徳豈ニ是ノ如キ過有ン耶（原文は漢文体）
(52)

また，近世歴史書として重要な『大日本史賛藪』にも次のような記述がある。

　　　太子は蘇我馬子に党して，必ず此の二人を除かんと欲し，人をして陰かに勝海を殺さしむ。而も殺生を以テ戒と為すは，是れ，其の私を済さんと欲するなり。守屋を謀するは，穴穂部皇子を立てんと欲する由ると雖も，其の実は，馬子と相軋るに在り。（中略）馬子，不軌を謀れども太子は知らざる者の為し，（中略）太子，漠然として，顧みる所無く曰く，「此れ過去の報なり」と。（中略）太子の志は，則ち仏教に在りて，綱常に在らず。故に陰柔，制し易きの女王を立ててえて宏潤勝大の言を為す。
(53)
　　　厩戸皇子は馬子と明比して，仏教を興隆し，唯に君を殺せる賊を討つ能はざるのみならず，反って，崇峻の崩を以て，過去の報と為す。三綱絶えて，九法散る。異教を崇奉するの害，遂に此の如きに至る
(54)

このように，近世歴史書の一般的傾向には，人物史，むしろ人物礼賛史，として聖徳太子教材が編成されるような聖徳太子観は存在しなかったと思われる。とくに，前節で見たように一種の国粋主義ともいうべき歴史観を有していた『国史略』では，著者が排撃する仏教に深く関与し，蘇我氏の一族ともいえ，しかも蘇我馬子と政治的協調を保った時期もあり，さらに第1回遣隋使派遣の実行者だとする説もある聖徳太子を，特別に教材として抽出しようとする歴史観は存在しない。むしろ，一種の国粋主義ともいうべき歴史観ゆえの聖徳太子低評

第4章　教育課程史の実践的研究　105

価を掲げているのである。このような事情を考えると，絶対主義天皇制の強化のもとに要請された「忠君愛国」の精神を養成するための教材を中心として編成した教材観と，『国史略』が持っている一種の国粋主義ともいうべき歴史観に由来する教材観との間には，古代史教材観上の決定的な違いを見出すことができる。この両者の古代史観を「国粋主義」または「国家主義」としてひとつの言葉で表現して同質にあつかうことはけっしてできないと考えられるのである。

第4節　むすび

　「学制」以後，民間・政府によってさまざまな歴史教科書が刊行されたものの，それらの基本的性格は近世歴史書の性格から脱皮したものではなく，明治初期の古代史教育を考える場合，『国史略』など近世末期から使用されていた歴史書を重視しなければならない。また，この『国史略』には幕末国学の影響と見られる一種の国粋主義ともいうべき歴史観に貫かれた古代像が見られる。それは日本の古代仏教批判や古代外交に関する記述に典型的に現れており，本章で対象とする時期の教材としては，いわゆる「聖徳太子教材」に対する評価の低さという形で顕著に現れている。周知のとおり，聖徳太子は戦前の歴史教科書において古代史上最も重視された人物のひとりであるし，現代でも最も国民に親しまれている古代史上の人物のひとりである。この聖徳太子を高く評価しようとする教材観は，明治初期の歴史教科書には見られず，「忠君愛国」の精神を養成することを目的とした歴史教育，いわゆる歴史の修身化，と深く関連して徐々に形成されたものではないかと思われる。その結果，『国史略』など明治初期の歴史教科書の聖徳太子観と明治20年代後半以降の聖徳太子観との間に決定的な差を生ぜしめている。また，これらの検討から近代公教育における古代史教育観の転換という問題も見出せる。明治20年代後半以降の古代史教育観が聖徳太子教材を用いて「忠君愛国」の精神を養成するという教育観のもとに，古代史を「忠君愛国」の精神養成の手段としたのに対し，明治初期の古代史教育観は一種の国粋主義的古代史観などによって記述されているところの古代史を教授することそれ自体に目的があったといえるだろう。

そう考えると，著者の作文が存在しているとはいえ，『国史略』が原典である『日本書紀』を簡略化した性格を有しており，「原典」を用いて日本古代史の教育を行ったという点で，明治初期の古代史教育は啓蒙主義的教育であったということもできるだろう。しかし，その『国史略』に貫かれている歴史観が，一種の国粋主義ともいうべき保守的なものである以上，必ずしも近代社会構築のための啓蒙主義であったとは言えない。ここに明治初期における古代史教育が啓蒙主義に徹底しえなかったという性格をみることができる。

　最後に，最も基本的な問題を考えておきたい。それはなぜ『国史略』が明治初期，歴史教材として使用されたのかという問題である。この問題は古代史記述の検討だけから結論を出せるものではないが，あえて論ずるなら，よりましな教科書として『国史略』が使用されたというべきだろう。たとえば，弘文天皇追諡は明治3年に明治天皇によって公布されているのに，弘文即位を認めていない『国史略』が明治5年の「小学教則」に示されている。このことは『国史略』が最良の教科書として使用されたのではないことを示している。しかし，ここに，よりましな教科書を使用しようとするところに明治初期の教科書行政や当時の教育課程の特徴的性格が存在すると思われる。また，それではなぜ『国史略』がよりましな教科書と考えられたのかといえば，明治初期の文部省刊行の歴史教科書が天皇歴代史の記述形式をとっていることからもわかるように，要は『国史略』が確固とした尊王思想を有していたからにほかならない。

【注】
（1）　後海宗臣『歴史教育の歴史』東京大学出版会，1969年。
（2）　唐沢富太郎『教科書の歴史』創文社，1967年。
（3）　吉田太郎『歴史教育内容方法論史』明治図書，1968年。
（4）　『静岡県教育史』通史編上巻，1972年。
（5）　内閣文庫『府県資料』京都府24 政治第10 学制類第2。
（6）　岩垣松苗『国史略』1826年。明治初期に何度か復刻された。本研究では文政9年刊行（国立国会図書館蔵）を用いた。
（7）　『明治以降教育制度発達史』（以下『発達史』）第1巻，284ページ，上等小学に「史学大意」とある。

（8）『発達史』第1巻，407〜408ページ。
（9）師範学校編輯・文部省刊行『日本略史』1875年。著者は木村正辞，本章では国立教育研究所蔵を用いた。
（10）文部省『史略』1872年。著者は木村正辞，本章では『日本教科書大系』所収のものを用いた。
（11）『日本教科書大系』巻20「歴史教科書総解説」，524〜605ページ参照。
（12）同上　538ページ。
（13）同上　538ページ。
（14）同上　538ページ。
（15）同上　538ページ。
（16）その他『国史略字引大成』（斉藤一兵衛著，1877年），『国史略字引大全沿革概図』（岡村邁著，刊行年不明。おそらく1877年前後），『国史略字引大全』（堀井篤忠著，1879年などがある。
（17）沖修『訓蒙皇国史略』1873年（国立教育研究所蔵）凡例，3ページ。
（18）同上，3ページ。
（19）前掲『日本教科書大系』巻20，539ページ。
（20）同上　539ページ。
（21）『国史略』では「吐火羅国」とあるのを「吐火羅」とし「国」が落ちる程度のささいな違いは存在する（斉明3年の記事）。
（22）前掲『国史略』巻之2，5ページ。
（23）『訓蒙挿画仮名国史略』（河村輿一郎著，1877年）は例言のなかで「岩垣氏旧編ノ国史略ヲ学ビ」と述べており俗にいう「とらの巻」的なものとも考えられるが「蘇我妹子説」を継承している。その他『皇朝仮名史略』（郵松良膚著，1873年）や『皇武史略』（青木輔清著，1878年）も「蘇我妹子説」を継承。
（24）青山延于『皇朝史略』文政5年（国立国会図書館蔵）。
（25）南摩綱紀『内国史略』1872年（国立教育研究所蔵）。
（26）第5章128ページ，表5-11チェック表に参考として一部を示す。
（27）論拠として，江木千之「教育勅語の換発」中の一節が常にとりあげられてきた。『国民教育奨励会編纂教育五十年史』参照。
（28）その他の原因の重要なものとして，「壬申の乱」に関する記述がこの時期いっせいに消滅することもあげられる。
（29）読物教材として使用された例は，明治6年石川県小学教則，明治6年島根県小学教則，明治10年京都府上等小学教則，明治12年神奈川県男子上等小学教則，明治15年大阪府小学校代用教科書表など多く見られる。
（30）前掲『国史略』巻之1，48ページ。

(31) 同上　巻之1，48ページ。
(32) 同上　巻之1，48ページ。
(33) 同上　巻之1，49ページ。
(34) 同上　巻之2，6ページ。
(35) 『新訂増捕国史大系』「日本書紀」後篇，270〜280ページ。
(36) 前掲『国史略』巻之2，18ページ。
(37) 同上　巻之2，5ページ。
(38) 『神皇正統記』に「十三年乙丑は炉帝の即位の元年にあたれり。彼国よりはじめて使をくり，よしみを通じけり。(以下略)」とある(岩波文庫，79ページ)。
(39) 前掲『国史略』巻之2，5ページ。
(40) 同上　巻之2，5ページ。
(41) 『発達史』第2巻，254〜255ページ。
(42) 明治14年以降新たに出版された教科書もあるが，多くの場合従来からの教科書が引き続き使用されたと考えられる。(30)で触れたように，役・乱の記述をひかえるべきだとする明治天皇の意見が江木に伝えられたとされるが，たとえば「壬申の乱」が実際に教科書から姿を消すのは明治20年代後半からである。
(43) 『発達史』第3巻98ページ。
(44) 同上　第3巻，98ページ。
(45) 同上　第3巻，95ページ。
(46) 同上　第4巻，63ページ。
(47) 同上　第4巻，63ページ。
(48) 『群書類従』巻第189「聖徳太子伝暦巻上」四年春正月の記事「皇子第中。有諸少王子鬪叫之聲。皇子聞之設苦追召。諸王子等皆悚逃竄。而太子脱衣独進。」を題材としたもの。
(49) 『日本教科書大系』巻19，193ページ。
(50) 同上　巻20，257〜258ページ。
(51) 前掲『国史略』巻之2，1ページ。
(52) 同上　巻之2，6ページ。
(53) 『日本思想大系48』「近世史論集」90ページ。
(54) 同上　231ページ。

第5章

聖徳太子教材の成立
―教育課程はどのようにして創られ，歴史教育に災いするか―

第1節 はじめに

　日本の古代史上，聖徳太子ほど国民的に親しまれている人物はいない。事実，現行歴史教科書を見ても，古代史上の重要人物として，政治史上あるいは文化史上，彼について記述している[1]。また戦前の国定教科書においても，彼は古代史記述上の中心的存在として位置づけられ，歴史教材上必須の人物とされていた。逆に言えば，そのような教材編成上の太子の取り上げ方が，国民的に親しまれる太子像を作りあげたとも考えられるのである。

　ところで，「聖徳太子教材の成立」という語を本章に掲げた背景には，聖徳太子教材は意図的に作り出されたもので，教育勅語体制の確立の所産ではないかとみる筆者の仮説が存在する。「学制」以後の「読物」または「歴史」の教科書[2]として数多く使用された『国史略』[3]の太子像が，国定期の教科書のそれとは著しく異なっているからである[4]。

第2節 問題の所在

　問題の所在を明らかにするために，前章で検討した点を再度確認しておきたい。

　『国史略』は近世末期から武士社会の子弟教育に歴史的教材として使用され[5]，明治初期の学校教育にも大きな影響を与えた教科書であった。それは『国史略』

自体が教科書として使用されたという事実だけでなく，明治初期に編纂・刊行された歴史教科書の多くに『国史略』の影響を見ることができるからである[6]。その例として「遣隋使蘇我妹子」説をとりあげることができる。管見では『日本書紀』(以下『書紀』と略す)などの古典は，ほぼ「小野妹子」説であるのに対して，「蘇我妹子」説を採用した『国史略』には太子に対して何か悪意にも似た感情が存在すると思えるのである。また，『国史略』に認められる決定的ともいえる太子観は，太子の死の記述に付け加えられた下記の解説記事に認められる。

　　太子撰スル所ノ憲法条中ニ曰ク，悪ヲ見テ必ズ匡スト。馬子ハ弑害之賊，君父之讎，共ニ天ヲ戴クベカラズ。児童走卒モ亦夕其ノ大罪為ルヲ知ル也。而ルニ太子討セザルノミニ非ズ，又従テ之ヲ寵ス。豈ニ釈氏ノ慈悲ニ傚ハント欲スル耶。夫レ逆賊ヲ討ゼン耶。[7]（原文は漢文）

このような太子評価は『国史略』のみに見られるのではなく，他の近世歴史書にも見られ[8]，現在私たちが学校教育で知り得る太子観とは異なる太子観が近代公教育発足当初に存在していたことを証明している。もちろん，太子低評価を掲げる歴史書や歴史教科書が幕末・明治初期の歴史教科書の大勢を占めていたわけではない。しかし，一方に有力な古代史観として歴然と存在していたことは事実なのであって，これがやがて以下に示すような国定期の太子観へと変化・統一されていった点に古代史教材史上見落とすことのできない問題があるといわなければならない。

　　太子は大いにわが国の利益をはかりたまひしが，いまだ御位に即きたまはざる前に，うせたまへり。此の時，世の中の人々は皆，親をうしなへるが如く，なげきかなしみたりといふ。[9]

ここに示した国定期の教科書の太子観がすでに見た『国史略』の太子観と著しく異なっていることは一目瞭然であろう。このような太子評価の転換が，い

つ，どのようにして進行したのかを検討することが本章の目的である。このようなテーマはこれまであまり取り上げられなかった(10)。むしろ，歴史教育や教科書の研究では個別の史実をとりあげ，その記述の変遷を検討することはあまり重視されなかったと言える(11)。古代史を多くの考古学資料の採用によって記述しなければならない前期と，『日本書紀』など古典を重要な史料として記述する後期とに区分するならば，前期については『古事記』・『日本書紀』に見られる「神代」の記述の採用に対する検討が行われたことはあるが(12)，後期のほうはあまり検討されなかった。本章ではその後期のとくに6世紀後半から7世紀初頭の古代史に注目し，以下大別してふたつの観点から検討していきたい。第一点は歴史教科書のこの時代の記述の全体像の分析であり，第二点はそのなかに見られる具体的な記述からの太子評価の変遷の考察である。

　古代史記述の全体像の分析

第1項　記述の全体的傾向

　古代史の記述が明治初期においても，現在でも，そして近世においても，日本の古典，とくに『日本書紀』に多く依存していることは言うまでもない。その意味で，日本古代史に関する教育課程や教材を歴史的に研究するときに『日本書紀』の記述と各教科書の記述との関係を常に念頭に置いておく必要がある。また，聖徳太子が仏教興隆の立て役者であったとする認識は，わが国の歴史書中に見られる一般的な認識であるといえるから，欽明朝の仏教流入以後，聖徳太子の死までを聖徳太子関係記事と考える必要がある。

　事実，明治前期に使用された歴史教科書を見ると，用明朝・敏達朝・推古朝など聖徳太子の登場時期がまちまちであり，その原因が崇仏論争における太子の位置づけと深く関係していると思われる。この点からしても仏教流入以後の『日本書紀』の記述のなかから重要と思われる項目（表5－1などを参照）を選び，各教科書の記述内容をそれに従って整理する必要がある。

　表5－1に示した教科書は，1872年（明治5年）に文部省から刊行された『史略』（木村正辞）である。この教科書は当時の万国史重視の歴史教育観がよく示

されていて，日本史に関する記述はたいへん簡単で，太子関係記事も簡略なものとなっている。

次に示す『日本略史』(13)(木村正辞，1877年，表5－2) や『新編日本略史』(14)(笠間益三，1881年，表7－3) なども「学制」期に数多く使用された歴史教科書である(15)。これらの記述形式が『史略』と大きく異なっていることがわかる。これは『史略』が下等小学用の歴史教科書として編纂されたのに対して，これらが上等小学用として編纂されたために生じた違いと考えることもできる。また表5－4は1883年（明治16年）刊行の『小学国史紀事本末』(16)(椿時中) である。1881年（明治14年）に歴史教育は国史に限定されるなど大きく転換したことは従来から指摘されていた。しかし，この『小学国史紀事本末』では太子関係記事に関して，顕著な転換は見られない。

太子関係記事に変化の微候が見られるようになるのは1887年（明治20年）頃から刊行される歴史教科書で，それは前後3回に分けることのできる崇仏論争のうち後の2回を簡略にして記述するという形であらわれてくる。この例として表5－5『小学校用歴史』(17)(辻敬之，1887年) と表5－6『小学校用日本歴史』(18)(山県悌三郎，1888年) のふたつをあげておきたい。このふたつの教科書で注目されることは，前者が推古朝での太子関係記事に多くの紙数を割いているのに対し，後者には省略が見られる点である。

以上見てきた傾向に対して，次に示す1892年（明治25年）刊行の表5－7『帝国小史』(19)(山県悌三郎編) はその記述形式が一変している。すなわち，これまでの教科書では，仏教流入以後の歴史が『日本書紀』に比べ全体的に簡略化される傾向があったとはいえ，各時期をまんべんなく記述しようとした意図が存在したことは明白である。しかし，これに対して『帝国小史』は6世紀後半と7世紀初頭の古代史を太子中心で記述してしまおうとする傾向が明確となっている。次に示す国史Ⅰ期(20)(表5－8)，国定Ⅱ期(21)(表5－9) の教科書のように簡単な崇仏論争記事が復活することもあるが，『帝国小史』にみられるような太子中心でこの時期を記述しようとするいわゆる「人物史」による古代史記述という基本的性格は，以後の国定教科書へとつながっていく。つまり，明治25年刊行の『帝国小史』は古代史記述において重要な分岐点に位置しており，明治20

表5-1 『史略』

書名	時期区分	「日本書紀」の記述項目	教科書の記述内容
史略（文部省・木村正辞）1872年	第一回崇仏論争（欽明朝）	仏教流入	百済国より仏教経論を献ず
		天皇の言葉	
		蘇我稲目の発言	
		物部・中臣の反論	
		蘇我稲目の崇仏	
		物部尾輿の反撃	
	第二回崇仏論争（敏達朝）	蘇我馬子の崇仏	
		疫病流行	
		物部守屋の反撃	
		瘡患流行	
		蘇我馬子崇仏許可	蘇我馬子仏法を信じて物部の守屋と争ふ
		蘇我・物部の対立	
	第三回崇仏論争（用明朝）	天皇の崇仏の可否	
		蘇我馬子の主張	
		（聖徳太子の対応）	
		僧の招引	
		皇位継承問題	
		崇仏戦争	
		（聖徳太子の対応）	
	崇峻暗殺（崇峻朝）	天皇の述懐	
		（聖徳太子の対応）	
		馬子の弑逆	蘇我馬子謀反をなして（略）天皇を殺せしめ
		（聖徳太子の反応）	
	（推古朝）	摂政	厩戸皇子を太子として摂政せしむ
		聖徳太子の政治	冠位十二階を定む
		聖徳太子関係記事	小野妹子を隋国へ遣はす

第5章 聖徳太子教材の成立　115

5−2 『日本略史』

書名	時期区分	「日本書紀」の記述項目	教科書の記述内容
日本略史（木村正辞）1876年	第一回崇仏論争（欽明朝）	仏教流入	百済ヨリ，仏像及経論ヲ献ズ
		天皇の言葉 蘇我稲目の発言	
		物部・中臣の反論	（大疫あるのは）蕃神ヲ礼スルノ致ス所ナリ
		蘇我稲目の崇仏	天皇コレヲ蘇我ノ稲目ニ賜フ
		物部尾輿の反撃	仏像ヲ難波堀江ニ投ズ
	第二回崇仏論争（敏達朝）	蘇我馬子の崇仏 疫病流行	蘇我馬子，仏ヲ信ジ，寺塔ヲ建ツ
		物部守屋の反撃 瘡患流行	物部守屋，中臣勝海コレヲ劾奏ス
		蘇我馬子崇仏許可	馬子病ノ為ニ，仏ニ禱ランコトヲ請フ，天皇（略）汝独リコレヲ為ヨ，他人ヲ惑ハスコトナカレ
	第三回崇仏論争（用明朝）	天皇の崇仏の可否	天皇病アリ，群臣ヲシテ仏ニ禱ランコトヲ議セシム，物部守屋，中臣勝海コレヲ諫ム
		蘇我馬子の主張（聖徳太子の対応）	蘇我ノ馬子ハ詔旨ヲ賛成ス
		僧の招引	穴穂部ノ皇子，僧ヲ引キテ宮ニ入ル（略）馬子迹見，亦禱ヲシテ勝海ヲ殺サシム
		皇位継承問題	守屋（略）穴穂部ノ皇子ヲ立テントス，蘇我ノ馬子其ノ謀ヲ聞キテ（略）炊屋姫ノ尊（略）ノ旨ヲ奉シ，人ヲシテ穴穂部ノ皇子（略）ヲ殺サシメ，（略）守屋ヲ攻メテ其ノ族ヲ殲ス
		崇仏戦争（聖徳太子の対応）	厩戸ノ皇子ト謀リ
	崇峻暗殺（崇峻朝）	天皇の述懐（聖徳太子の対応）	天皇コレヲ疾ム
		馬子の弑逆（聖徳太子の対応）	蘇我ノ馬子専横日ニ甚シ（略）馬子懼レテ東漢駒ヲシテ天皇ヲ殺セシム
	（推古朝）	摂政	厩戸ノ皇子ヲ立テ，太子トシ政ヲ摂セシム
		聖徳太子の政治	太子及蘇我ノ馬子ニ詔シテ仏法ヲ興隆セシム，是ニ於テ群臣競ヒテ仏寺ヲ造ル
		聖徳太子関係記事	太子憲法十七条ヲ撰ス，詔シテ冠位十二階ヲ定メ又天皇記，国記及諸臣庶人ノ本記ヲ録セシム

表5-3 『新編日本略史』

書名	時期区分	「日本書紀」の記述項目	教科書の記述内容
新編日本略史（笠間益三）1881年	第一回崇仏論争（欽明朝）	仏教流入	百済仏像及ヒ経論ヲ献ス，其表文（以下仏教説明……書紀の略文）
		天皇の言葉	帝群臣ニ下シ之ヲ議セシム
		蘇我稲目の発言	大臣蘇我稲目之ヲ受ケント請フ
		物部・中臣の反論	物部尾輿（略）我国家宗朝百神載セテ祀典ニ在リ，今蕃神ヲ敬セハ恐クハ宗朝百神ノ譴怒ヲ致サン
		蘇我稲目の崇仏	帝乃チ仏像ヲ稲目ニ賜フ，稲目為メニ迦藍ヲ建テ之ヲ安置ス
		物部尾輿の反撃	諸国大ニ疫ス尾輿等奏シ請フテ迦藍ヲ焚キ仏像ヲ水中ニ投ス
	第二回崇仏論争（敏達朝）	蘇我馬子の崇仏	馬子仏ヲ信シ寺塔ヲ建テ（略）物部守屋深ク之ヲ悪ム
		疫病流行	疫病大ニ行ハル
		物部守屋の反撃	奏シ請フテ仏寺ヲ焚キ僧尼ハ還俗セシメ仏像ハ之を江中ニ投セント之ヲ聴スル
		瘡患流行	
		蘇我馬子崇仏許可	馬子大ニ懼レテ遂ニ疾ヲ成ス因テ仏ニ祈ラント請フ，帝固ヨリ仏ヲ信セス馬子ニ詔シテ曰ク，汝独之ヲ為ヨ他人ヲ惑ハスコト勿レト，馬子喜フ然トモ是ヨリ深ク守屋ヲ郤ム
	第三回崇仏論争（用明朝）	蘇我・物部の対立 天皇の崇仏の可否 蘇我馬子の主張（聖徳太子の対応）	天皇不豫ナリ物部守屋・中臣勝海執テ不可ナリトス 皇子厩戸侍座ス 皇子固ヨリ深ク仏ヲ信ス群臣ト議シテ仏ニ禱ラント請フ 皇子喜ビ馬子ニ謝ス
		僧の招引	蘇我馬子僧ヲ延キ宮ニ入ル 守屋ヲ害ナリトシ之ヲ殺ンコトヲ謀リ，馬子人ヲシテ先ツ勝海ヲ殺ス
		皇位継承問題	守屋穴穂部皇子ヲ立テントス 馬子之ヲ殺ス
		崇仏戦争（聖徳太子の対応）	遂ニ皇子厩戸ト謀リ兵ヲ率テ守屋ヲ攻ム（略）守屋遂ニ矢ニ中リテ斃ス
	崇峻暗殺（崇峻朝）	天皇の述懐	初メ馬子専横日ニ甚シ帝甚タ之ヲ悪ミ将ニ誅ヲ加ヘントス（略）
		（聖徳太子の対応）	皇子厩戸之ヲ諫止ス
		馬子の弑逆（聖徳太子の反応）	馬子帝ヲ殺ス
		摂政	厩戸皇子ヲ立テ皇太子トス，兼テ政ヲ摂セシム，馬子大臣タル故ノ如シ
	（推古朝）	聖徳太子の政治	憲法十七条ヲ定ム，皇太子ノ撰ニ出ルナリ
		聖徳太子関係記事	皇太子薨ス諡シテ聖徳ト請フ 太子ハ用明ノ皇子，母ハ穴穂部皇后 皇后懐妊嫡出テ厩戸ノ前ニ至リ皇子ヲ生ム因テ名トス，生レテ聡敏壮ナルニ及テ博学多通，深ク仏教ヲ信シ，其創ムル所ノ寺四天王，法隆，法興等，凡ソ十一所（略）是ヨリ仏法大ニ興ル

表5－4 『小学国史記事本末』

書名	時期区分	「日本書紀」の記述項目	教科書の記述内容
小学国史記事本末（椿時中）1883年	第一回崇仏論争（欽明朝）	仏教流入	百済入貢，仏像及ヒ経典ヲ献ズ
		天皇の言葉	帝之ヲ群臣ニ問フ
		蘇我稲目の発言	大臣蘇我稲目受テ之ヲ礼セント請フ
		物部・中臣の反論	大連物部尾輿及ヒ中臣鎌子曰，我邦素ヨリ神祇アリ，今蕃神ノ神ヲ奉セハ恐ク我神怒ヲ速カント
		蘇我稲目の崇仏	帝之ヲ稲目ニ賜フ，稲目宅ヲ捨テ寺トナス
		物部尾輿の反撃	疫病流行ス尾輿等以テ神譴トシ奏シテ寺ヲ焼キ仏像ヲ江中に投ス
	第二回崇仏論争（敏達朝）	蘇我馬子の崇仏	稲目ノ子馬子深ク之ヲ信ス
		疫病流行	疫病復タ行ハル
		物部守屋の反撃	尾輿ノ子守屋 鎌子ノ子勝海 之ヲ禁セント請フ
		瘡患流行	
		蘇我馬子崇仏許可	馬子哀求シテ已マズ，帝曰 汝独リ之ヲ為セ他人ヲ惑ハス勿レト
	第三回崇仏論争（用明朝）	蘇我・物部の対立	
		天皇の崇仏の可否	帝疾アリ
		蘇我馬子の主張	
		（聖徳太子の対応）	是時皇子厩戸モ亦之ヲ信シ遂ニ馬子ニ党ス
		僧の招引	二人（厩戸・馬子）始テ請テ禁内ニ延キ，之ヲ禱ラシム，守屋既ニ亡テ後，二人憚ル所ナク崇奉益甚タシ
		皇位継承問題	守屋穴穂部皇子ヲ立テント欲ス，馬子后ノ命ヲ以テ皇子を殺シ
		崇仏戦争	遂ニ（略）守屋ヲ攻ム，守屋戦敗レテ死ス
		（聖徳太子の対応）	守屋，馬子及ヒ厩戸ト怨隙日ニ深シ，厩戸先ツ人ヲシテ勝海ヲ殺サシム（略）厩戸ト共ニ
	崇峻暗殺（崇峻朝）	天皇の述懐	馬子ノ専横ヲ悪ム 嘗テ猪ヲ献スル者アリ，帝指日，執カ能ク朕カ疾ム所ノ者ヲ斬ルコト，此猪ノ加クセムト
		（聖徳太子の対応）	
		馬子の弑逆	馬子聞キテ之ヲ悪ミ，陰ニ人ヲシテ帝ヲ殺セシム
		（聖徳太子の反応）	厩戸素ヨリ其ノ情ヲ知ル，而シテ禁ズルコト能ハス 哭シテ曰ク，是レ帝カ過去ノ報ナリト
	摂政（推古朝）	摂 政	厩戸ヲ以テ太子トナシ 万機ヲ摂政セシム
		聖徳太子の政治	厩戸請テ始テ官位ヲ定メ憲法ヲ制シ又馬子等ト国史ヲ撰ス
		聖徳太子関係記事	

118

表5-5 『小学校用歴史』

書名	時期区分	「日本書紀」の記述項目	教科書の記述内容
小学校用歴史（辻敬之）1887年	第一回崇仏論争（欽明朝）	仏教流入	百済始メテ仏像経論ヲ献ズ其ノ表文（略）
		天皇の言葉	帝群臣ニ下シテ議セシム
		蘇我稲目の発言	稲目受ケテ之ヲ礼セントス
		物部・中臣の反論	物部尾輿中臣鎌子等曰 我ガ国，自神祇アリ蕃神ヲ拝スベカラズ
		蘇我稲目の崇仏	稲目請ヒテ自之ヲ祀ル
		物部尾輿の反撃	時ニ疫病大ニ行ハル尾輿等奏シテ神祇ノ恐ル所トナシ寺ヲ焼キ，仏像ヲ棄ツ
	第二回崇仏論争（敏達朝）	蘇我馬子の崇仏	
		疫病流行	
		物部守屋の反撃	
		瘡患流行	
	第三回崇仏論争（用明朝）	蘇我馬子崇仏許可	
		蘇我・物部の対立	物部守屋，中臣勝海等之ヲ喜バズ常ニ嫌隙アリ
		天皇の崇仏の可否	蘇我馬子深ク仏ヲ信ジ寺ヲ立ツ
		蘇我馬子の主張（聖徳太子の対応）	
		僧の招引	
	崇峻暗殺（崇峻朝）	皇位継承問題	守屋等，穴穂部皇子ヲ立テントス，馬子ハ泊瀬部皇子ヲ立テントシ（略）
		崇仏戦争	攻メテ守屋，勝海等ヲ殺ス（略）蘇我氏，物部氏ヲ亡ボセシヨリ大連ノ官廃セラレ馬子大臣トナリ，独リ政権ヲ執ル
		（聖徳太子の対応）	厩戸皇子ト謀リ
		天皇の述懐	蘇我馬子外祖ノ勢ニヨリ檀ニ廃立ヲ行ヒ，政権ヲ専ニシ，自御門ト称シ，衣冠帝王ニ擬ス，崇峻帝之ヲ悪ミ竊ニ誅ヲ加ヘントス
		（聖徳太子の対応）馬子の弑逆	馬子之ヲ聞キテ畏レ，東漢駒ヲシテ，帝ヲ弑セシメ（略）
	（推古朝）	（聖徳太子の反応）摂政	
		聖徳太子の政治	冠位十二階ヲ定メ憲法十七条ヲ立ツ，朝廷ノ礼式ヲ改正ス，皆厩戸ノ立案ナリ
		聖徳太子関係記事	太子答書ヲ作リテ之ヲ与フ
			太子財ヲ投ジ四天王寺ヲ難波ニ建ツ，太子之ニ因リテ神楽ヲ作ル
			厩戸皇子生レテ聡敏能ク十人ノ訴ヲ聴ク長ジテ学ヲ修メ博識多才，制度ヲ立テ典礼ヲ制ス，又深ク仏法ヲ信ズ，唯蘇我氏ノ逆知ヲ知リテ而シニ親附ス，後世之ヲ議ル，推古帝ノ三十年ニ至リテ薨ス，世人號シテ聖徳太子ト云フ殊ニ浮屠者ノ崇尊スル所ト為ル

表5-6 『小学校用日本歴史』

書名	時期区分	「日本書紀」の記述項目	教科書の記述内容
小学校用日本歴史（山県悌三郎）1888年	第一回崇仏論争（欽明朝）	仏教流入	仏法亦百済ヨリ伝来セリ，是ヨリ先仏徒渡来シ（略）金銅釈迦仏像及ビ幡蓋，経論等ヲ献ジ，上表シテ其功徳ヲ賛述セリ
		天皇の言葉	天皇之ヲ礼セント欲シ，群臣ニ命ジテ之ヲ議セシム
		蘇我稲目の発言	大臣蘇我稲目曰ク，西蕃ノ諸国皆己ニ之ヲ礼ス何ゾ礼セザランヤト
		物部・中臣の反論	大連物部尾輿等奏シテ曰ク，国家恒ニ天神地祇ヲ祀レリ（略）恐クハ国神ノ怒ヲ致サント
		蘇我稲目の崇仏	天皇乃チ仏像ヲ稲目ニ賜フ，稲目大ニ悦ビ（略）己ノ家ヲ棄テヽ寺トス。是レ我国ニ於テ仏寺アルノ始ナリ。
	第二回崇仏論争（敏達朝）	物部尾輿の反撃	
		蘇我馬子の崇仏	
		疫病流行	
		物部守屋の反撃	
		瘡患流行	
		蘇我馬子崇仏許可	
		蘇我・物部の対立	是ヨリシテ，蘇我物部ノ二氏互ニ間隙ヲ生ジ
	第三回崇仏論争（用明朝）	天皇の崇仏の可否	
		蘇我馬子の主張	
		（聖徳太子の対応）僧の招引	
		皇位継承問題	
		崇仏戦争	稲目ノ子馬子ニ至テ（略）遂ニ物部氏ヲ撃テ之ヲ滅シ，益々専横ヲ極メ大ニ国家ニ禍セリ。然レドモ仏法ノ伝ハレル其利益タル亦尠少ニアラズ。
	崇峻暗殺（崇峻朝）	（聖徳太子の対応）天皇の述懐	厩戸皇子ト謀ヲ合セ
		（聖徳太子の対応）馬子の弑逆	
		（聖徳太子の反応）摂政	厩戸皇子立テ皇太子トナル
	（推古朝）	聖徳太子の政治	
		聖徳太子関係記事	太子博学ニシテ兼テ釈典ニ精シク，隆ニ仏法ヲ興セリ

表5-7 『帝国小史』

書名	時期区分	「日本書紀」の記述項目	教科書の記述内容
帝国小史（山県悌三郎）1892年	第一回崇仏論争（欽明朝）	仏教流入	我が国に仏教の伝はりしは，太子の御時より以前なれども
		天皇の言葉	
		蘇我稲目の発言	
		物部・中臣の反論	
		蘇我稲目の崇仏	
		物部尾輿の反撃	
	第二回崇仏論争（敏達朝）	蘇我馬子の崇仏	
		疫病流行	
		物部守屋の反撃	
		瘡患流行	
		蘇我馬子崇仏許可	
		蘇我・物部の対立	
	第三回崇仏論争（用明朝）	天皇の崇仏の可否	
		蘇我馬子の主張（聖徳太子の対応）	
		僧の招引	
		皇位継承問題	
		崇仏戦争（聖徳太子の対応）	
	崇峻暗殺（崇峻朝）	天皇の述懐（聖徳太子の対応）	
		馬子の弑逆（聖徳太子の反応）	
	（推古朝）	摂政	推古天皇の御世嗣に立ち給ひし御方なり。
		聖徳太子の政治	太子は（略）多くの寺を建て（略）学生を支那に留学せしめて仏教其他の芸術を習はしめ給ひければ，是より我が国の学芸大に進みしなり。
		聖徳太子関係記事	幼き時より才智人にすぐれ給ひしが，五，六歳の時御殿の中にて同じ年ごろの子供らと遊び戯むれ給ひけるにあまりにさわがしかりければ，父天皇は笞をさげて立ち出で給へり。之を見るより戯むれ居たる子供らは皆逃げかくれけるに，太子はひとり其前にすゝみ出で笞を受けんとし給へり。父君怪みて，其故を問はせ給ふに太子は「天にはしごをかけても登りがたし，地には穴をほりても入りがたし，悪しき事をしたる上はにぐべき道なければ，自ら御笞を受け申す所存なり」と答へ奉り給へり。父君も之を聞こしめしてより，益々深く愛し給へりとぞ。

第5章 聖徳太子教材の成立　121

表5－8 『小学日本歴史』

書名	時期区分	「日本書紀」の記述項目	教科書の記述内容
小学日本歴史（国定Ⅰ期）1903年	第一回崇仏論争（欽明朝）	仏教流入 天皇の言葉 蘇我稲目の発言 物部・中臣の反論	今より千三百五十年ほど前，欽明天皇の御代に，百済より仏教を伝えたり。 大臣蘇我稲目は「これを祭るべし」といひ 大連物部尾輿は「祭るべからず」といひて，たがいに意見を異にし，これより二氏あひ争ふにいたれり。
	第二回崇仏論争（敏達朝）	蘇我稲目の崇仏 物部尾輿の反撃 蘇我馬子の崇仏 疫病流行 物部守屋の反撃 瘡患流行 蘇我馬子崇仏許可 蘇我・物部の対立	稲目の子馬子，尾輿の子守屋はおのおの父の志をつぎてはげしく争ひき。
	第三回崇仏論争（用明朝）	天皇の崇仏の可否 蘇我馬子の主張 （聖徳太子の対応） 僧の招引 皇位継承問題 崇仏戦争	馬子はつひに守屋をせめ殺して物部氏を亡し，これより蘇我氏，ひとり盛になれり。
	崇峻暗殺（崇峻朝）	（聖徳太子の対応） 天皇の述懐 （聖徳太子の対応） 馬子の弑逆 （聖徳太子の反応）	
	（推古朝）	摂政 聖徳太子の政治 聖徳太子関係記事	聖徳太子は用明天皇の御子なり。幼児より才智すぐれたまひしが長ずるに従ひて学問も大いに進み推古天皇の御代に皇太子となりて，すべての政治をとり行ひたまへり。 太子はいろいろ新しき政治をなして大いにわが国の利益をおこしたまへり。また仏教を信じて，大臣蘇我馬子とともに，これをひろむることにつとめたまひ，多くの寺を建て，仏像をもつくりたまへり。その中にも摂津の天王寺，大和の法隆寺などは，わけて名高きものなり。これより仏教はますます盛になれり。太子はまた十七条の憲法を定め，上下のよるべきところを示したまひき。（略）ついで太子は，はじめて使を支那につかはし留学生をもおくりたまへり，これより支那とのまじはり，しげくなりて学問，そのほか，いろいろの手業も多くわが国につたはりたり。かく太子は力を政治につくしたまひしが，いまだ御位に即きたまはざる前に，うせたまへり。この時天下の民は親を失へるが如く，みな，なげきかなしみたりといふ。

122

表5－9 『尋常小学日本歴史』

書名	時期区分	「日本書紀」の記述項目	教科書の記述内容
尋常小学日本歴史（国定Ⅱ期）1909年	第一回崇仏論争（欽明朝）	仏教流入 天皇の言葉 蘇我稲目の発言 物部・中臣の反論	紀元一千二百年代の初，欽明天皇の御代に（中略）。たまたま百済王より仏像を献じたり。 天皇すなわち之を祭ることの可否を群臣に問ひ給ふ。 蘇我稲目は之を祭るべしといひしが 物部尾輿は我が国の神ありとて反対せり。これより両家の争は益々はげしくなりぬ。
	第二回崇仏論争（敏達朝）	蘇我稲目の崇仏 物部尾輿の反撃 蘇我馬子の崇仏 疫病流行 物部守屋の反撃 瘡患流行 蘇我馬子崇仏許可 蘇我・物部の対立	稲目の子馬子，尾輿の子守屋，またおのおの其の父の志をつぎて相争ひしが
	第三回崇仏論争（用明朝）	天皇の崇仏の可否 蘇我馬子の主張 （聖徳太子の対応） 僧の招引 皇位継承問題 崇仏戦争	馬子は遂に守屋を攻滅せり。これにより後蘇我氏ひとり政治にあずかり，盛になれり。
	崇峻暗殺（崇峻朝）	（聖徳太子の対応） 天皇の述懐 （聖徳太子の対応） 馬子の弑逆 （聖徳太子の反応）	
	（推古朝）	摂政 聖徳太子の政治 聖徳太子関係記事	聖徳太子は欽明天皇の御孫なり。いとけなき時より才智人にすぐれ，長ずるに及びては一時によく十人の訴を聞き分け給ひきと言ふ。又深く学問を修め給ひ推古天皇の御代に至り皇太子となり給へり。推古天皇は女帝にてましませしかば，政治を皇太子にまかせ給ひき。されば太子は三韓・支那の長所をとりて我が国の利益をはかり，新に種々の法則をも定め給へり。中にも十七条の憲法は最も名高きものなり。太子は又支那へ使を遣はし，留学生をも送り給ひき。これより後支那との交通やうやうしげく，これまでは三韓を経て我が国に渡り来りし学問・技芸等も此の御代より後はただちに其の本国なる支那より伝はり，我が国は，之がために益々進歩せり。太子は深く仏教を信じて多くの寺を建て，仏像を造り給へり。寺の中にて最も有名なるものを摂津の四天王寺，大和の法隆寺となす。これより仏教大いにひろまり，建築・彫刻・絵画等の技術も之にともなひて大いに進みたり。

表5－10

(M 5)	史　　略				
(M 9)	日本略史	――――――――天　皇　歴　代　史――――――――
(M12)	小学 日本史略	
(M14)	新編 日本略史	
(M16)	小学国史 記事本来	皇孫基ヲ創ム	神武東征	崇神成務ノ経論	景行ノ経路
(M20)	校正 日本小史	神代	神武ノ創業	崇神ノ政化	景行熊襲ヲ征ス 日本武蝦夷ヲ平グ
(M20)	小学校用 歴　　史	――――――――天　皇　歴　代　史――――――――
(M21)	小学校用 日本歴史	（紀元前概略）	神武天皇ノ創業		熊襲及ビ東夷, 征伐
(M25)	帝国小史	（我が国）	神武天皇		日本武尊
(M26)	小学校用 日本歴史	（緒言）	神武天皇		日本武尊
(M31)	帝国史談	天照大神 　　三種の神宝 天孫降臨	神武天皇		日本武尊
(M33)	小学国史	天照大神 　　天孫降臨	神武天皇	崇神天皇 垂仁天皇	日本武尊
(M36)	小学 日本歴史 　　Ⅰ期	天照大神	神武天皇		日本武尊
(M42)	2期	天照大神	神武天皇		日本武尊
(M44)	2期改定	天照大神	神武天皇		日本武尊
(T 9)	3期	天照大神	神武天皇		日本武尊
(S 9)	4期	天照大神	神武天皇		日本武尊
(S15)	5期	天照大神	神武天皇		日本武尊
(S18)	6期	高千穂の峯	橿原の宮居		

―――――――――――――天　皇　歴　代　史―――――――――――――

神功三韓ヲ征ス	仁徳，勅使	顕宗仁賢，克譲	百済仏ヲ献ズ	蘇我ノ僣逆
神功三韓ヲ征ス 文字伝来ス	仁徳，勅使	清寧顕宗仁賢ノ政治	屢々三韓ト戦フ，仏法学術伝来ス	蘇我ノ僣逆支那ト交ル

―――――――――――――天　皇　歴　代　史―――――――――――――

神功皇后ノ三韓征伐	仁徳天皇，聖徳		文学及ビ仏法，伝来	
神功皇后	仁徳天皇			聖徳太子
神功皇后	仁徳天皇			仏教 　聖徳太子
神功皇后	仁徳天皇			聖徳太子
神功皇后	仁徳天皇		仏教の伝来	聖徳太子
神功皇后	仁徳天皇		物部氏と 　蘇我氏	聖徳太子
神功皇后	仁徳天皇		物部氏と 　蘇我氏	聖徳太子
神功皇后	仁徳天皇		物部氏と 　蘇我氏	聖徳太子
神功皇后	仁徳天皇			聖徳太子
神功皇后	仁徳天皇			聖徳太子
神功皇后	仁徳天皇			聖徳太子
	かまどの煙			法隆寺

(M 5)	史　　略				
(M 9)	日本略史	————天　皇　歴　代　史————			
(M12)	小学 日本史略				
(M14)	新編 日本略史				
(M16)	小学国史 記事本来	中大兄蘇我氏ヲ 誅ス	天智ノ中興		壬申ノ変
(M20)	校正 日本小史	天智ノ中興大ニ制 度ヲ定ム			壬申ノ変
(M20)	小学校用 歴　　史	————天　皇　歴　代　史————			
(M21)	小学校用 日本歴史				
(M25)	帝国小史	天智天皇			
(M26)	小学校用 日本歴史	藤原鎌足			
(M31)	帝国史談	藤原鎌足			
(M33)	小学国史	天智天皇(1)	同　(2)	三韓の叛服	
(M36)	小学 日本歴史 　　1期	天智天皇と 藤原鎌足(1)	同　(2)		
(M42)	2期	天智天皇と 藤原鎌足(1)	同　(2)		
(M44)	2期改定	天智天皇と 藤原鎌足(1)	同　(2)		
(T 9)	3期	天智天皇と 藤原鎌足(1)	同　(2)		
(S 9)	4期	天智天皇と 藤原鎌足(1)	同　(2)		
(S15)	5期	大化の改新			
(S18)	6期	文化のまつりごと			

―――――――――――――天　皇　歴　代　史―――――――――――――

| 大宝ノ治 | 平城ノ七朝和銅鐘老ノ治 | 広嗣ノ乱聖武仏ヲ信ズ | 押勝道鏡ノ乱 押勝ノ乱 | 道鏡騎借 |

―――――――――――――天　皇　歴　代　史―――――――――――――

		和気清麿
		奈良ノ都・和気清麻呂
		和気の清麻呂
文武天皇		和気清麻呂
聖武天皇		和気清麻呂
聖武天皇		和気清麻呂
聖武天皇		和気清麻呂
聖武天皇		和気清麻呂
聖武天皇		和気清麻呂
聖武天皇		和気清麻呂
都大路と国分寺		

表5-11 チェック表

教科書名 \ 書紀項目	法興寺の起工	近江満等に東山東海北陸三道の諸国を視察させる	韓漢婦人の得度	敏達天皇の奉葬	任那再建の事を興す	天皇山猪を見て述懐する	蘇我馬子の弑逆	馬子東漢駒を殺す	群臣の推観によって即位する	厩戸皇子を皇太子とする	聖徳太子の摂政	四天王寺の起工	恵慈慧聴米朝
国 史 略 (B 9)		○			○	○	○	○		○			
皇 朝 史 略 (B 5)	○				○	○	○	○		○	○		○
史 略 (M 5)						○	○			○	○		
日 本 略 史 (M 9)						○	○			○	○		
小学日本史略 (M12)				○		○				○	○		
新編日本略史 (M14)					○	○	○			○	○		
小学国史記事本末 (M16)						○	○	○		○			
校正日本小史 (M20)						○				○	○		
小学校用歴史 (M20)					○	○	○					○	○
小学校用日本歴史 (M21)					○	○	○						
帝 国 小 史 (M25)													
小学校用日本歴史 (M26)										○	○		
新撰帝国史談 (M31)										○		○	○
小 学 国 史 (M33)										○			
小学日本歴史 (M36)										○	○		
尋常小学日本歴史 (M42)										○			
尋常小学日本歴史 (M44)										○			
尋常小学国史 (T 9)										○			
尋常小学国史 (S 9)										○			
小 学 国 史 (S15)										○			
初等科国史 (S18)										○			

(注) Bは文政，Mは明治，Tは大正，Sは昭和

	銅鏤丈六の仏像を造る高麗王黄金を献ず	聖徳太子憲法を肇作し給う	始めて冠位を行う	奉河勝蜂岡寺を造る	小墾田宮	當麻皇子を征新羅将軍とする	米目皇子筑紫に薨ず	百済僧観勒来朝	朱目皇子を撃新羅将軍とする	新羅の間諜を捕へ上野に流す	高麗百済と任那を救ひ授ける	新羅百済と任那を救ひ授ける	新羅の叛服	境部臣等新羅を討つ	百済駱駝羊等を献ず	地震神を祭る	百済王子阿佐の朝貢	法興寺成る
	○	○	○	○	○	○	○	○	○	○	○	○	○	○	○			
○	○	○	○	○		○		○					○	○			○	
		○																
		○	○		○		○											
		○	○							○	○							
		○									○							
		○																
		○																
	○	○														○	○	
		○																

第5章 聖徳太子教材の成立　129

年代中期の古代史記述の転換を示すひとつの材料と言える。

第2項 「章立て」からの検討

　表5-10として掲げたもの（124～127ページ）は主要教科書の「章立て」の一覧である。これを見ると1881年（明治14年）までの教科書が天皇歴代史であるのに対し，1883年（明治16年）の『小学国史紀事本末』からいわゆる「紀事本末体」が始まり，「章立て」が行われるようになったことがわかる。しかし，この時期には太子に関する章がいまだ成立していないことが注目できる。また国定期の教科書の「章立て」とは内容がかなり異なっていることも確認できる。太子に関する記述が一章として独立し，しかも「聖徳太子」の章となるのは先に問題とした1892年（明治25年）刊行の『帝国小史』からである。また，太子に関する章のみならず，章立ての基本構造もこの『帝国小史』以後に刊行される教科書はほぼ一定していることが見出される。この事実もまた古代史記述の基本的性格が明治20年代中期の歴史教科書から転換したのではないかと推察し得る材料のひとつである。

第3項 『日本書紀』記述の採用の実態からの検討

　明治20年代中期の転換を示すもうひとつの事実をあげておきたい。これは『日本書紀』の記述内容のうち仏教流入以降を919項目に分類し[22]，各教科書が『日本書紀』のどの記事を抽出して採用しているかを調査して得られた事実である。ここではその事実を典型的に示している部分を表5-11として示しておく。この調査の結果からみても，全般的傾向として明治20年代以前の教科書と明治30年代以降の教科書は『日本書紀』の記述の採用において大きく異なった性格を示していることがわかる。またこの性格の転換点は表5-11の太い線で挟まれた明治25年頃に刊行された教科書にあることを示している。このように，古代史を記述するうえで原典となる『日本書紀』との関係においても，明治20年代中期は転換点として重要であったことがわかるのである。[23]

第4節 記述内容の検討による聖徳太子像の変化

　前節では3つの調査から明治20年代中期が古代史教材編成上の重要な転機であり，太子記事の転機でもあることを示した。そこで，この節では具体的な記述の内容に立ち入って太子関係記事の変化に注目し，質的観点から「聖徳太子教材の成立」について検討していきたい。

　明治初期に使用されていた歴史教科書のなかに，有力な古代史観として太子低評価を掲げる歴史教科書があったことは前章や本章の冒頭で述べた。その代表的教科書である『国史略』の太子観を再確認するために，ここで整理しておきたい。著者岩垣松苗がわざわざ書き加えている解説的記述から判断すると，本書の太子低評価の論拠は聖徳太子自身が崇峻天皇を暗殺した蘇我氏と密接な関係にあったことにあると言える。そこで，この問題に注目しながら具体的な記述の検討を進めていきたい。

第1項　明治10年以前に刊行された歴史教科書に見られる聖徳太子像

　まず，『史略』と『日本略史』に注目したい。両書とも「学制」期を代表する歴史教科書である。また編纂者がともに木村正辞でありながら，太子関係記事にニュアンスのちがいが感じられる点で興味深い。前節で見たように『史略』の日本史に関する記述はたいへん簡単なもので，そのうえ天皇歴代史の記述形式をとっているため，古代史記述は歴代天皇の名前をあげ，簡略に各天皇の事績を述べるにとどまっている。太子に関しては摂政となったことが述べられている程度で，太子を高く評価しようとする姿勢を見出すことはむつかしいし，著しい省略傾向の影響で『国史略』が問題としていた崇峻天皇暗殺事件における太子の動向に言及されていないなど，太子低評価への姿勢も見られない。ただ，蘇我氏に対しては「蘇我馬子謀反をなして」と記述しているように，明確に逆賊という評価を下していることがわかる。

　一方，『日本略史』であるが，この教科書は『史略』に比べ，記述量ははるかに多く内容もくわしい。太子に関して，崇仏論争では蘇我馬子が「厩戸ノ皇子ト謀リ，守屋ヲ攻メテ，其族ヲ殲ス」と述べ，また推古朝の仏教政策について

第5章　聖徳太子教材の成立　131

は「太子及蘇我馬子ニ詔シテ仏法ヲ興隆セシム」(28)と述べている。つまり，太子の仏教興隆に果たした役割を高く評価する一方で，それを蘇我氏との親密な関係のなかで論じようとしており，太子評価における太子と蘇我氏の未分離が見られる。また，崇峻暗殺事件に関しては，『国史略』がこの事件での太子の対応を太子低評価の論拠にしていたのに対して，『日本略史』では太子の名をあげずにこの事件を記述している。これを太子高評価への配慮とみることもできるのだが，太子と蘇我氏との深い関わりをこの事件の前後で明記している以上『国史略』のいう太子高評価への疑問が発生する余地は残されていたと言うべきである。また，この崇峻暗殺事件の発端として「蘇我ノ馬子，専横日ニ甚シ」(29)という記述が見られるものの，『史略』に見られた蘇我氏に対する評価，つまり「謀反」という語が見られないことも注目すべき点である。

　以上，同一人によって編纂された2冊の「学制」期の教科書の記述から次のことが言える。著者の古代史観には太子の仏教興隆に果たした役割を一定程度評価しようとする姿勢がある。しかし，そのとき太子を蘇我氏と切りはなしてまで論ずる必要性を著者は感じていない。また，蘇我氏の天皇暗殺は「謀反」にほかならないとする考えも鮮明であるから，太子高評価に徹することは不可能である。つまり，「学制」期に刊行された歴史教科書の太子観は『国史略』のように太子低評価を明確に示してはいないものの，それに通ずる太子観を有していたことがわかる。重要なことは，このような太子関係記事が生じた原因として，『日本書紀』を中心とした古典に見られる史実をそのまま列挙するという意味での「啓蒙主義」的歴史教材観の存在をあげることができる。これを言い換えると，太子重視による古代史教材の編成という考えが「学制」期には存在していなかったことによって生じた太子関係記事であると言える。

第2項　仏教系太子伝からの引用による太子高評価の始動

　明治10年代前半に刊行された歴史教科書には明治10年以前に刊行された教科書の太子関係記事と趣を異にしたものがあらわれてくる。そこには積極的な太子評価への動きがみられる。具体的には，太子をより早い時期から宮廷内の中心人物としてあつかおうとするものである。

「学制」期に多く使用された教科書として先に検討した『日本略史』には用明朝の崇仏論争から発展した最終的な武力衝突，いわゆる「対物部戦」に太子が何らかの関与をしていたことは記述されていた。しかし，この事件の発端となる「僧の招引」の時点で太子がすでに宮廷内の実力者として主要な役割を演じたとは記述されていなかった。これに対して，次にとりあげる『新編日本略史』（笠間益三，1881年）は用明朝の崇仏論争に関して「僧の招引」のきっかけとなる用明天皇の病の件にまでさかのぼり，太子の動向を「天皇不豫ナリ，皇子厩戸侍座ス」(30)と記述している。またこのときの僧が宮廷内に入った事件，いわゆる「僧の招引」に関して太子が「喜ビ馬子ニ謝ス」(31)とまで述べているのである。これは太子が用明天皇のそばにいただけでなく，用明朝の崇仏論争ですでに重大な「政治的発言」を行い得る立場にあったとする太子観が認められる。つまり，「学制」期の教科書と比較すると太子の政治的役割の強化が太子評価の重要なポイントになっているのである。
　また，重要なことは，この記述が『書紀』には見あたらず，おそらく太子崇拝の立場で著作された『聖徳太子伝暦』からの引用と考えられることである(32)。明治初期，太子関係記事を著作する場合，『書紀』が必ずしも中心史料となるわけではない。『日本書紀』以外の太子関係史料としては『上宮聖徳法王帝説』(33)（以下『帝説』と略す），『上宮皇太子菩薩伝』(34)（以下『菩薩伝』と略す），『上宮聖徳太子伝補闕記』(35)（以下『補闕記』と略す），『聖徳太子伝暦』（以下『伝暦』と略す）など古代に成立した史料も存在したし，中世に成立した歴史書もあった(36)。これらの太子関係記事が『日本書紀』の太子関係記事とすべて一致するわけではない(37)。『新編日本略史』の太子記事の出典となったのではないかと推測した『伝暦』は『書紀』の編年に従いつつも，『日本書紀』には見られない太子の伝記や伝説を，先にあげた『帝説』・『菩薩伝』・『補闕記』などから収集し，集大成してできあがった歴史書と考えられている(38)。つまり，太子関係史料は『書紀』ともう一方に仏教系太子伝の史料があり，両者のなかから選択，もしくは両者が複合されて歴史教科書の太子関係記事ができあがることに留意しなければならない。このような状況のもとで，『新編日本略史』が古代史記述の全体像を『書紀』に従って記述しながらも，太子関係記事に関しては仏教思想を背後に持ち，太子

第5章　聖徳太子教材の成立　133

信仰の立場で叙述された仏教系太子伝の記事を引用して，太子を高く評価しようとする記述上の特徴を打ち出していることは注目される。

しかし，崇峻天皇暗殺に関しては「初メ馬子専横日ニ甚シ」[39]とし，蘇我氏側に横暴があったことを認めてはいるものの，崇峻天皇の方が先に蘇我馬子を誅殺しようとした行為にふれて，太子は「之ヲ諌止」[40]するとあるから，太子が蘇我氏擁護の立場にあったとも考えられ，積極的な太子評価が貫かれているわけではなく，記述全体の構成からみると，むしろ太子低評価に近い太子観を有していると言えるだろう。

第3項　仏教系太子伝引用の進展と史料操作による太子評価の試み

明治10年代中期に刊行された歴史教科書のなかで興味あるものは『小学国史紀事本末』（椿時中，1883年）である。この教書は本章が対象としている時期の古代史記述を「百済仏ヲ献ス」と「蘇我氏ノ僣逆」との2章に分けて叙述している。太子を高く評価した記述は「百済仏ヲ献ス」の章に見られる。次の記事は太子の名が初めて登場する部分である。

　　　　敏達帝ノトキ，稲目ノ子馬子深ク之ヲ信シ，疾病復タ行ハル，尾興ノ子
　　　守屋，鎌子ノ子勝海，之ヲ禁セント請フ，馬子哀求シテ己マズ帝曰ク，汝
　　　独リ之ヲ為セ，他人ヲ惑ハス勿レト，是時，皇子厩戸モ亦之ヲ信シ，遂ニ
　　　馬子ニ党ス，帝疾アリ，二人始テ請テ僧ヲ禁内ニ延キ，之ヲ禱ラシム，守
　　　屋既ニ亡テ後，二人憚ル所ナク，崇奉益甚シ[41]（傍点は筆者）

これによると，太子の登場は敏達朝下，蘇我馬子が崇仏を許可された敏達14年（583年）であり，すでに検討した『新編日本略史』の太子登場時期より2年早くなっていることがわかる。また注目すべき点は「遂ニ馬子ニ党ス」という一節である。崇仏許可をめぐる論争の過程で太子の去就が重要な意味をもっていたと理解でき，それが「僧の招引」で「二人始テ請テ僧ヲ禁内ニ延キ」への伏線となっているのである。『新編日本略史』では，僧が宮廷内に入った事件に関して太子は「謝ス」のであったが，ここではその行為の実行者の一人となっ

ている。政治的発言ができるだけでなく，すでに「政治的力」を発揮できる人物として表現されている。これは明治 10 年代前半の太子記述以上に，太子の宮廷内での地位を高めた記述と見ることができる。

　しかし，「蘇我氏の僭逆」の章では，崇峻暗殺事件に触れ，太子の動向を次のように記述している。

　　　（蘇我馬子の崇峻暗殺という行為を）禁スルコト能ハス哭シテ曰，是レ帝カ過去ノ報ナリト（かっこ内および傍点は筆者）[42]

　ここには崇峻天皇自身の過去の行動が自らを死に追いやったのだと述べられているのであり，太子が蘇我氏擁護の立場にあったと理解することもできる。一方でいかに政治力を強調しても，このような記述が残っている以上『国史略』と同様の太子低評価への論拠が存在していたとみることができる。
　実はここでとりあげた両方の記述とも出典は仏教系太子伝にあると推察できるのである。その意味で，本書は明治 10 年代前半に見られた仏教系太子伝からの引用による太子高評価の延長にあると考えられる。しかし，ここで仏教系太子伝に見られる記述の採用が，絶対主義天皇制構築期の歴史教育にふさわしいものであるとは言えないことに留意しておきたい。
　この『小学国史紀事本末』が版権許可を得た前年に「小学校教則綱領」が公布されている。この「小学校教則綱領」は明治 14 年（1881 年）各教科の目標と内容を示した文部省達である。そのなかで「歴史」は「殊ニ尊王愛国ノ志気ヲ養成センコトヲ要ス」[43]と目的づけられ，以後の歴史教育の方向が打ち出された。また，この時，同綱領の日本歴史部分の起草委員会委員であった江木千之は，明治天皇の次のような意向を文部卿らに伝えている。

　　　斯の如く戦争の話に次ぐに戦争の話を以てするに於ては，斯の教育は或は後生の子孫をして，乱を思はしむる恐れがありはせぬか。何とか今少し穏やかな書き現はし方はないものか。昔の王政の時代には，随分治績の見るべきものもあつたやうである。其等の事をも考へ合はせては如何か。[44]

第 5 章　聖徳太子教材の成立　135

これが「小学校教則綱領」の原案を修正する重要な指針となったことはよく知られている。つまり，「りっぱな」天皇の残した「よい治績」を教授することによって「尊皇愛国」の精神を養成すべきであるという新たな歴史教育の方針が打ち出されたのである。とするならば，多くの内乱や武烈天皇の素行と同様，崇峻の過去の行いによって生じる暗殺事件は「尊王愛国」の精神を養成するには不適当な教材と思われる。まして宮中の実力者たる皇族の太子に「是レ帝カ過去ノ報ナリ」と言わせてはならないはずである。つまり，天皇家の権力が他に卓越し，また，実際に天皇家を中心とした権力がこの国を統治し，その統治形態に疑問すら生じない時代に成立した古典からの引用による，易姓革命史観に立った「善い天皇」と「悪い天皇」の存在する歴史像は必ずしも絶対主義天皇制構築の好ましい教材とはなりえないはずである。「聖徳太子教材」もこの点が修正されなければ，後の国定教科書に見られるような太子像は生まれないのである。つまり，仏教系太子伝の引用による太子高評価ということのみに止まっている限り，「聖徳太子教材の成立」は考えられない。ただ，次に述べる点においては「聖徳太子教材成立」へのもうひとつの新たな試みを認めることができる。

　この項の始めに示した「百済仏ヲ献ス」の章から抜き出した叙述に再び注目したい。そのなかの「帝疾アリ」の「帝」は文脈から考えると敏達天皇と解せざるをえないのだが，史実からすると用明天皇でなければならない。これは，敏達・用明二朝の崇仏論争記事を編集し直して簡潔に述べようとしたために生じたと考えられるが，厳密に言えば史料操作，歪曲にほかならない。古典の簡略化が進行しているとはいえ，古典に見られる記事の羅列の域をでなかったこれまでの歴史教科書と比べ，史実の歪曲をも恐れず，大胆な史料操作による歴史教科書の編纂が「紀事本末体」の名の下に行われたことは「聖徳太子教材の成立」への試みと認めることができる。

第4項　検定初期の太子記述の検討を通してみた森文政期の太子観

　次に検討しなければならないのは，検定制度が始まって以後刊行された歴史

教科書の太子記述である。まず『小学校用歴史』（辻敬之，1887年）は，これまで太子評価にはマイナスとなることがあった崇仏論争記事を省略する傾向が顕著である。反対に，推古朝期の太子が摂政となってからの太子の業績の記述が著しく増加する。その結果，6世紀後半から7世紀初頭の歴史の主要な部分を太子関係記事が担うようになる。これは「聖徳太子教材の成立」への重要な試みと言えるだろう。これに対し，ほぼ同時期に編纂され，『小学校用歴史』とは異なった性格を有している『高等小学歴史』(45)（神谷由道，1891年）を検討してみたい。この教科書は明治20年に文部省が示した「小学校用歴史編纂旨意書」(46)に添って編纂され，文部省自身によって刊行された歴史教科書である。それゆえ，初期の検定制下における文部省の太子観を知り得る貴重な教科書である。『高等小学歴史』では，本章が対象としている6世紀後半から7世紀初頭の歴史を「文字及仏法の章」と「蘇我氏の章」との2章に分けて記述しているが，その記述方法には「紀事本末体」が採用されており，『日本書紀』等古典に見られる史実を編纂し直して叙述している。その編纂し直された記述を『日本書紀』の記述と比較してみると，『日本書紀』が記述している史実をまんべんなく採用していることがわかり，『小学校用歴史』のような記述部分の片寄りが見られない。つまり，文部省が刊行した『高等小学歴史』には，6世紀後半から7世紀初頭の歴史に関して太子関係記事を中心として叙述する姿勢が見られないのである。このことは，この時期の編集方法が異なるふたつの方法を模索していたことを示している。ひとつは『小学校用歴史』に見られるように史実のどの部分に重点を置き，どの部分を省略の対象として叙述するか，いうなれば教授すべき史実の選択に意を注いだ編集方法である。もうひとつは，『高等小学歴史』のように史実をいかに再構成して叙述するか，言い換えると，より多くの史実をまんべんなく採用しつつ，いかに文章を児童にとって理解しやすいように練り直して叙述するかという表現法に意を注いだ編集方法である。そして，文部省は後者，つまり中心テーマを決めず多くの史実をまんべんなく採用しつつ文章の「練り直し」に力点をおいた『高等小学歴史』を自ら刊行したのである。

ところで，森有礼は明治18年（1885年）第1次伊藤博文内閣で初代文部大臣となった。彼の教育政策について教育史学の世界では多くの議論がある。彼が

国家主義教育を導入したという考えと必ずしもそうとは言えないとする考えの議論である。ここに示したように森文政期の文部省の古代史観は，必ずしも太子重視ではなかったことがわかるのである。

　また，両書の比較からもう一点興味深いことがうかがえる。それは『小学校用歴史』は太子の推古朝での業績を述べた後で「唯蘇我氏ノ逆謀ヲ知リテ而シテ之ニ親附ス，後世之ヲ譏ル」とあり，『国史略』の太子低評価の論拠と共通する太子観が見られるのに対し，『高等小学歴史』の太子に関する記述は推古朝の摂政としての業績に焦点がしぼられ，しかも解説的に「仏法ノ興隆セシ所以ハ厩戸ニ其因セルモノ多シ」と太子を高く評価する記述が見られる。太子関係記事を中心テーマとしている『小学校用歴史』には，太子高評価にとってマイナスとなる記述が見られ，逆に必ずしも太子関係記事が中心テーマとなっていない『高等小学歴史』では，太子高評価に一定の配慮がなされているというパラドキシカルな事実が見られるのである。矛盾と言うこともできるこの事実は森文政期の文部省の検定方針が後の国定教科書に見られるような聖徳太子像を作り出す決定的な役割を果たしたとは言えないことを示していよう。森文政期の文部省は太子関係記事に一定の配慮をしながらも，むしろ古代史の大きな流れのなかで太子を位置づけようとすることに基本的姿勢があったと見るべきである。また，検定教科書を通して，このような文部省の古代史観を強制していなかったことは，『小学校用歴史』の存在自体が示唆している。森文政が国家主義教育の方向を強く打ち出したとする認識が一般的であるが，太子関係記事に関して言えば，必ずしも国家主義的な記述とは言えず比較的「穏当な」姿勢をとっていたと言うべきであろう。また，もう一点特記すべきことは，この『高等小学歴史』が明治10年代にあらわれた仏教系太子伝からの引用を用いていないことであり，太子関係記事の原典が『日本書紀』によっているという事実は，これまでの「聖徳太子教材の成立」への流れのなかに，森文政期の文部省の太子観を位置づけることができないことを示している。

第5項　『帝国小史』に見られる「聖徳太子教材」原型の成立

最後に『小学校用日本歴史』（1888年）（120ページ）と『帝国小史』（1892年）

表5-12 『高等小学歴史』

書名	時期区分	「日本書紀」の記述項目	教 科 書 の 記 述 内 容
高等小学歴史（神谷由道）1891年	第一回崇仏論争（欽明朝）	仏教流入 天皇の言葉	百済仏像及経論ヲ献ジ，仏ノ功徳ヲ称述ス
		蘇我稲目の発言	大臣蘇我稲目奏シテ曰ク今西蕃諸国皆之ヲ尊礼ス，我国ニ於テモ亦之ヲ礼拝スベヒト
		物部・中臣の反論	大連物部尾輿等同ジク奏シテ之ヲ拒ム
		蘇我稲目の崇仏 物部尾輿の反撃	帝乃チ仏像ヲ稲目ニ賜フ。稲目向原ノ別墅ヲ以テ寺院トナシ尾輿等請ヘラク是レ国神ノ仏ヲ入レシヲ譴怒スルモノナリト。遂ニ奏請シテ仏像ヲ難波ノ堀江ニ投ジ伽藍ヲ焚ケリ。
	第二回崇仏論争（敏達朝）	蘇我馬子の崇仏 疫病流行 物部守屋の反撃	馬子モ亦之ヲ信ジ私ニ百済ノ仏像二体ヲ得テ之ヲ尊礼セリ。諸国又大ニ疫ス 奏シテ仏寺ヲ焚キ僧尼ヲ還俗セシメ金石ノ像□ク燼滅セザル者ハ之ヲ難波ノ堀江ニ投ゼリ。
	第三回崇仏論争（用明朝）	瘡患流行 蘇我馬子崇仏許可 蘇我・物部の対立 天皇の崇仏の可否	用明天皇病アリ。仏ニ祈ラント欲ス。守屋，勝海同ジク之ヲ諌ム。
		蘇我馬子の主張 (聖徳太子の対応) 僧の招引	馬子僧ヲ延キテ宮ニ入ル。守屋大ニ怒リテ之ヲ□睨ス。意色倶ニ属シ
		皇位継承問題	守屋，皇弟穴穂部ヲ立テント欲ス馬子之ヲ弑シ遂ニ兵ヲ構ヘテ守屋ヲ殺シ皇弟泊瀬部皇子ヲ迎ヘ立ツ（略）
		崇仏戦争	馬子其業ヲシテ勝海ヲ殺サシメ，次デ守屋ヲ攻メテ之ヲ殺セリ。
	崇峻暗殺（崇峻朝）	(聖徳太子の対応) 天皇の述懐	帝之ヲ悪ミ将ニ馬子ヲ除カントス
		(聖徳太子の対応) 馬子の弑逆	馬子□ニ之ヲ聞キテ大ニ懼レ東漢駒ヲシテ帝ヲ神殿ニ弑セシメ（略）
		(聖徳太子の反応) 摂　政	推古天皇位ニ即クニ及ビ立テテ皇太子トナリ兼ネテ万機ヲ摂ス。
	（推古朝）	聖徳太子の政治 聖徳太子関係記事	性聡敏ニシテ博ク経史ニ通ジ，又深ク仏教ヲ好メリ。後代ニ至リ文学ノ振興シ，仏法ノ隆起セシ所以ハ厥ニ其因セルモノ多シ。（略）時ニ馬子大臣タルヲ以テ，相共ニ議シテ仏法ヲ弘メ，連ニ寺塔ヲ創建シ，又僧正，僧都，官ヲ置キテ，僧尼ヲ検校セシム。是時太子建ツル所，四天王，法隆，法興等，十一寺，臣民建ツル所四十六寺，僧尼千三百五十人アリ。

第5章　聖徳太子教材の成立　139

(121ページ)とを検討して,「聖徳太子教材」の原型の成立について考えたい。両書はともに山県悌三郎によって編纂された歴史教科書である。本章で対象としている時期の両書の記述を『書紀』と比較してみると,事件によってはまったく叙述のなかから消滅してしまうなど「学制」期以後一貫して続いていた簡略化の傾向が一層顕著になっていることがわかる。そこには「省略」という名のもとに,史実の捨象と歪曲が行われたことが明白で,森文政期に見られた前記ふたつの記述方法のうち,第一の方法,教授すべき史実の選択に力点を置いた記述方法,によっていることがわかる。しかし,その省略の力点がどこに置かれているかという問題では,同一人の著作でありながら両書では大きく異なっている。明治21年に刊行された『小学校用日本歴史』は,推古朝の太子の業績に対する記事が省略の対象となっていて,叙述の中心は太子登場以前の欽明朝の崇仏論争にある。一方,明治25年刊行の『帝国小史』では,崇仏論争の記事はまったく消滅し,論争があったことさえ想像できない記述となっており,叙述の中心は推古朝の太子記事となっている。明治20年代初期から中期までの数年間に教授すべき史実の選択という面において,著者の発想の逆転が認められるのである。

　次に,太子評価について両書を比較してみよう。『小学校用日本歴史』においては,「太子博学ニシテ」[50]など太子を一定度評価する記述が認められるものの,「対物部戦」において蘇我馬子と太子とが「謀ヲ合セ」[51]たと指摘しており,またその蘇我氏は「益々専横ヲ極メ,大ニ国家ニ禍セリ」[52]と述べているから,けっして太子評価が高いわけではない。少なくとも全面的な高評価ではない。ところが,『帝国小史』は6世紀後半から7世紀初頭の記述を仏教系太子伝に見られる太子崇拝記事で埋め尽しているのである。このような事実は,著者の太子観が数年の間にまったく転換してしまったことを示している。また,記述内容を見ても,明治10年代の歴史教科書が仏教系太子伝からの引用を太子の政治力強調のために用いて,結果的には必ずしも太子高評価に帰結していなかったのに比べ,『帝国小史』は太子幼少期の業績を仏教系太子伝から抽出して,生まれながらにして太子が人間として倫理的にいかに優秀であったかを述べる記述[53],いうなれば太子美化を目的とした「太子物語」となっていて,太子高評価が成功

しているのである。このような「太子物語」が歴史記述に登場したことは,「紀事本末体」の記述方法の発展と考えられるのだが,著者は『帝国小史』において,政治的存在としての太子から倫理的存在としての太子へと太子像の質的転換をはかったということができる。この「修身的」とも言うべき太子記述への転換が意図的に行われただろうことは,ここで示した両書があまりにも大きく異なる太子観を有していることから推察できるのである。このように,『帝国小史』は「聖徳太子教材の成立」史上最も重要な位置を占めているのである。

　これ以後,『帝国小史』に見られる太子記事,つまり太子の倫理的側面に焦点をあてて仏教系太子伝に見られる記述を抜き出し,集約して,6世紀後半から7世紀初頭の古代史を「太子物語」として叙述するという古代史記述が継承され,国定期の歴史教科書へとつながっていくのである。つまり,明治10年代に見られた仏教系太子伝からの引用による太子高評価への試みと,検定初期にみられた教授すべき史実の選択過程に生じた太子中心主義と「紀事本末体」に起因すると思われる史料操作による物語記述とが見事に結びついて「聖徳太子教材」を生み出したといえるのである。

　ただし,これまで示したようなさまざまな歴史教科書が検定期に混在して使用されていたことや,『帝国小史』刊行以後編纂された教科書のすべてが『帝国小史』のような太子記述で統一されていたわけではないことは留意する必要がある。これまでの検討から言えることは,明治20年代の中期から倫理的側面を重視した「非のうちどころのない」太子の物語が古代史記述として定着したというのではなく,幕末から明治初期に存在した『国史略』に代表される太子低評価に対する一種の「疑い」にひとつの解決策が教科書記述の方法上採用されたということであり,それが明治25年刊行の『帝国小史』に明確に認められるのである。すでに第3節で検討した結果と同様に,やはり明治20年代中期は古代史記述の転換点であるのみならず,「聖徳太子教材の成立」における重要な時期であったと言うことができる。

第5章　聖徳太子教材の成立

第5節 むすび

　まず，前提として古代史記述の全体像が明治20年代中期に大きく転換することは，動かしがたい事実である。そして，その過程で『日本書紀』を代表とする天皇歴代史の記述方法から脱皮し，特定の史実を強調する古代史記述へと歴史教科書が変化していったと言えるだろう。そこに「聖徳太子教材成立」への動きが見られるのである。また，太子関係記事の叙述において『日本書紀』を中心史料とする姿勢にも変化があらわれ，仏教系太子伝の重視という面も同時進行していった。それらが相互に深く関わって教科書記述に影響しない間は，太子高評価に徹した古代史は完成されず，高評価と批判的記述との併存という状況下にあったと言える。また，このような時期，つまり明治10年代には，太子を高く評価して教授しようとする歴史教育観さえ不明確であったと言えるだろう。しかし，「紀事本末体」の影響で太子物語が歴史教科書記述上に登場することによって，「聖徳太子教材の成立」を可能にした3つの条件，太子中心主義，仏教系太子伝からの引用，物語風叙述，が深く結びついたと言える。それは，古代史記述の全体像の検討においても，転換期の教科書として重要だと指摘した『帝国小史』にはっきりと現れているのである。

　また，第4節の第5項で示したように，『帝国小史』の著者が『帝国小史』編纂以前から，このような古代史像を有していたわけではなく，明治20年代中期に意識的に転換したと考えられるのである。その原因を何に求めるべきであろうか。それは彼が異なった古代史像を描いた2冊の教科書の編纂期，つまり明治21年と明治25年との狭間に存在する史的要因に注目すべきなのである。この転換の中味がともすれば批判的に評価される要素を有していた皇族の聖徳太子を「非のうちどころのない」倫理的存在としてあつかうことであったことを考慮すれば，明治21年の帝国憲法の天皇条項，そして明治23年の教育勅語，およびその理念を体した「小学校教則大綱」などに見られる天皇観に，その最大の原因があったと考えるのが妥当であろう。また，ちょうどこの時期が「久米邦武事件」[55]に代表されるように，政府が古代史研究に圧力を加えた時期であったことも見落とせないし，人物史という歴史記述の方法がヘルバルト主義の導

入とともに広まり，教育の力点が児童に理解しやすい教材を用意して品性の陶冶をはかろうとした動きがあったことも重要であろう。そして，「小学校教則綱領」以来徐々に歴史教育が「修身化」の方向に向かいつつあったことも無視することはできない。結局は，それらが深く関連し合いながら「聖徳太子教材の成立」に向かって進んでいったものと思われる。

しかし，その過程で『国史略』に代表される興味深い太子観が捨象されていったことは，国民の歴史認識に禍しなかったとは言えない。とくに，当時の教育雑誌等を調査しても，この「聖徳太子教材」の問題が論議された形跡が見あたらない。つまり，この時期は公的な場で皇室の事跡を論議することなく，歴史教科書編纂者個々人の古代史観の動揺のなかであるべき方向が模索されていたものと考えられるのである。また，明治20年代前半の動向は「南北朝正閏論争」[56]に代表される政治的，学問的レベルでの論議以前に，皇室に対する忠義の観念を教材として学校教育に持ち込むための具体的方法の模索が，小学校の歴史教育のレベルにおいて，すでに，静かに着実に進行していたことを示していると言えるだろう。

【注】
（1） たとえば，『中学生の社会科―日本の歩みと世界―』（中教出版，1984年）には「聖徳太子と飛鳥文化」の章が見られ，『改訂　新しい社会歴史』（東京書籍，1984年）には「聖徳太子と蘇我氏」の章が見られる。その他，中学校社会科の歴史的分野の教科書のほとんどに太子に関する章が見られる。
（2）「小学教則」では「歴史輪講」の教科書として『王代一覧』・『国史略』などがあげられている。
（3） 岩垣松苗著『国史略』は明治初期に何度か復刻されている。本章では文政9年（1826年）刊行，国立国会図書館蔵を用いた。
（4） 本書第4章「教育課程史の実践的研究」参照。
（5） 京都を活動の中心とした岩垣松首の『国史略』が南部藩藩学の教材として使用されていた例から見ても，当時相当広範に『国史略』が使用されたものと推測される（『岩手県教育史資料』第1集，7ページ）。
（6）『訓蒙皇国史略』（沖修，1873年）・『皇朝仮名史略』（屯郁松良粛，1873年）などに『国史略』の影響が見られる。

第5章　聖徳太子教材の成立　143

（7）　前掲『国史略』巻之二，6ページ。
（8）　安積澹泊『大日本史賛藪』巻の二，89〜90ページ「聖徳太子厩戸」の章。『日本思想大系』第48巻「近世史論集」所収。
（9）　国定Ⅲ期（1920年）『尋常小学国史』第六聖徳太子。『日本教科書大系』第19巻所収。
（10）　しかし，このようなテーマの研究上の貴重な史料集として，海後宗臣『日本教科書大系』（以下『大系』と略す），仲新・稲垣忠彦・佐藤秀夫『近代日本教科書教授法資料集成』などがある。
（11）　この分野での先行研究としては海後宗臣『歴史教育の歴史』（1969年），唐沢富太郎『教科書の歴史』（1968年），吉田太郎『歴史教育内容方法論史』（1968年）などがある。しかし，いずれも「聖徳太子教材」についてはふれていない。「聖徳太子教材」を分析したものとしては鈴木正章「歴代小学校教科書に於ける聖徳太子の記述について」『四天王寺』第515号（1984年）所収がある。
（12）　前掲『教科書の歴史』82ページで武烈天皇に関する記述がとりあげられ，『国史略』以後『帝国小史』までの数冊の歴史教科書の記述の変遷が検討されている。
（13）　木村正辞編・那珂通高訂『日本略史』が「文部省版」もしくは「師範学校編」といわれる『日本略史』である。東書文庫および国立教育研究所に現存する最古のものは明治8年（1875年）刊行のものである。また，笠間益三編で同名の『日本略史』もある。これが「陸軍文庫版」といわれているもので両者は記述内容に相違がある。本章で『日本略史』として指摘しているのは木村正辞編である。『大系』第18巻所収。
（14）　（13）で述べた「陸軍文庫版」『日本略史』の改訂版と考えられる。笠間益三編（1881年）『大系』第18巻所収。
（15）　その他に『日本史略』・『内国史略』も使用例が多く見られる。なお，上羽勝衛，村井清，田中義兼らが三人三様の『日本略史』を編纂している。また，『内国史略』には南摩綱紀編と石村貞一編がある。
（16）　本章では『大系』第18巻所収を用いた。
（17）　『大系』第19巻所収。
（18）　同上　第19巻所収。
（19）　同上　第19巻所収。
（20）　『小学日本歴史』（1903年）『大系』第19巻所収。
（21）　『尋常小学日本歴史』（1909年）『大系』第19巻所収。
（22）　この分類にあたっては，黒板勝美『岩波文庫日本書紀』（1944年）に見られる記事の分類を参考とした。

(23) ここで指摘した明治20年代中期の転換という全体的傾向と合致しない教科書も存在する。たとえば，田中登作『高等小学古今事歴』(1992年)，増田千信『高等小学日本歴史』(1892年)，大村芳樹『新定日本歴史』(1893年)，東久世通禧『高等小学国史』(1894年)，いずれも国立教育研究所蔵などがある。
(24) 京都の漢学者。彼に関する先行研究は少なく，西田直二郎「贈位されたる人々」『歴史と地理』1 – 4 (1918年) 所収, で若干述べられている程度である。
(25) たとえば，師範学校付属小学校教則に，『史略』，『日本略史』があげられている。
(26) 『大系』第18巻，11ページ。
(27) 同上　126ページ。
(28) 同上　127ページ。
(29) 同上　126ページ。
(30) 同上　333ページ。
(31) 同上　333ページ。
(32) 『群書類従』巻第百八十九『聖徳太子伝暦』の用明天皇二月の条に，「天皇不念。太子不解衣帯。日夜侍病。(略) 蘇我大臣日。可随詔而奉助詎生異計。遂引豊国法師入於内裏。太子大悦。とある」。
(33) 諸太子伝のなかでは最も古いものとされている。成立年代等については家永三郎『上宮聖徳法王帝説の研究』(1972年) 参照。
(34) 784～794年頃の成立とされている。田中嗣人『聖徳太子信仰の成立』(1983年) 参照。
(35) 成立が『伝暦』成立以前であることは確実だが，詳細は不明である。新川登亀男「『上宮聖徳太子伝補闕記』の文化史的意義」『南都仏教』33, 1974年，45～67ページ参照。
(36) 『水鏡』，『元亨釈書』等がある。明治初期に使用された歴史教科書のなかで，引用の出典を明示している青山延千『皇朝史略』(1822年) の太子関係記事を検討してみると，これからの引用が多く幕末から明治初期にかけて著作された太子関係記事に与えた影響が大きいものと推察できる。
(37) 前掲『聖徳太子信仰の成立』第1「太子伝の整理」参照。
(38) 『伝暦』の成立は，917年 (延喜17年) とされている。
(39) 『大系』第18巻，334ページ。
(40) 同上　334ページ。
(41) 同上　535ページ。
(42) 同上　535ページ。

(43) 『明治以降教育制度発達史』（以下『発達史』と略す）第 2 巻, 254～255 ページ。
(44) 同上　258 ページ。
(45) 神谷由道著, 文部省刊行『高等小学歴史』(1891 年), 本章では国立教育研究所蔵を用いた。
(46) 『発達史』第 3 巻, 711 ページ。
(47) 『大系』第 19 巻, 19 ページ。
(48) 前掲『高等小学歴史』31 ページ。
(49) 前掲『教科書の歴史』はこの立場で検討されている。
(50) 『大系』第 19 巻, 94 ページ。
(51) 同上　94 ページ。
(52) 同上　94 ページ。
(53) 前掲『伝暦』敏達 4 年の条,「皇子弟中。有諸少王子鬪叫之聲。皇子聞之。設苦追召。諸壬子等皆棟逃震。而太子脱衣独進。」を題材としたもの。
(54) (53) で示したような歴史教科書の存在。
(55) 大久保利謙「ゆがめられた歴史」向坂逸郎編『嵐のなかの百年—学問弾圧史—』(1952 年), 52～53 ページ, 官地正人「近代天皇制と歴史学—久米邦武事件の政治史的考察—」同氏『天皇制の政治史的研究』(1981 年), 150～184 ページ。
(56) 前掲「ゆがめられた歴史」52～63 ページ参照。

第6章

教育課程を歪める学校教育の現状
──高等学校「日本古代史」学習を例として──

第1節 はじめに

　歴史教育において歴史イメージの形成が重要であることは周知のことである。この問題に関する研究も多く見られるが，それらのなかで認知心理学の成果を基礎とした宮崎正勝の「歴史教育におけるイメージ形成とイメージ的思考に関する基礎的研究」(1)は注目すべき研究のひとつであろう。宮崎はこのなかで，「日常知」を取り上げ，「生徒の『生活世界』での経験に根ざした諸認識」(2)がイメージ形成の重要な位置を占めることに注目している。宮崎はこの研究が具体的な教材を扱ったこれまでの歴史イメージ形成に関する論文や報告に言及しなかったことを但し書きしているが(3)，筆者のように具体的教材を扱う過程から歴史イメージの形成を考察しようとする者も十分啓発されるものであった。

　本章では教材の選択を誤ることによって，それが「日常知」と結びついて，誤った歴史イメージが形成されていく事実を具体例から検証しながら，歴史教育における教育課程研究に資したいと考える。

　現在の高等学校「日本史B」の学習は多くの学校で受験科目のひとつとして学習されている。したがって，常に授業を通じて学習されたものがテストにおいて「正解」を導き出せる知識となっているのか否かが問われることになる。また，それを念頭に授業や生徒の自宅学習は進められるから，問題集やテスト問題は重要な歴史教材のひとつとなる。どのような問題を定期試験で出題するのか，大学入試ではどのような問題が出題されるのかは，生徒の知識のあり方，

ひいては生徒の学習のあり方を決定すると言ってよい。言い換えると，高等学校においては現実には歴史教育学の理想や教材論の理想よりも評価法や入試制度が歴史教育を支配する傾向が強いのである。

ところで，これまでの歴史教育理論や教材論は，教科書の記述やそこに取り上げられる史料・史実の問題を論ずることが多かった。試験問題は教科書などに示される教材の副産物，2次的なものとして取り扱われ，ひとつひとつの演習問題を歴史教育学の議論の材料として積極的に取り扱ってこなかった。それは入試問題のちょっとしたミスをあげつらうように思われることを避ける傾向があったためかもしれない。現実には，試験問題が教室での歴史学習を規定してしまうことが多くある。(4)

第2節　問題の所在（試験問題・演習問題にみる古代戸籍）

わが国の古代学習の教材として重要な位置を占めるものに古代籍帳がある。古代籍帳は古代史研究の中心的史料として歴史学で取り扱われてきた。同時にそれは歴史教育の重要な教材ともなっている。大和政権成立以降のわが国の歴史は，その後一貫して中央集権体制を目指すこととなり，8世紀初頭，大宝令の成立をもって一応の完成を見たと考えられる。この体制がいわゆる律令体制であり，この体制を支えるもののひとつが今日「古代籍帳」と呼ばれる「戸籍・計帳」群である。また，古代籍帳は史料の少ない古代史において，庶民の姿により接近できるものとして戦前から重視された史料であった。また，民衆史，庶民生活史がより重要性を増す今日の歴史教育においてはその史料的価値や教材としての価値は増しつつある。しかし，古代籍帳研究が古代史研究史上重要な柱のひとつであったがゆえに，これまで多くの論争を経験してきた。また，この古代籍帳の教材化においても，その論争を避けて通ることができなかった。高等学校の教育現場では歴史学や日本史が必ずしも専門ではない教師が日本史を担当することもあるし，日本史を専門としている教師が常に歴史学の研究動向に注目しているわけでもない。だから，次のような試験問題が登場することがある。

次に示す図6－1はある高等学校で1学期中間試験として作成された問題である。

この試験問題がわが国古代の家族の問題を古代籍帳から抽出して紹介し，この家族に班給される口分田とそこから貢納される租を算出することを求めるものである。本章ではこのような試験問題が歴史イメージの形成に影響を与えうることを検討し，演習問題や試験問題と生徒の歴史イメージ形成との関係について，教育課程の問題として検討していきたい。

ところで，この問題を見ると，日本史の教師だけでなく，高等学校で日本史を学んだ経験のある人の多くが「こんな問題をやった」経験があるだろう。少し工夫を加えると中学生・小学生でも解答するのに難しくないから，多くの教室でこのような教材が取り上げられてきた。したがって，ここで取り上げている教材は一般的に用いられてきた教材であって，ある学校で出題された特殊な問題ではない。その証拠に，この問題の種本とも言うべき問題集があることをまず紹介したい。

ここに示す演習問題は（図6－2）は山川出版社が同社発行の日本史B教科書に準拠する形で出版している問題集『復習と演習　日本史B　日本史テスト』(5)に見られる古代戸籍に関する演習問題である。(6)

図6－1

[A]　下記は大化の改新後の一家構成である。設問に答えなさい。

戸主	50歳
母	75歳
妻	48歳
長男	20歳
次男	6歳
長女	16歳
次女	10歳

設問1　この戸に班給された口分田はいくらか。

　　　2　この戸が負担する租は○○束○○把か。
　　　　　端数は切り捨てる。

第6章　教育課程を歪める学校教育の現状　149

本章の図6-1で取り上げた戸籍に関する試験問題がこの問題集を参照して出題されたことは一目瞭然であるが，この問題集の冒頭「本書の構成と使い方」のなかでは「自分の学習の進み具合を確かめるために，問題集の学習は欠かせません」[7]とあり，また，「理解度を正確にはかる」[8]のにこの問題集の学習が重要であると述べている。したがって，この問題集は現存する古代戸籍から古代史像を理解・確認することを目指して編集されたものと考えられる。

　ところで，この問題のどの部分が歴史イメージ形成において問題視されなけ

図6-2

次の資料文を読んで，設問に答えよ。

A　凡そ戸籍は，（ア）年に一たび造れ。
　　凡そ田は，長さ（イ）歩，広さ十二歩を段と為よ。（ウ）段を町と為よ。段の租稲（エ）束（オ）把。
　　凡そ口分田給はむことは，男に（カ）段。女に（キ）減ぜよ。（ク）年以下には給はず。
　　凡そ田は，（ケ）年に一たび班へ。

B　筑前国嶋郡川辺里　　大宝二年
　　戸主　卜部乃母曽　　年肆拾玖歳（49）　　正丁　　課戸
　　母　　葛野部伊志売　年漆拾肆歳（74）　　耆女
　　妻　　卜部甫西豆売　年肆拾漆歳（47）　　丁女
　　男　　卜部久漏麻呂　年拾玖歳　（19）　　少丁　　嫡子
　　男　　卜部和加志　　年陸歳　　（6）　　少子　　嫡弟
　　女　　卜部加令売　　年拾陸歳　（16）　　小女
　　女　　卜部乎加吾良売　年拾三歳（13）　　小女　　上件二口摘女

問1　史料Aの空欄に該当する数字を，算用数字で記入せよ。
問2　史料Bの戸籍について，次のア〜エを求めよ。
　ア．この戸に与えられる口分田はいくらか。
　イ．この戸が負担する租はいくらか。端数は切り捨て，○束○把というかたちで答えよ。
　ウ．この戸が負担する歳役は何日になるか。
　エ．この戸が負担する雑徭は最大何日になるか。

ればならないのであろうか。それは次の2点である。

　まず，図6-1や図6-2の「B」に示されているような古代戸籍は実際には存在しないという点である。一見，資料理解の重要性を問う演習問題として出題されているように見られるが，実態に即しない戸籍が示されて回答が求められている。

　2点目は，設問では戸籍をもとに，その戸の口分田や税負担を計算させることになっており，あたかも小学校の四則計算の文章題のようになっている点である。この演習問題は，「家から駅まで直線で何メートル，そこをまっすぐ歩くとして……」のような，実際にはあろうはずのない条件を提示して回答を求めていることになる。実際には律令で定められた規定どおりに口分田が分配できなかったから，その後の土地政策に矛盾が生じたにもかかわらず，法に定められた理想形態のみを問題としている。歴史学的な観点からしても疑問の残る設問である。学習目的が算数の四則計算の理解にあるのであればよいが，高等学校の歴史教育はそのようなものではないはずである。

　高等学校の地理歴史科がより専門性を求められるようになった現在，律令体制の理想が実現されることなく崩れ去っていった歴史とその時代の庶民の現実の姿に迫る歴史イメージが形成される歴史教育が展開されなければならないはずである。

第3節　古代戸籍の教材研究

　すでに述べたように古代籍帳は，古代史上の最重要資料のひとつであるから，これに関する研究はかなり進んでおり，教材としても取り上げられることが多い。教科書，図説などの史資料集に収録されることは今日一般的である[9]。ただし，古代の史料の多くがそうであるように，古代戸籍はその専門研究者でない限り，直接原典に触れて研究することができない。古代籍帳の多くも正倉院文書として今日に伝わっているものであり，原典にあたることは不可能である。教科書や図説などの史資料集では原典の一部が写真資料集として収録されるが，全体像を理解し得るような収録のされ方はしていないのが実状である（本章で

は『寧楽遺文』に収録されているものを使用した)。

　正倉院文書に収録されている籍帳は，復元するという作業を前提にしなければ実際に史料として使うことは難しい。『寧楽遺文』は上巻の政治編で復元した11編の籍帳を収録している。冒頭に養老5年（721年）の下総国の籍帳を収録，以下，のちに籍帳でないことが確認された陸奥国の籍帳を除いて，9編の大宝2年（702年）造籍の美濃（御野）国，越前国，豊前国の籍帳が収録されている。いずれも完全ではなく，美濃（御野）国半布里の籍帳が断簡を含めて50戸を超える戸籍が現存するのが最高である。歴史学の研究史から考えると，必ずしも本筋ではないのだが，本章の教材論として検討するときには前提となると思われるから，古代籍帳の記載方式から見ておきたい。

　『寧楽遺文』に収録されている古代籍帳には3つの記載方式がある。筑前・豊前の方式，下総の方式と美濃（御野）の方式である。下総の方式は研究史上では注目されるものであるが，一見すると筑前・豊前方式と共通しているように見える。ここでは本章の主目的とは関係しないと思われるので省略し，筑前・豊前方式と美濃方式を比較しておきたい。まず，前者の例を豊前国上三毛郡塔里の戸籍のなかから示したい（図6-3）。これは塔里の戸籍の2番目に登場する戸籍であり，ほぼ1戸を復元できる。この戸籍の記載方式の特徴は，戸主である塔勝山の婚姻家族を筆頭に4つの家族が家族ごとに記載されているところにある。また，戸籍の最後に戸を構成する人々が集計され，末尾に配分される口分田の広さが明示されている。

　この記載方式と異なった記載方式を採っているのが，美濃（御野）国の戸籍である。ここでは美濃（御野）国加毛郡半布里の大宝2年造籍戸籍の1番目のものを示している（図6-4）。

　この戸籍は，五保制度による戸の等級がはじめに記されている（現在，この五保制については高等学校段階では教えない。教材化した例は管見では見当たらない）。また，戸を構成する人々の集計が戸籍の先頭に来ている。重要な点は，この戸にはふたつの婚姻家族が含まれているのだが，先に見た豊前の戸籍のように単婚家族ごとに整理して記載されていないことである。この戸籍の場合，単婚家族を崩して，戸単位で属する男女に分けて記載している。もちろん，戸籍記載

152

の人員を整理していけば，ふたつの単婚家族を中心として構成された戸であることはわかる。後に一項を設けて論述するが，古代籍帳研究は戦前からこのような記載方式の違いや記載内容から家族を復元する研究を通して進められてきた。未だに決着をみない問題は多いが，ここでは同じ年に造籍された戸籍にもこのような記載方式の違いが見られること，また系図作成などの作業をしなければ，記載内容の実態には迫れないことが確認できる。前掲の図6-1，図6-2で取り上げられた戸籍は筑前・豊前方式で記載された戸籍と思われる。

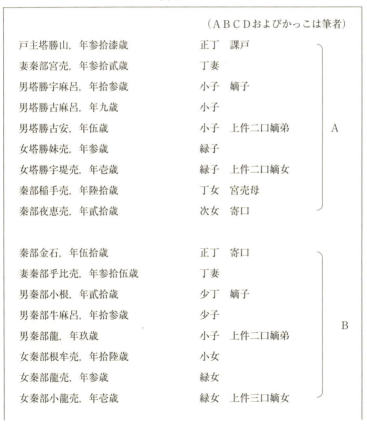

図6-3

弟秦部刀良，年肆拾肆歳	正丁		
弟秦部刀牟，年肆拾貳歳	兵士		
妻秦部乎堤売，年肆拾壱歳	丁妻		
男秦部猪手，年拾陸歳	小子	嫡子，先嫡男	
男秦部乎祁，年肆歳	小子		
男秦部麻呂，年貳歳	緑児	上件二口今嫡男	C
女秦部羊売，年捌歳	小子		
女秦部牟志那売，年壱歳	緑女	上件二口今嫡女	
弟秦部夜恵，年参拾玖歳	正丁		D
男秦部宇手，年壱歳	緑児	嫡子	

凡口貳拾漆
├ 口貳拾壱不課
│ ├ 口七小子
│ ├ 口二緑児
│ │
│ ├ 口四丁女
│ ├ 口一次女
│ ├ 口二小女
│ ├ 口五緑女
│ ├ 口一兵士
│ ├ 口四正丁
│ │
│ └ 口一少丁
│
└ 口陸課
   ├ 口一兵士
   ├ 口四正丁
   └ 口一少丁

図6－4

```
                         正丁二  小子三  正女四  緑女三
下政戸石部三田戸十七           并九          并八
                         少丁一  緑子三  小女三

        年五十                          年二十
下々戸主三田                嫡子伊加多
        正丁一，工                       少丁
        年十                            年八
次小人                     次人麻呂
        小子                            小子
        年三                            年二
次興麻呂                   次弟麻呂
        緑児                            緑児
           年十六                          年四十六
戸主甥石部商人             寄人牟下津マ安倍
           小子                           正丁
           年二                           年四十五
嫡子多麻呂                 戸主妻敢臣族岸臣都女
           緑児                           正女
           年二十四                        年十六
児刀良売                   次志多布売
           正女                           小女
           年十四                         年四十七
次乎志多布                 戸主妹昨売
           小女                           正女




           年三十二                        年十三
安倍妻石部小都売              児根都売
            正女                          小女


        年三
次古売
        緑女
```

第6章　教育課程を歪める学校教育の現状　155

第4節　西海道戸籍「川辺里」から出題された演習問題

　前述の期末テスト問題として出題された戸籍や山川出版社の問題集が収録して，口分田などの計算をさせた戸籍の史料の出展は一般に「西海道戸籍」といわれているもののひとつで，『寧楽遺文』では筑前の国嶋郡川辺里戸籍の1番に登場する戸籍であろうと推定できる（図6-5）。[17]

　この戸籍は戸主乃母曾の家族と彼の従兄弟（いとこ）方名の家族で構成されている。戸は16人で構成され2町以上の口分田を受け取ることになっている。

　この戸主乃母曾の戸籍が問題集ではどのように扱われているだろうか。図6-1・図6-2と比較してみたい。前述の試験問題や演習問題では全体の戸籍がすべて紹介されずに，この戸を構成するふたつの単婚家族のうち前半の乃母曾の単婚家族のみが取り上げられていることがわかる。また，問題文の記述のなかで，前半部分しか紹介していない戸籍，いわば「断簡」を「史料Bの戸籍について」とあたかも古代籍帳にみられる実際の戸籍そのものであるかのように紹介していることも注目される。

　このように，期末テストの出題者も，演習問題の編纂者も，歴史資料を勝手に改ざんして生徒の前に教材を提示していることは否定できない。すでに述べたように，演習問題は教科書などの教材と比べると2次的なものとして扱われるのが一般的である。しかし，定期試験問題も問題集の演習問題も生徒がどのような歴史イメージを形成したかその「理解度を正確にはかる」[18]ことを目的として提示されている教材であるならば，そのような史料改ざんはあってはならないのではないだろうか。

　ちなみに山川出版社は1997年3月に文部省の検定を受けて現行の改訂版『詳説日本史』を出版しているが，それ以前の「日本史B」の教科書では「律令と統治機構」という単元のなかで正倉院文書に見られる筑前国嶋郡川辺里の戸籍の一部として，この演習問題に示された戸籍と同じ戸籍の実物の写真を収録していた。[19]そこでは川辺里1番の乃母曾戸籍全体を写したものではないが，図6-4の「男ト部赤猪」まで収録していた。すなわち，郷戸全体を示したもので

156

図6-5

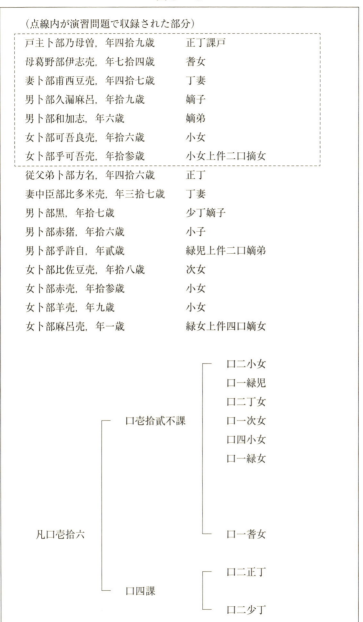

(点線内が演習問題で収録された部分)
戸主卜部乃母曽，年四拾九歳	正丁課戸
母葛野部伊志売，年七拾四歳	耆女
妻卜部甫西豆売，年四拾七歳	丁妻
男卜部久漏麻呂，年拾九歳	嫡子
男卜部和加志，年六歳	嫡弟
女卜部可吾良売，年拾六歳	小女
女卜部乎可吾売，年拾参歳	小女上件二口摘女
従父弟卜部方名，年四拾六歳	正丁
妻中臣部比多米売，年三拾七歳	丁妻
男卜部黒，年拾七歳	少丁嫡子
男卜部赤猪，年拾六歳	小子
男卜部乎許自，年貳歳	緑児上件二口嫡弟
女卜部比佐豆売，年拾八歳	次女
女卜部赤売，年拾参歳	小女
女卜部羊売，年九歳	小女
女卜部麻呂売，年一歳	緑女上件四口嫡女

第6章 教育課程を歪める学校教育の現状

はないが，演習問題に見られるような切り方ではない。また，この写真に解説を付けて，「この戸籍は2家族16人の構成である」とし，この写真が戸（郷戸）全体を示したものではないことを明確に解説していた。[20]したがって，図6-2の演習問題の編纂者が教科書のこの史料提示の姿勢を知っていたならば，このような史料の改ざんは行わなかったかもしれない。

ただし，1997年以前の同時期の教科書に見られる古代籍帳の写真も必ずしも鮮明とはとは言えず，郷戸の構成人員やその構成人員の関係を示すことを目的とした史料とは言い難い。正倉院文書のなかにこのような史料が存在することを示すにすぎない。現行の同社の教科書が同じタイトルの単元を持ちながらこの史料を収録しなくなった理由は知らないが，現在では教科書に準拠した資料集等で学習しない限りこの郷戸の全体像は理解できないことになる（また，一般に副教材と呼ばれる資料集でもこの川辺里1番の戸籍はよく紹介され，その場合は郷戸全体を示すのが普通である）。したがって，演習問題に示されている戸籍はそこに示されている戸主をはじめとする人員の氏名や年齢が同じであっても，正確な史料を用いた史料学習のための演習問題と言うことはできない。

このような操作された史料による歴史学習が歴史イメージの形成に役立たないのは自明のことであるし，むしろ危険であることは想像に難くない。再び，図6-1や図6-2の問題に着目してみたい。この問題では，この単婚家族のみでひとつの戸が形成されたかのように口分田や税の計算をさせることになっている。その場合，正解は架空の数字に過ぎない。歴史学習においてそれがいかにつまらないものであるかあえて論ずる必要もないが，それ以上に重要な問題も生じる。それは，この問題に取り組んでいる学習者が，大宝2年の川辺里の戸籍に戸主以下7人で構成される郷戸が存在したと誤解してしまうことである。筆者でさえ，49歳の父と47歳の母と74歳の父方の祖母と4人兄弟の単婚家族がひとつの戸を形成し，同時にひとつの農業経営の単位を形成していたように見えてしまう。日本史Bを学習する高校生とほぼ同じ年の16歳（史料の年齢は数え年，実際は15歳）の少女がいて，戸主やその妻の年齢が現在の高校生の保護者とほぼ同じであることを考えると，この問題に取り組んだ現代の高校生が自分の家族と同じような家族が8世紀の川辺里にもいたものとイメージし

てしまうように思われてならない。前述の宮崎の言う「日常知」が「核」となって歴史イメージが形成されることを考えると，これは歴史教育上重要な問題を発生させたことになる。

第5節　現在の歴史学にみる8世紀家族のイメージ

　古代籍帳研究の現状からするとこの史料はどのように教材化されなければならないのだろうか。ここで研究史に沿って検討しておきたい。

　古代籍帳研究が本格化するのは明治末期，三浦周行(21)，新見吉治(22)の研究からである。彼らは夫婦別居が一般的であったと考えられていた当時の戸籍に，夫婦同籍が多く見られることや，乳幼児が母親と同籍していないことなどに疑問を持ち，古代籍帳が実生活上の農民家族を示すものではないと考えた。滝川政次郎も同様に，郷戸は人為的に設けられた公法上の団体であるとする「郷戸法的擬制説(23)」を唱えた。これらは古代の家族をイメージする教材として古代籍帳を用いてはならないことを意味する。その後，藤間生大と石母田正は「郷戸実態説(24)(25)」を提唱し，一般的には当時の家族構成が示されているとした。同時に古代の家族の発展を，親族共同体（大化前代）→家族共同体（律令期）→家父長的奴隷制度的大家族（平安期）と想定したので，古代籍帳から古代社会の家族をイメージする教材を編集することに問題はないとも思われる主張があった。しかし，郷戸実態説のいう古代家族は郷戸を同居集団と見ており，前述の図6－1や図6－2のように房戸（郷戸を構成するひとつの単婚家族）ひとつを取り上げる試験問題・演習問題は妥当ではない。

　この藤間・石母田理論は終戦直後の学会ではほとんど定説となっていたが，昭和20年代後半から，反論が試みられるようになった。直木孝次郎「部民制の一考察」(26)（1951年）や岸俊男「古代後期の社会機構」(27)（1952年）である。岸の理論は後に「歪拡大説」と呼ばれる。これは律令体制発足時の編戸において，戸＝房戸＝家＝農業経営の基本単位であったが，現存する戸籍が記載された時点では郷戸も房戸も法的擬制の産物であり，現存する古代籍帳から古代家族論を検討することはできないということになる。この岸の理論に対し，前述の藤間・

第6章　教育課程を歪める学校教育の現状　159

石母田は反論をしなかったが,門脇禎二[28],吉田晶[29],原島礼二[30]らは藤間・石母田理論を継承し,郷戸実態説の立場から岸理論を批判し論争を展開した。この籍帳論争の特徴は「郷戸実態説に立つ人々と法的擬制説に立つ人々との間に籍帳の資料評価についての共通認識が存在せず,対立は平行線のまま双方多くの研究論文・著述を発表」[32]した時代だったと今日評価されている。

すなわち,古代籍帳の史料的評価が定まらなかったわけで,教材の価値も定めようがなかった。この論争で,郷戸実態も変化し,戸籍の記載が実態としての家族生活とは異なるとみる見解も出され,また,岸らがいう「家」=単一家族もその小単位のみで独立していたとは考えられないとする見解も出されている[33]。したがって,この時代のいずれの理論に立っても古代籍帳は古代家族のイメージ形成の史料としては適切ではない。

前述の図6−1・図6−2に見られるような家族,すなわち,成人男子1,成人女子2(内ひとりは74歳の高齢者),19歳の男子1,16歳の女子1でこれらすべてを労働可能人口と見ることのできる家族を戸として設定したとする研究は確かに平田耿二によって昭和30年代に出され,大きな論争を巻き起こしている(「古代籍帳の遡源的分析」[34])。しかし,この説も明確に現存戸籍を法的擬制と見ており,労働力5人前後による編戸は,はじめての造籍期であって,現存戸籍の時代にはあてはまらない。

昭和40年代以降では,安良城盛「班田農民の存在形態と古代籍帳の分析方法」[35]が郷戸実態説と法的擬制説との対立を止揚して,律令国家が家の集合した統一体の郷戸を強制的に作り上げ,この郷戸が農業形態の基本単位として再生産されていくと考えた。この理論でも演習問題が戸のなかにみられる一家族らしきものを取り上げて,受給される口分田を計算させる教材は生まれえない。また,関口裕子は「律令国家における嫡庶子制について」[36]で「籍帳を実態の反映としてそのまま分析することの許されない段階に達している」[37]と主張し,南部昇は『日本古代籍帳の研究』[38]で「養老・神亀・天平年間の戸籍・計帳こそ(略)最も信用し難い史料」[39]であると結論づけている。このように古代籍帳研究の研究史から見ても,古代籍帳から古代家族の歴史イメージが形成されてはならないとする考え方がどの時代どの理論でも主流であることが検証できる。

第6節 高等学校2年生の古代社会の家族観

　以下に示す資料は図6－1で示した期末試験問題を受験した高校生のうち約半分の生徒から調査し得た日本古代社会の家族に対するイメージの一端を示す資料である。まず，この資料について説明をしておきたい。筆者は高等学校2年生の選択科目「日本史B」（週4時間配当）を履修している4クラスのうち2クラスを担当していた。その2クラスに2学期から次のような学習課題を出題した。

　　課題：各自主人公を設定し古代社会に生きた個人または家族の物語を作成する。記述方法は歴史小説のスタイル，劇画，脚本など任意の方法をとることができる。毎週月曜日に提出し教師のコメントや指示に従いつつ進めていき，3学期終了時で完結するようにする。

　この課題は夏休み終了後出題したものである。授業進度はこの課題が出題された時点ですでにわが国古代の学習は終わって，前述の図6－1の試験問題を終えた生徒たちである。復習の意味も込めた課題である。教科書や副教材の資料集を使った学習方法も一応習得したと思われる時期に出題したものである（この課題による歴史学習の効果について論述するのが本章の目的ではないから，ここでは省略する）[40]。
　その結果，これまでに検討し，危険性を指摘したとおりの結果を見出すことができた。2クラス約80人（生徒100人のうち約20人は未提出）の生徒がほぼ一定した，しかも誤った歴史イメージを古代の家族に対して持っていることが判明した。ここに示す表6－1～表6－4はこの課題の提出者とそのなかで取り上げられている家族の構成を一覧にしたものである。クラスごとに全体と男女別の集計を加えている。ここに示している高等学校2年生の2クラスはともに，文系の大学進学を目指す生徒によって構成されている。男女比は2クラスともほぼ4対1で，圧倒的に男子が多い。表6－2・表6－4の集計表から次のようなことが明らかとなってくる。

第6章　教育課程を歪める学校教育の現状　　161

表6−1　第1組レポートにあらわれる家族

学年	組	番号	生徒	提出	家族の紹介	核家族	家族構成人数	その2	備考
2	1	1	女子	*					
2	1	2	女子	*					
2	1	3	女子	*	有	核	4		
2	1	4	女子	*	有	核	4	5	
2	1	5	女子	*	有	核	5		
2	1	6	女子	*					
2	1	7	女子	*	有	核	5		
2	1	8	女子	*	有	核	5		
2	1	9	女子	*	有	核	4		
2	1	10	女子	*	有	核	4		
2	1	11	男子	*	有	核	3		
2	1	12	男子	*	有	核	3		
2	1	13	男子	*					
2	1	14	男子	*	有	核	4		
2	1	15	男子						
2	1	16	男子						
2	1	17	男子	*	有	核	2		
2	1	18	男子	*					
2	1	19	男子	*	有	核	4		
2	1	20	男子	*	有	核	3		
2	1	21	男子						
2	1	22	男子	*					
2	1	23	男子	*	有	核	2		
2	1	24	男子	*					
2	1	25	男子	*					
2	1	26	男子	*	有	核	4		
2	1	27	男子						
2	1	28	男子	*					
2	1	29	男子	*					
2	1	30	男子	*					
2	1	31	男子	*	有	核	4	4	
2	1	32	男子	*					
2	1	33	男子	*	有	核	4		
2	1	34	男子	*					
2	1	35	男子						
2	1	36	男子	*					
2	1	37	男子						
2	1	38	男子						
2	1	39	男子	*	有		8		2世代
2	1	40	男子						
2	1	41	男子	*	有		8		2世代
2	1	42	男子						
2	1	43	男子	*					
2	1	44	男子	*					
2	1	45	男子	*					
2	1	46	男子	*	有	核	4		
2	1	47	男子	*	有	核	2		
2	1	48	男子	*					
2	1	49	男子	*					
2	1	50	男子	*					
2	1	51	男子	*					
2	1	52	男子	*	有	核	5		
2	1	53	男子						

表6-2 第1組レポート集計

	課題提出	主人公家族の紹介	核家族
合計	42	22	20
率	79.25%	52.38%	90.91%
(女子)数	9	7	7
(女子)率	90.00%	77.7%	100.00%
(男子)数	33	15	13
(男子)率	76.74%	45.45%	86.67%
課題に登場する家族人数	24		
総人数	100		
一家族あたりの家族数平均	4.17		

　まず，課題の提出率は2クラスとも7割台である。女子の提出率が9割を超えるのに対し，男子の提出率は落ちる。課題を実践していくうえでの前提となる，主人公の設定に関して，その家族構成を紹介しているのは1組で5割前後，2組で6割である。両クラスともに女子のほうが主人公に関する家族構成を多く紹介している。この点に関しては，彼らが構成しようとしている小説など物語の性格と深い関係があるように思われる。女子生徒の多くが農民や豪族など主人公をどのような階層に設定したかを問わず，家族関係と人間関係を基礎として，恋の物語としての性格を持たせつつ話を展開しているのに対し，男子生徒の半数近くが政争史や出世物語として話を展開しようとしている。したがって，男子生徒が展開しようとしている物語には家族構成を紹介しなければならない必然性はない。そのことが，この男女差に現れているように考えられる。しかし，注目すべき点は，主人公に関する家族を紹介した生徒は男女を問わず，8割を超える高い確率で単婚家族を設定していることである。1組と2組ではこの点に関して男女の確率が逆転しているが，女子の母数が非常に少ないこと，ともに高率であることを考えると，両クラスのこの点に関する男女の逆転は大きな意味はないと思われる。

　したがって，この結果は2クラスの高校生が古代の家族を現代と同じ単婚小家族であるとイメージしてしまっていることを示しており，ほとんどそのイメージに疑問さえ感じていないことを示している。また両クラスを通じて，主人公

表6-3 第2組レポートにあらわれる家族

学年	組	番号	生徒	提出	家族の紹介	核家族	家族構成人数	その2	備考
2	2	1	女子	*	有		5		2世代
2	2	2	女子	*	有	核	2	4	
2	2	3	女子	*	有	核	7		
2	2	4	女子	*	有	核	6		
2	2	5	女子	*	有	核	3		
2	2	6	女子	*	有	核	5		
2	2	7	女子	*					
2	2	8	女子	*	有	核	3		
2	2	9	女子	*	有	核	4		
2	2	10	女子	*					
2	2	11	男子	*	有	核	5		
2	2	12	男子	*	有	核	6		
2	2	13	男子	*	有		6		3世代
2	2	14	男子	*	有	核	2		
2	2	15	男子	*					
2	2	16	男子	*					
2	2	17	男子	*	有	核	5		
2	2	18	男子						
2	2	19	男子	*	有	核	4		
2	2	20	男子						
2	2	21	男子	*					
2	2	22	男子	*	有	核	3		
2	2	23	男子						
2	2	24	男子						
2	2	25	男子	*					
2	2	26	男子						
2	2	27	男子	*	有	核	3		
2	2	28	男子	*	有	核	3	2	
2	2	29	男子						
2	2	30	男子	*	有	核	4		
2	2	31	男子	*	有	核	5		
2	2	32	男子	*	有	核	4	2	
2	2	33	男子	*					
2	2	34	男子	*	有	核	4		
2	2	35	男子	*	有	核	4		
2	2	36	男子						
2	2	37	男子						
2	2	38	男子	*					
2	2	39	男子	*					
2	2	40	男子	*	有	核	4		
2	2	41	男子						
2	2	42	男子	*	有	核	5		
2	2	43	男子	*	有	核	3		
2	2	44	男子						
2	2	45	男子						
2	2	46	男子						
2	2	47	男子	*					
2	2	48	男子	*					
2	2	49	男子						
2	2	50	男子	*					
2	2	51	男子	*					
2	2	52	男子						

表6-4　第2組レポート集計

	課題提出	主人公家族の紹介	核家族
合計	38	25	23
率	73.08%	65.79%	92.00%
（女子）数	10	8	7
（女子）率	100.00%	80.00%	87.50%
（男子）数	28	17	15
（男子）率	66.67%	60.71%	94.12%
課題に登場する家族人数	28		
総人数	113		
一家族あたりの家族数平均	4.04		

　の家族を紹介した47人のうち，2世代以上の家族を想定したのは4人にすぎない。核家族化が進んだ現代の家族を色濃く反映しており，宮崎が言うところの「生活世界」を超えて歴史をイメージすることができなかったことを証明する結果となった。

　この指摘はまさに高校2年生が歴史小説を創作していく時に，自分の今おかれている環境や家族構成から大きく離れて，まったく別環境を想定することが難しいことと深く関連している。すなわち，核家族化が著しく進んだ今日の高校生がもつ家族のイメージは少なくとも出発の時点においては彼らの現在の環境である現代の「家族」からスタートをせざるをえないのである。そして，現行の「日本史B」教科書のなかではわが国古代の家族論に関連すると思われる教材はこの古代籍帳に関する部分くらいしかないことを考えると，この物語を創造する課題出題の直前に実施された期末テストの問題が何らかの影響を与えた可能性は否定できない。

　歴史イメージの萌芽が「日常知」や「生活世界」であるにもかかわらず，原典の史料ではふたつの単婚家族らしきものによって構成されていた郷戸が途中で切られて出題され，その史料があまりにも現在の高校生の家族構成と共通点があったとき，彼らが8世紀の農民も現在の私たちと同じような家族を持ち，家庭生活を送っていたものと認識し，8世紀の社会を今日と同じような家族や家庭が支えていたとイメージするのはむしろ当然だと考えられる。

本章で検討している試験問題や演習問題だけがこのふたつのクラスの高校生が持つ古代家族のイメージを決定したとはもちろん言えない。しかし，仮に，古代の家族に対する歴史イメージと実際の家族構成とに違いがあるのではないかと何らかの疑問を持っていた生徒のその発想は前述の試験問題を機に消滅する可能性は否定できない。今日の高等学校の学習が入試や試験に大きく支配されている現実にも注目したとき，本来この試験問題や演習問題が古代家族論に言及するまでの意図を持たず，単に口分田の配給規定が令ではどのようであったかを問うだけの問題であったとしても，史料（実際は史料とは言えないが）に触れることで，知らぬ間に8世紀の家族観がイメージされてしまうのである。

第7節　むすび

　これまでの検討を通して，本章で取り上げた試験問題や演習問題が，現在の高校生の環境である現代の「家族」と同一視され，8世紀の社会がイメージされ，結果的に現在の歴史学の研究段階からかけ離れた誤った歴史イメージが形成されてしまう危険性について検証した。このような試験問題に対応して実際の授業や教材がどのように関わっていくのか授業論として検討しておきたい。
　まず，明らかなことは授業の成果を確かめる演習問題や試験問題に，現在の古代籍帳研究の成果が反映されていない。すなわち，籍帳研究を通じて古代の家族を明らかにしえないという今日までの歴史学の成果が試験問題に認められないことは，実際の授業でも歴史学のこの成果が十分に生かされていないことを証明している。また，古代の農業経営単位に関しても，現在論争が続いていて，結論を得ていないことが高等学校の授業では十分に説明されていないことを示している。邪馬台国論争のように，結論が出ていないことは教材にできないわけではない。結論が出ていない，まだ多くの論争がある，そのこと自体歴史教育で学ぶべき教材内容であると認識していれば，古代籍帳もこれまでとは違った教材となっていたであろう。少なくとも古代籍帳から口分田の計算をさせるような学習は教室では行われないであろう。要するに古代籍帳研究という古代史の基礎中の基礎と言える史料の研究状況さえ授業のテーマとはなってい

ない現在のわが国の高等学校における歴史教育の教室での実体が見えてくる。演習問題集のなかにこのような問題が出ているから教室でもその計算の仕方を学ぶようになったのか，教室でこの史料から班給される口分田の数量計算を行う授業が一般化したから演習問題にもこのような問題が見られるようになったのかは定かではない。しかし，今，高等学校の教室では架空の古代家族が紹介され，それが本当に存在したかのように史料に見られる名前が用いられている。実際には存在しないのに，本当にあったかのように史料を示すことは，歴史学が基本的にやってはいけないことである。歴史学で最も慎まなければならないことは，歴史教育でも行われてはならない。分かり易く説明すること，そのための教材を作るということは，史料操作もやむをえないということではなく，より的確な史料を探すということでなければならない。本章で取り上げた試験問題や演習問題が基本的に犯している問題はここにあり，最も重大な問題はその演習問題に対応した授業が一般に行われている現実である。

　さらに，教材論として，古代籍帳研究がまだ十分に古代の家族や農業経営単位を明らかにしていない事実と，実際に行われたとも思われない正丁２反，正女その３分の２という口分田に関する律令規定と，どちらが高等学校の歴史学習において重要なのだろうか。この問題が曖昧にされたまま古代籍帳の教材化が進んでいることにも重大な問題がある。古代史の学習や授業が古代の人々の生活をイメージし，生徒個々が歴史イメージを形成することが学習のテーマではなく，正丁２反，正女その３分の２という知識の習得そのことが学習テーマになっている。高校生にこのような知識を問う入試問題は姿を消しつつあると考えたいが，入試や定期試験で「問い易い問題」すなわち点数化しやすい問題が学習や授業を支配していることは明らかである。このことが生徒に間違った歴史イメージを形成させてしまう原因になると考えられる。

　このような古代学習・授業の現状を打破するひとつの方策として，注目できる実践研究に奈倉哲三「歴史学的想像力について―高等学校日本史の実践から―」[41]がある。この実践研究が卓越したものであると言える点は，「自由な想像をできるだけ生かしつつ，必要な批判を加えて，（略）学問的見解に生徒の認識をできるだけ接近させる」[42]手法を用いて歴史イメージの形成を目指していると

ころにある。田中史郎はこの奈倉研究を論評した「歴史像形成の授業におけるイマジネーションの意義」(43)のなかで、奈倉研究が歴史イメージを生徒が構成する段階とそれを吟味する段階をもうけていること、すなわち「イマジネーションと認識の対話」(44)が行われている過程にその卓越性を認めている。歴史教育の教育課程研究において、重要な点はここにある。本章の検討対象とした試験問題や演習問題が史料の一部のみを提示し、それをあたかも当時の家族実態を示すものであるかのように示したことで、生徒の認識を学問的見解に接近させる手段を失わせている。いわば、「イマジネーションと認識の対話」を不可能にした教育課程が展開されていると言える。これは、試験問題や演習問題の性格上、教師のアフターケアが保証され難いという限界があるためとも考えられる。しかし、生徒は示された史資料から、無限にそして誤りを含むイメージを自由に広げていくものであり、そのイメージを学問的に妥当なものに修正、発展できる機会が保証されないならば、そのような史料学習・史料教材は用いるべきではないと思われるのである。前述の田中は歴史教育におけるイメージに関して「心の中の像」と「表現された像」とを区別して考察する必要性を説いているが(45)、多くの試験問題や演習問題に見られる史料の取り扱いのなかには、本章で対象とした試験問題・演習問題のように、「心の中のイメージ」のみを生徒に残して（与えられた設問に四則計算をやらせて解答を求めさせるだけ）、彼らに表現する機会を与えず（その史料から生徒は何を意識したかを答えさせない）終わってしまうものが多く見られる。

　筆者が本章のなかで紹介した課題はこの「イマジネーションと認識の対話」の具体的なひとつの方策と考えている。高校生が自ら歴史的な物語を構成するためには否応なしにその時代をイメージしなければならないわけで、歴史学習で習得した知識は知識そのものが問われるのではなく、イマジネーションの材料となる。ここに「イマジネーションと認識の対話」が生まれるものと考えられる。また、教師はその生徒のイマジネーションの産物、すなわち生徒が提出した物語のなかから誤ったイメージを含んで無限に広がる歴史の世界を、ある時は修正しある時はもっと援助することができるものと考える。

【注】
（1）『社会科教育研究』No73，1995年。
（2）同上　1ページ。
（3）同上　10ページ。
（4）拙稿『日本古代史教材開発』梓出版社，1998，第6章第1節参照。
（5）日本史テスト研究会『日本史B　復習と演習　日本史テスト改訂版』山川出版社，1997年（以下『復習と演習』）。
（6）同上　12「6 律令国家の成立（2）」の2。
（7）同上　巻頭「本書の構成と使い方」。
（8）同上　巻頭「本書の構成と使い方」。
（9）現在たいていの史資料集は戸籍・計帳の写真を掲載している。たとえば，第一学習社の『新編日本史図表』（1998年）では筑前国嶋郡川辺里の戸主卜部乃母曾の戸籍の実物（正倉院文書）の写真とそれを活字にしたもの，山城国愛宕郡出雲郷雲下里の戸主出雲臣深嶋の計帳が収録されている。32ページ。
（10）竹内理三編『寧楽遺文』上巻，東京堂出版　1981年。
（11）岸俊男「所謂『陸奥国戸籍』残簡調査概報」『書陵部紀要』10号，1958年または村尾次郎『律令財政史の研究』吉川弘文館，1961年参照。
（12）前掲『寧楽遺文』上巻，1〜134ページ。
（13）同上　105ページ。
（14）1番目の戸籍は断簡のため復元できない（同上　104ページ参照）。
（15）前掲『寧楽遺文』上巻，61ページ。
（16）この問題についての研究は岸俊男によって検討された。「戸籍記載の女子年齢に関する疑問」『日本古代籍帳の研究』塙書房，1973年所収。
（17）前掲『寧楽遺文』上巻，86ページ。
（18）前掲『復習と演習』巻頭「本書の構成と使い方」。
（19）山川出版社『新詳説　日本史』見本版，1987年。
（20）同上　41ページ，写真解説。
（21）「戸籍の歴史地理学的価値」『歴史地理』8巻4・5号，1906年。
（22）「中古初期に於ける族制」『史学雑誌』20巻2・3・4号，1909年。
（23）『律令時代の農民生活』刀江書院，1969年（復刻版）。
（24）石母田正「奈良時代農民の婚姻形態に関する一考察」『歴史学研究』70・72，1939年。
（25）藤間生大『日本古代家族』日本学術叢書，伊藤書店，1942年。
（26）『日本古代国家の構造』青木書店，1958年所収。
（27）『日本古代籍帳の研究』塙書房，1973年所収。

第6章　教育課程を歪める学校教育の現状

(28) 南部昇『日本古代戸籍の研究』吉川弘文館，1992 年，142 ページ。
(29) 『日本古代共同体の研究』東京大学出版会，1960 年，3～24 ページで房戸が必ずしも単婚家族ではないことを指摘し，岸理論の房戸＝家の考え方を否定した。
(30) 『日本古代社会構成史論』塙書房，1968 年で歪拡大説が戸の分立，戸口の移動に配慮が見られない点を批判した。
(31) 『日本古代社会の基礎構造』未来社，1968 年で律令税制の負担単位とされなかった房戸と一般的な家族構成に近似性は考えにくいとし，房戸＝家の考え方を批判した。
(32) 前掲『日本古代戸籍の研究』98 ページ。
(33) 塩沢君夫『古代専制国家の構造』お茶の水書房，1958 年。
(34) 『歴史学研究』263，1962 年（現在は同氏著『日本古代籍帳制度論』吉川弘文館，1986 年に収録されている）。
(35) 『歴史学における理論と実証Ⅰ』お茶の水書房，1958 年。
(36) 『日本史研究』105，1969 年。
(37) 前掲「律令国家における嫡庶子制について」43 ページ。
(38) 南部昇『日本古代戸籍の研究』吉川弘文館，1992 年。
(39) 前掲『日本古代戸籍の研究』233 ページ。
(40) この課題の意義を理解していただくために，その一端を紹介しておきたい。
　A 子は日常の学習態度はすこぶるよく，1 学期の定期試験による成績はトップであった。しかし，物語の制作はあまり得意ではないようで，多くの生徒が第 1 回目の提出日を守ったにもかかわらず，A 子は第 3 回目の提出日からの提出であった。提出が始まって以降，授業の始めに興味深い記述をした生徒やその記述内容を紹介したが，学業成績が優秀な生徒にありがちな傾向である，「他の生徒の動向や内容を参考にしてから課題への取り組みが始まる」があった可能性がある。記述方法は歴史小説のスタイルをとっていたが，必ずしも作文能力が優れているとは言えなかった。記述量も 1 回せいぜい B5 版ノートに 5，6 行で熱心にこの課題に取り組んだとも言えなかった。したがって，現在の時点で教室での学習をもとに自ら歴史を再構成してみる，またその過程で教科書をはじめとした参考資料を調査してみるという能力の育成に成果が現れているとは言い難いが，意外な成果をあげることができている。たとえば，この A 子は 8 世紀の農民の姿を次のように表現した。
　「(略) 720 年藤原不比等が死亡するとその 4 子たちが勢力をふるい始めました。そんな中，農民たちの生活は苦しくなるいっぽうです。たくさんの農民は口分田の耕作にとっても苦労して，ある家では<u>一番の働き手が雑徭などで都に行ってしまっていることもありました</u>。(略)」（アンダーラインは筆

者）

　アンダーラインの部分には筆者は「これは地方の国衙で働く税，都には行かないのでは」と添削した。現在たいていの教科書は律令税制を一覧表にして掲げており，必須の学習課題である。このクラスでもかなり詳しく学習したはずであった。成績優秀な生徒にも意外な落とし穴を発見することができた。

(41)　『歴史地理教育』324，1981年。
(42)　同上　62ページ。
(43)　全国社会科教育学会『社会科教育』40，1992年。
(44)　同上　201ページ。
(45)　同上　193ページ。

第7章

教育課程の現代的課題
―真の学力の育成を目指し静かなる崩壊を防ぐために
教科書教材改革の必要性を考える―

第1節　はじめに

　本書で論述してきたように，教育課程研究は具体的な教材に根差して，子どもたちの教材はどうあるべきかを考える研究である。この研究姿勢を再確認するいい機会があった。

　2002年秋，筆者は逸見勝亮氏から「自衛隊生徒の発足―1955年の少年兵―」[1]の抜き刷りをいただいた。このタイトルからもわかるようにこの論文は本書がテーマとする歴史教育の教育課程に関する研究ではない。しかし，この教育史学の論考から歴史教育の教育課程を研究するうえで多くの示唆を得た。

　教育史学でも政治史でも歴史学の叙述は客観的な事実を史料から積み重ねていって確実に論証できたことのみを提示する。したがって，ともすれば，筆者のように教育史学を少し学んだ経験があっても，テーマや関心が異なれば，取っ付きにくく，難しく感じられることがあり，読後まったく頭に残らないこともある。また，「はじめに」を読んだ段階ですでに大きく興味関心を削がれてしまい，読み進む気力を失うこともある。しかし，この論文は1959年室蘭で生活していたひとりの高校生の記憶から問題提起が始まる。そして，そのひとりの高校生こそが著者逸見氏自身なのである。筆者は「はじめに」を読んだ段階で逸見氏の何かに触れたような気がして，この分野に関する専門的知識は乏しいにもかかわらずこの論考を興味深く読んでいくことができた。そして，そこにひとりの学んでいる高校生の視点から教育課程を考える視点が提示されている

ことが理解できた。

本章ではこの経験をもとに現在の中学生や高校生の学力と教育課程の問題を検討していきたい。

第2節　今「学力」について考える必要性

　平成10年（1998年）から11年（1999年）にかけて発表された学習指導要領によって教育界は大きく揺れていた。いくつかの点でこの時の改訂は重要な意味を持っていた。その最大の問題点と考えられるのは学習指導要領がこれまでのような「上限基準」ではなく，これからは「最低基準」になったことである。これは『文部広報』[2]で明らかにされたことであるが，教壇に立つ者にとっては大きな驚きであった。

　かつて，中学入試・高校入試の問題作成において，出題内容が学習指導要領の学習範囲を逸脱していないかは重要な問題であった。中学入試の社会科出題においても神経質にならざるをえなかった。英語や国語の出題では一字一句留意しなければならなかったことは周知の事実である。このような問題は今後学習指導要領が「最低基準」となったことによってどのように変化していくのか推移が注目された。このときの改訂は入試問題の作成にも影響することは明らかであった。入試問題に影響を与えるということは，今日の学校教育においては学習内容それ自体に影響することを意味していて，進学指導を初めとする学校教育全体に影響することは想像に難くなかった。

　ところで，学習指導要領が「最低基準」になった背景に，今回の改訂の学習内容を3割削減という大胆な「厳選化」があったことも周知の事実である。学習内容3割削減の問題と学習指導要領の「最低基準」化の問題を整理しておきたい。

　学習指導要領が「最低基準」となる背景には，「大学生の学力低下」を問題とする人たちによるキャンペーンがあった。管見では1999年東洋経済新報社が出した『分数のできない大学生』[3]が口火を切ったのではないかと思われるが，新聞各紙をはじめ多くのメディアはこの問題を取り上げ，学校教育における近

年の学力低下と新学指導要領による一層の学力低下を懸念した。このキャンペーンが当時の文部省に「学習指導要領は『最低基準』である」と言わしめたものと考えるのが妥当であろう。

　しかし，当時の文部省はこの「学力低下を懸念するキャンペーン」に対抗して，学習指導要領は従来どおり「上限基準」であると言い切るまではしなくても，このときの学習指導要領でわが国国民の基礎学力は従来と同様十分維持できると主張する理論的背景を持っていたはずであった。すなわち，この学習指導要領で大胆な「厳選化」を行う前提に，中央教育審議会とその答申を受けた教育課程審議会の答申が既に発表されていたからである。中央教育審議会は「完全学校週五日制」の実施に伴う授業時間数の削減について，学力の評価の観点を転換することで問題はない旨の答申(4)を出していた。また，教育課程審議会は「教育課程の基準の改善について」の答申(5)のなかでわが国の子どもたちの学習状況は概ね良好であると言い切っていたのである。それにもかかわらず，学力低下を懸念するキャンペーンがおこると文部省は腰砕けとなって，学習指導要領は「最低基準」であって，より高度な学習を各学校が行うことはやぶさかではないとの発想に転換していった。

　しかし，この文部省の腰砕け的転換はこの学習指導要領の背景にある新しい学力観と従来からの学力観の両立を学校現場に押しつけたことになってしまった。

　文部省と同じ方向を指向しているとは思われないが，愛知教育大学の子安潤氏(6)は座談会のなかでこの「学力低下を懸念するキャンペーン」に対して次のように述べている。

　　『○○ができない大学生』といって彼らが問題にしているのはエリート大学ですよね。京都大学，東大，慶応大学などが基本的にはデータの対象校になっているのであって，そういうところにいる学生が問題となっている。北京大学の学生は100パーセントできているのに，なんで東大は90パーセントなんだと，こういうことですね。つまり，『○○ができない大学生』といって，いかにも小学生，中学生，高校生も○○ができない，学力低下だという言い方になっていますけど，こんなのうそです。(7)

第7章　教育課程の現代的課題　175

一部のエリート層の国際比較で学力低下論を叫ぶキャンペーンへの子安氏の批判には筆者も首肯できる。しかし，子どもたちの今日の学力低下を「こんなのうそです」と言い切れるかというと，日々中学生や高校生と接している多くの教師は疑問に思うであろう。もちろん，教育課程審議会が1998年7月に出した答申に見られるように「わが国の子どもたちの学習状況は全体としておおむね良好である」などとも到底思えないのである。
　いずれにせよ，「学力とは何か」という基本が揺らいでいる状況のなかで，このときの学習指導要領はスタートしたし，「学力とは何か」定められないまま総合的学習の時間も本格的にスタートしていったのである。しかし，歴史的に見て「学力とは何か」が定まっていた時代があったのかと言えばそうではない。管見で知るだけでも戦前の宗像誠也の学力論，昭和20年代の基礎学力論争，勝田守一の学力論，中内敏夫の学力論等々，学力論に決定を見たことはない。
　したがって，「学力とは何か」の議論は学校教育と常に並行して進んでいるものであるというありきたりの結論しかでない。現場の教師は学習指導要領が今後10年間の学力に対する考え方を提示してくれるなどと思わない方が賢明であるし，メディアのキャンペーンが「学力とは何か」を指し示すはずもないと割り切って学校現場は教育に立ち向かった方が賢明であろう。少し言い過ぎだろうか。
　結局のところ，日々教壇に立つ者ひとりひとりが「学力とは何か」を考えていかなければならない。

「静かなる崩壊」と学力

　前項で見たような問題，すなわち，わが国の子どもたちの学習状況がおおむね良好であると認識したり，逆に分数のできない大学生など学力低下を指摘したり，評価の違う指摘がある。しかし，双方がともに根拠としているデータはおそらく数量的に測れる「学力」を問題にしているものと考えられる。おおむね良好とした教育課程審議会答申の根拠は数学・理科等の学力が国際比較でい

まだ上位を保っていることにあると考えられるし，学力低下を心配する人達の根拠はエリート大学生の国際比較にあると考えられる。

しかし，現在，現場の教師が最も腐心し，苦悩している問題は数量的に測れる「学力」の問題ではない。筆者が「静かなる崩壊」という言葉を初めて知ったのはインターネット上であるが，授業妨害や不登校，生徒の立ち歩きやエスケープなど従来の授業崩壊，教育荒廃ではない問題が今着実に進行し，学校を蝕んでいる。学習に関心を示さず，授業に集中できず，問いかけに反応せず，かといって学校に来ないわけではなく，1日5時間，6時間の授業を居眠りで過ごし，注意を受ければふてくされてその日をただぼんやりと過ごす多くの生徒を抱えている教室の問題である。この「静かなる崩壊」にこそ多くの教師は「真の学力低下」の問題を見出している。

学歴社会は歴然として存在し，「15の春は」今もなお中学生のかけがえのない青春を奪い，都市部では「15の春」を回避するため中高一貫教育を目指し，私立中学，ある時は私立小学校への受験戦争に子どもたちを追いやる。このような社会状況のなかで，学習塾に追いやられた子どもたちが，数学や理科（科学）のテストで国際的に好成績をおさめたとしてもそれはむしろ当然であろう。しかし，この状況のなかで育てられた子どもたちが教室のなかで「静かなる崩壊」の主役となっていることに注目しなければならない。学習塾に通い受験戦争に勝ち抜き，それでもなお北京大学の学生に基礎学力でかなわないとすれば，わが国のエリートは本当のエリートではないのかもしれない。筆者にはそう思えてならない。

「学力とは何か」。それは毎日の学校生活のなかで，学習意欲をもって，学習内容に立ち向かえているかに注目して考えなければならない問題ではないだろうか。

 地理の学習から「学力」を考える

あらかじめことわっておくが，筆者は地理学を専門的に学んだ経験はない。一般に言う「地理の先生」ではない。中高併存の私立学校に勤務していた頃，

スタッフの都合で，2002年度，中学1年生と2年生の地理的分野と高等学校2年生理系クラスの地理Aを担当した。したがって，以下に述べることが，地理学上また地理教育上適切な指導であったかどうかについては自信がない。

第1項　中学校社会科地理的分野から

　その年の授業のはじめに，生徒たちに地図を描かせた。それは生徒各自の最寄り駅から自宅までの地図であり，その地図を手がかりに先生（筆者）が家庭訪問するときに使えるようにわかりやすく描くことを条件とした。結果は非常に丁寧に詳しい地図を描いた者がいる一方で，教科書にない学習，すなわちテストに出る問題ではないことがわかるとあまり真剣に取り組まない生徒などさまざまであった。

　ところで，筆者が注目し，ここで取り上げたいことは，描かれた地図のなかに道案内に適したと思われる地図が皆無だったことである。それらの地図は明確に2種類に分かれた。ひとつのグループは北を上にして描かれるもの，ふたつめは最寄り駅をノートの上に描き，自宅すなわち目的地が下に描かれるものである。このふたつのグループに学力差があるのかどうか追跡調査などを行わなかったため判別できないが，丁寧に地図を描き上げた者もあまり真剣に取り組んだとは思われない者もこのいずれかに属していた。彼らが作業をしている途中で筆者は何度も「この地図を使って家庭訪問する」こと，「道案内のための地図である」ことを説明し，生徒が今描いている地図の目的を明確にしたつもりである。しかし，それを何度説明しても，真面目に取り組んでいる生徒は地図を詳しくするばかりで道案内用の地図として親切なものにはならなかった。

　ほとんどの生徒が自分なりの地図を描き上げた段階で，先生（筆者）が描いて欲しかった地図とはどのようなものだったか説明した。一般に道案内用の地図は出発点を用紙の下に描き，目的地を上に描かないとその地図を片手に歩けないこと，目印になる建物などを詳しく描く必要はあるが，道順にないものを詳しく描きすぎるとかえって見にくくなること，こういうことは常識の域に属することだろうと筆者は考えるのだが，すべての生徒がそこに思い当たらない。地図と言えば「上が北」，教科書や地図帳に見られるような詳しい地図，このよ

うなことしか発想できないことに筆者は「学力とは何か」と思い当たってしまった。親切な道案内地図が描けることが中央教育審議会や教育課程審議会のいう「生きる力」とはけっして思ってはいない。しかし、地図は上が北であるというルールや綿密であることばかりに関心が向かう中学生に「真の学力」があるとは言えないように思われてならなかった。

第2項　高等学校2年生選択地理Ａ─インターネットを使っての海外の調査─

　この学校は大学進学が9割を超えていた。こういう高等学校の場合、2年生の地歴科の多くはいわゆる受験科目である。しかし、このとき担当した選択科目地理Ａは理系クラスに開講され、ほとんどの生徒が私立大学に進学するため、地理Ａは受験科目ではなく、比較的自由に学習内容を編成することができた。そこで、週2時間のうち1時間をコンピュータルームでインターネットを使った調査活動と報告書の作成をテーマとして授業計画を立てた。授業の始めに与えたテーマは各自が興味関心のある世界の特定の国・地域へ冬休みの2週間に調査活動に出かけることを想定して、インターネットを利用して事前調査および基礎調査を行い、その事前調査・基礎調査報告を1学期末までにレポートとしてまとめて提出し、2学期はそれをもとに調査旅行計画を立てて計画書としてまとめて提出するというものである。この学習の目的はインターネットを用いて地域調査を行うだけでなく、各自が選んだ地域を自発的に調査することによって地理的関心および国際社会に対する認識を育てることにあった。

　この授業は生徒の多くが比較的熱心に取り組み、興味深い報告を提出している。もちろん、女子生徒のなかにはリゾート地を取り上げ、将来の新婚旅行計画かと思われるようなものも提出された。男子生徒のなかにはアメリカ合衆国のバスケットボールチームの紹介ばかりで、自然環境や政治・経済などにまったく関心が向かなかった報告も出されている。

　しかし、ある生徒は南極を調査対象としたため、調査旅行計画の立案には苦労したようだが、最終的にはアルゼンチンから軍用機を利用した定期観光便があることは見つけて調査旅行計画書を作り上げている。また、ソマリアを調査

対象地域にした生徒は，日本から直接入国することが現在できないことを見出し，近隣国からジープをチャーターして入国する計画を作り上げている。これらの苦労の過程でそれらの地域のことをよく学んだことが察せられた。

ただし，本章で問題としたいのは，このインターネットを用いた作業とその後提出された報告書のなかに見られた生徒の「学力」の問題である。

まず，報告書を提出できた者は全体の9割，各学期の評価に大きく影響することを伝えても提出できなかった生徒がいた。報告書を提出した生徒のなかで，英語サイトの資料や現地語サイトの資料を翻訳してレポートした者はほとんどいなかった。途中で英語サイトや現地語サイトの資料を使って報告書を作成した者は評価が高いことを告げると若干名が英語サイトの資料に挑戦したようだが，ほとんどの生徒が日本語のサイトの資料で済ませてしまう現実があった。また，大量の資料をプリントアウトして，それらをノートに切り張りするばかりで，資料を読みこなし，自分の言葉で報告書にまとめる作業が苦手な生徒が多いことも注目できた。

インターネットでの調査活動を行っていたコンピュータールームでは生徒に自由に情報をプリントアウトさせると大量の用紙を消費し，紙の無駄使いとも思われる現象が初期の頃見られたので，プリントアウトしたい資料ができた場合はまず挙手をさせ，筆者がその資料を確認してからプリントアウトさせる方法を採った。したがって，どのような資料をどの生徒が収集しているかある程度こちらにはわかっていたのだが，十分にそれらの資料を生かし切れていない印象を強く受けた。既に述べたように報告書の未提出者が1割ほどいたのだが，そのなかには熱心に資料集めをしていた生徒もいたのである。

高校2年生であるから，英語検定2級を既に取得している者もいるはずであるし，高校2年生の英語力からして取り組めるはずなのに，英語サイトに入って資料を収集し翻訳しようとしない。この現実は単に面倒だからではなく，英語学習の成果が教科を越えたところで必ずしも生かし切れないのではないかと考えられた。この英語力を「学力」と言いうるのか疑問を持たざるをえなかった。また，インターネットを利用していろいろなサイトを検索し，資料を大量に入手してもそれをまとめる力（これが本当の学力と言えるかもしれない）がない

と具体的な成果が上げられない。「真の学力」がないのである。

　本節第1項，第2項で取り上げたことは「静かなる崩壊」が進行しつつある教室のなかで少しでもそれをくい止めたいがために筆者なりに工夫した授業であり，教材である。
　四宮晟氏が中心となって，千葉大学付属小学校は，地図を描いたり，地図遊びをしたり，旅行計画を立てたりする指導方法を創造力育成のための教育としてすでに実践し，報告書としてまとめられている。[8]筆者もまた一時間一時間の授業が子どもたちの創造力を育てるようなものであるならば，「静かなる崩壊」をくい止められるのではないかと考えるから地図を描かせてみたり，旅行計画を立てさせてみたりする。
　しかし，現実は機転が利かず，地図は上が北だと教えられればそこから抜け出すことができず，詳しいことが良いことで，英語力は英語の試験のためのもので，自分の言葉で表現したり，多くの資料を自分で整理することができない「真の学力」のなさに直面した。わが国の子どもたちの学習状況は良好ではないし，「分数ができない大学生」とは違う観点から日本の子どもたちの「真の学力」はないのではないだろうか。しかし，重要なことは「真の学力」がないことを証明することではない。なぜならそのことは現場の教師にとってはあまりにも自明のことだからである。重要なことはその原因を探すことである。以下その原因について歴史学習を例に検討していきたい。

第5節　教師がおこす「静かなる崩壊」

　2002年12月26日新聞各紙は全国の公立学校で少なくとも180人以上が指導力不足の教員として認定されたことを文部科学省のまとめとして報道した。朝日新聞は各教育委員会で「指導力不足」と認定された例をいくつか紹介している。[9]そのなかに中学校・高等学校の例として

　　• 休みがちで，プリントだけの学習が多い

- ビデオを用いた学習など一方的な授業展開が多い

がある。「プリント学習」「一方的な授業展開」というのは社会科・地歴・公民科の授業にはよく見られる例であることは言うまでもない。自分で作成したプリントならまだしも，市販テストや大手予備校の教材をワープロで打ち直して使用するなどの授業例は枚挙にいとまがない。また，教師が一方的に喋りながら板書して，それを生徒がせっせとノートに書き写すという形態の授業はむしろ一般的でさえある。高校の授業とくに多くの知識を教授しなければならない科目の受験指導ではそうなることは仕方がないことと居直る教師さえいるのが現状である。中学校社会科歴史的分野の授業や高等学校日本史・世界史の授業ではその時代その時代の社会像を想起する手助けをすることもなく，教師自らの歴史像を紹介するでもなく，「史実」の列挙を名目に人名と歴史用語と年代の筆記が続くのである。

近年では教育実習生さえもがこのような形態の授業の実習を希望する。彼ら実習生の中学・高校時代の歴史学習がそうだったのか，予備校や学習塾で経験したそのタイプの授業が受験に役立ったと思っているのか，そのあたりはよく理解できないが，今回，「指導力不足教員」と認定された教師たちだけの問題ではなさそうである。

どうしてこのような授業がまかり通るのかと言えば，このような授業を行う教師の多くが歴史の学習を通して育成される学力を教師自身「知識の量」と考えているからに他ならない。点数に表れた学力，数量化される学力こそを学力と考え，歴史を見る目や時代像を自ら創造する力を学力と認めてやれないのである。大学受験問題に代表される「テスト」が知識の数量化を競わせていて，それが本来社会科や地歴・公民科が目指す学力ではないことをどこかに置き忘れてしまい，むしろ知識の数量化に支配されたかわいそうな教師たちと言わざるをえない。

ここに面白い記述がある。宇治市立槇島中学校の本庄豊氏は社会科の学力をめぐる特集で冒頭に次のような話を紹介している。[10]

「社会科のできる生徒って社会性がないわね」と，同僚の教師から苦言を言われたことがある。振り返って考えてみると，思い当たるフシがある。学校現場には「社会科大好き」生徒が一定数存在する。彼らは鉄道や地名に詳しかったり，戦国時代の武将の名前をすべて覚えたりする。教科書に書いてあることなら，すべて知っている生徒もいる。しかし，彼らのなかに社会性＝人間関係をつくる力が欠如しているケースがあるのも事実だ。

　社会科・地歴・公民科学習の本来の目的から考えると「社会性」こそが「真の学力」であることは間違いない。そのことを思い起こさせる話である。筆者流の言い方をすると，数量化される学力を本当の学力だとすると，社会科の目的である「よき公民の育成」は点数化可能ということになる。それならば，難関の大学を卒業し，難関の試験を突破して高級官僚や一流企業に就職した人々は「よき公民」の典型となる。そんなはずはないということは言うまでもない。
　要するに，「静かなる崩壊」は教室の生徒のなかにおきているだけでなく，教師のなかにまずおきているのである。教科書のなかに書かれている「史実」を多く覚えることがすべてで，その量を競争させるマニュアル作りが教材作りであると思った瞬間にこの崩壊は始まるように思えてならない。

第6節　歴史教材はこれでいいのか―「真の学力」と「静かなる崩壊」を歴史教材から考える―

　「真の学力」を見失わせ，教師に「静かなる崩壊」を起こさせる原因は日頃われわれが使用している教材にあるのではないかと考えられる。その最も典型的な例は教科書記述のなかに見られる重要語句の存在である。本文記述，校注にまで見られる太字で表記された語句のことである。

第1項　重要語句

　まず，次の教科書記述に注目したい。これは高等学校地歴科「日本史Ｂ」用教科書の地租改正に関する記述の一部である。

近代化政策を進めるうえで，(略) そこで廃藩を機会に，財政の安定をはかるため土地制度・税制改革を行った。
　その改革の第一歩として (略) **地価**を定めて**地券**を発行し，<u>土地を不動産としてその所有権をはっきり認めた</u>。（アンダーラインは筆者）

　この記述のなかで最も重要なことは近代化政策によって「土地の不動産化」が進められ，資本主義的「所有権」がそれまでの農地にまで発生したということ，すなわちアンダーラインを付した部分ではないだろうか。少なくとも筆者にはそう理解できる。それはわが国近代史の重要な学習課題であり，この記述はそのことがよく表現されている。しかし，「地価」と「地券」が太字となり，いわゆる「重要語句」となっている。筆者が付したアンダーライン部分よりも太字で書かれているふたつの語句のほうが重要に見えてしまう。実際に授業を行う場合，黒板に「地価」「地券」をチョークの色を変えて書くかもしれない。
　受験生の多くが副教材や自宅学習用として持っていることが多い教科書準拠の問題集ではこの教科書記述が次のような演習問題となる。(12)

　　［2］次の文を読み，（　）の中に下記の語群から最も適するものを選び，記号で答えなさい。

　　近代化にむけて維新政府の諸改革は，(略) まず，1872年に（⑤）の禁令を解除し，地価をさだめ（⑥）を発行して土地の近代的な所有権を確認した。(以下略)

語群のなかには「（ム）地券」があって，⑥の解答欄に「ム」と書き込むのである。
　歴史教育において重要な語句が存在することは認める。歴史学において基本タームが存在するように，高校生の歴史学習において理解し，覚えておいたほうがよいと思われる語句が存在することは否定しない。しかし，その語句をことさら重視し，その語句の暗記量を数量化して競わせるようになると歴史教育

を根本から破壊することになってしまわないだろうか。「真の学力」を見失い，「静かなる崩壊」がこのようなところから始まることに気づかなければならない。

第2項　通史と人物礼賛史

　近代公教育で使用される教科書は明治のはじめ欧米の教科書を参考に作られることになる。国語の教科書までがアメリカのウィルソン・リーダーの翻訳によるものであったことは有名である。しかし，歴史とくに日本史（国史）に関しては翻訳の対象となる教科書が欧米にあったわけではないから，わが国で自主編成せざるをえなかった。その経過とその後の発展についてはすでに本書の「第4章　教育課程史の実践的研究」と「第5章　聖徳太子教材の成立」でその一端を明らかにしてきた。そこにはそれまでのわが国の歴史教材観を大きく転換させる重要な問題があった。それは「通史」という教科書編纂方式と人物礼賛史という教科書編纂方式である。

　現在わが国の歴史教科書は普通「通史」が用いられている。しかし，これは歴史学習が「通史」でなければならないという確固たる教材理念や通史学習の経験的成果がそうさせているとは言い難い。古代からわが国の歴史教科書の代表的なものに『十八史略』などの中国古典がある。わが国では長く儒教的教養が重視されてきたから中国史の学習が人々（もちろん庶民ではなく支配階級）の歴史観を育ててきたと言える。やがて万葉研究に端を発した国学は，近世，わが国固有の歴史すなわち「国史」に注目するようになるが，その原典となったのは『日本書紀』『古事記』である。これらを「通史」とみることは可能ではあるが，実際には「天皇歴代史」というべきである。天皇家が神話の時代から当時まで継続していると信じられていたから，天皇歴代史がたまたま「通史」となっていたにすぎない。

　明治初期，近代公教育のための国史教科書が編纂されるが，その際原典となった歴史書は幕末期の国学者たちによって書かれた歴史書であった。代表的なものに『皇朝史略』と『国史略』がある。すでに，本書4章と5章で詳細に検討したが，再度ここで振り返っておきたい。

　戦前わが国の学校教育で使われていたのは国定教科書であるが，国定教科書

第7章　教育課程の現代的課題　　185

が成立する以前に検定制の時代があった。そのときさまざまな国史教科書がさまざまな人々によって編纂されている。その時代の種本のひとつであり、多くの国史教科書に影響を与えたと思われる歴史書が幕末期の国学者岩垣松苗によって書かれたこの『国史略』であった。なぜ、『国史略』が多くの教科書の種本であったと断定できるのかというと、はしがきに「『国史略』を参考とした」と述べていない教科書にも、『国史略』が犯していた誤りをそのまま継承しているものが見られるからである。つまり、わが国で今日まで継承されている歴史学習における「通史」という形態の歴史教科書は幕末期の国学に見られる天皇歴代史の形態をその源流にしていることが明白なのである。

　その後、近代天皇制を構築していく過程で、国定教科書の成立の直前、「人物史」によって大きく歴史教科書の編纂方法は変わったかに見える。しかし、その内実は歴代天皇のなかで主要な天皇もしくは主要な天皇に仕えた忠臣の歴史となっていく。良き天皇と良き臣民の歴史であるから「人物礼賛史」と呼ぶべきものになっていったのである。だから、国定期の歴史教科書は基本的なスタイルとして天皇歴代史的「通史」の性格をそのまま継承していると言ってよいのである。

　また、『国史略』が種本となって近代公教育で使用される教科書が編纂されるとき、ある「作業」が行われている。『国史略』は膨大な記述量をもつ書籍だから、子どもが通読するには艱難が予想され、簡略化が行われている。それは行われてしかるべきことである。そこでほぼ共通して簡略化が行われたのは『国史略』の著者岩垣松苗が随時書き込んでいた著者自身の解説・主張の削除であった。すなわち、『国史略』という幕末期使用された歴史書は『日本書紀』『古事記』の記述から、天皇歴代史の形式を維持したまま、著者が重要と考えた記述を抜き出し、それにその都度解説を加え、著者自らの歴史認識・人物評価を加えて編纂された歴史書であった。たとえば、今日古代史上最も有名な人物のひとりである聖徳太子には痛烈な批判を浴びせている。そういう部分はこの「作業」のなかで削除されていく。おそらくは著者岩垣が最も論述したかった部分を大きく削除することによって明治初期のわが国の歴史教科書は成立したことになる。この「作業」が大変重要な意味をもっていたと言える。すなわち、歴

史叙述のなかから著者の主張や思い入れがなくなっていった「作業」だったのである。

　やがて国家というものが，史実を使って（実際には史実とは言えないものを多く含んでいたが）国民の思想と歴史観を統制していく教科書の国定期を迎える。その際，その歴史叙述は誰がどのような主張を背景に行ったのか，国家とか天皇とか国体とか子どもたちにとって実態を捉えようがないものが指し示す「史実」となって歴史教育は進展していった。

　戦後，わが国の歴史教育は良識を取り戻したかに見える。しかし，教科書に著者や編纂者の名前は記されていても，史実を「通史」として編纂し，著者による明確な主張や思い入れがそれを読む子どもに必ずしも明瞭に伝わらない教材となっている。教科書に登場してくる人物の多くはひとかどの人物ばかりで，礼賛しているとは言えないが，人間的な興味や共感的にそれら人物への関心を見出すほどの説明はない。とくに重要なことは著者のその人物へのこだわりや思い入れが伝わってはこない。このような教科書の重要語句を覚え，その量を競わせられたら，「静かなる崩壊」を起こすのは当然とも思われる。

第7節　今求められている教材とはなにか

　教科書の教材が必ずしも子どもたちの興味関心を強く惹きつけるものでないとすれば，どのような授業を社会科系の科目は行っていけばいいのだろうか。計測可能な知識量を追い求めるのではない授業実践とはどんなものだろうか。

　近年，米国の子どもたちに活字離れが進んでいて，米軍にも大きな影響を現し始め，軍のハイテク機器操作のマニュアルが漫画やアニメで作られ始めていることは有名である。また，米国での子どもの活字離れは，歴史書を読みこなせる基礎学力の不足にまで現れてきたと言われている。そこで，独立戦争や南北戦争を題材とした小説を歴史学習の教材に用いる授業実践が既にわが国にも紹介されている。ハイテク技術の解説書や操作マニュアルが読みこなせないばかりか，人文科学・社会科学分野の書籍をも読みこなすことができない子どもの存在は米国ばかりではなく，わが国の子どもたちにも同様に見られる現象で

ある。

　この問題の解決のためには，近代教育学の古典的な方法は必ずしも役立たないのではないかと思われる点がある。重要語句を中心に言葉それ自体とその意味を多く覚えるという現在一般に行われている学習はかつての言語主義的な教育そのものである。それに対する反省はこれまでにも多く試みられてきた。土器など考古学上の発掘品，古民具，そのレプリカに触れてみる授業や特別活動のあらゆる機会を利用して地理的観察，歴史的経験，公民的訪問はほとんどの学校でも実施されている。しかし，歴史を例に取り上げれば，律令体制とか封建制度とか近代天皇制に「触れる」というのは必ずしもうまくいかないのである。抽象的概念を理解することも歴史学習・社会科学習の重要なテーマだから活字離れの現状では困難を極める。文字文化にあまり抵抗を感じない基礎学力が高い一部の生徒や，社会科にマニア的な関心を持っている子どもは10年前，20年前の子どもと同じようにこの抽象概念にもついていけるのだが，活字離れは抽象概念の学習への拒否感を示す子どもたちを着実に増加させている。

　現代の子どもたちが熱心に読んでいる本を見たことがある。それはコンピュータゲームの「攻略本」や，いわゆる「軽めの小説」である。また，近年の例では『ハリー・ポッター』のような夢のある話である。これらに共通しているのは子どもたちが自分の世界を構築しやすい点にある。今，求められている教材は子どもたちがそこに子どもたちの世界を構築できるようなもの，すなわち子どもたちの文化により接近したものでなければならないように思われてならない。

　現在までに，社会科学習を通じて，子どもたちにその世界を構築させようとする試みはいくつも見られる。地図作りや旅行計画作りもそのひとつである。また，模擬裁判や模擬選挙を実施する公民的分野や公民科の試みも有名である。また，歴史資料を読んでそこから物語を作らせてみる。歴史学習を通じて学んだことから歴史小説を書かせてみるなどの試みも見られる。しかし，残念なことにこれらの試みのほとんどは現在の学校教育で使われている教材では十分に興味・関心を喚起できなかった子どもへの対応処置であったり，教材内容や重要語句に関心を持ってもらいたいための手段であったりすることが多い。結局

は重要語句の学習をより発展させるための学習にすぎない面が多く感じられる。これでは子どもが学びながら自分の世界を構築する「真の学力」をつけるための方法としては物足りないのである。教材それ自体が，教科書の記述それ自体が子どもたちの世界を構築する手助けとなるものへと変わっていかなければならないのではないかと考えられる。

第8節 むすび

　「はじめに」で述べた2002年秋の筆者の感動とは何であったかおわかりいただけたろうか。今，筆者たち教師は「測定可能な，数量化される学力」が「真の学力」ではないと気づいていながら，「静かなる崩壊」の最前線にいて，変わらなければならない学校教育の方向を模索している。しかし，「重要語句」の説明を日々繰り返し，その暗記を求めている。なぜなら，現在学校教育で使用されている教科書の編纂スタイルは基本的に明治以来の形式にいまだにこだわっているのではないかと思われるからである。そのとき，「自衛隊生徒の発足——1955年の少年兵——」は著者の生きた時代と，著者の高校生時代の心に触れさせるところから歴史叙述を説き始めたところに近年経験のない感動を覚えたのである。著者の逸見氏は教育史学会の重鎮（逸見氏は筆者がこのように紹介することを迷惑と感じられるであろうがおゆるし願いたい）であって，教育史学の発展を担われている方であるから，史料批判の厳格さと論証の正確さを厳しく求める立場におられる。それゆえに，逸見氏の学術論文が先行研究の詳細な分析からはじまり，厳格実証と論証で終始していても，読む筆者は何の疑問も感じなかったはずである。

　しかし，逸見氏のこの論考を拝読していたとき，私はひとりの生徒としてこれに向き合った。生徒が私の授業中に教科書を読むようにである。そして，私は逸見氏のこの論文をひとつの教科書教材として学習し感動したのである。そのとき，私は思った。生徒は私が感じたような感動を日々得ているのだろうか。今日の中等教育で使用されている教科書の記述にはこの記述を書いた「人」が感じられない。人に触れることができない。平和は語られている。人権の重要

性も説かれている。しかし，その平和や人権を説く人すなわち著者に触れて，その人のあたたかみに触れることはできない。教科書記述が「乾いている」ようにも思える。記述の客観性をときとして「冷たさ」とも感じてしまう。あたたかさを感じない教材で子どもたちは自分の世界を創造的に構築することができるのだろうか。客観性を保ち，事実を追求することはけっして「人」を喪失してしまうことではないことを，この一編の論文から学ぶことができた。そのような教科書教材の可能性を見出すことができた。

最後にこの事だけは付け加えておかなければならない。教材に人の温かさを求めなければならないと感じられる今こそ私たちは思い起こさなければならないことがある。それは「ラッパを口から離さずに死んだ兵士」が子どもたちを「感動」させた時代の教材である。私たちにはこの忌まわしい過去がある。今度は理性的に新しい教材に「人」を持ち込まなければならない。それは「教材に取り上げられる人」の美化ではなく，「その人を取り上げる人（著者）」の思い入れやこだわりが見出せる教材の開発である。

【注】
（1）「日本の教育史学」教育史学会紀要，45集，2002年10月。
（2）2002年11月17日，他に寺脇研氏（当時文部省政策課長）は朝日新聞社『論座』2001年1月でもこの件を述べ，多くのメディアで同様の発言をしている。
（3）東洋経済新報社，1999年。
（4）第15次中央教育審議会第1次答申「二十一世紀を展望したわが国の教育の在り方について」1996年7月19日。
（5）教育課程審議会答申，1998年7月29日。
（6）「座談会　子どもの生活と社会科の学力」『歴史地理教育』NO. 636, 2002年3月。
（7）同上　14ページ。
（8）四宮晟編著『創造力を強くする方法』三晃書房，1974年。
（9）朝日新聞2002年12月26日付朝刊，13版，30ページ。
（10）「現代社会に切り込む社会科の学力と授業」『歴史地理教育』歴史教育者協議会 No. 636, 2002年3月，19ページ。
（11）『詳説日本史』山川出版社，1993年文部省検定済み，242ページ。
（12）『日本史総合テスト』山川出版社，1993年，78ページ。

第8章

文化財保護と歴史教育の連携
―歴史教育のあり方を考え，改善を目指す―

第1節 はじめに

　2007年後半 OECD の学力調査の結果が発表され，日本の子供たちの学力低下が社会問題となった。OECD 学力調査結果の国際的序列について議論するつもりはない。なぜなら，学校教育に携わっている者なら誰しも，この調査結果や文科省が行った学力調査の結果を見るまでもなく，最近日本の子どもたちの学力，とくに応用力のなさについて思い当たるからである。今，日本の学校教育のあり方は根本的に問われている。

　歴史教育は，受験体制のもとで暗記主義に陥り，応用力や思考力を育てることができない教科になっている。最も改善が求められる教科のひとつである。(1)本章はその解決方法を求めて，社会科成立以前の歴史教育理論に注目し，歴史叙述と歴史資料の学習方法に改善の可能性を見出そうとするものである。さらに，わが国の「文化財保護法」成立への過程を検証して，歴史資料としての「文化財」に注目したい。また，歴史研究と文化財保護活動との深い関係を再発見して，文化財保護と歴史教育の連携による歴史教育改善の方法を模索していきたいと考える。なお，本章においては文化財保護法に従い，「資料」と「史料」は区別せず「資料」または「歴史資料」とした。

第2節 歴史教育の問題点

第1項 大学入試問題に見る歴史教育

「入試」によって歴史教育の内容や方法が規定されてしまうことはよく指摘される。多くの生徒が歴史科目は「暗記科目」だと誤って認識していること，また，入試対策として暗記が強要されることが「社会科嫌い」「歴史嫌い」の原因となっている。以下に示すものは実際の入試問題である。[2]

Ⅰ　次の問1～問10の文章を読んで，下線部1～4に誤りがない場合は0を，誤りがある場合はその番号をひとつ回答欄【1】～【10】にそれぞれ記入しなさい。

問1　空海は儒教・仏教・1<u>神道</u>の三者における仏教の優位を論じた2<u>『三教指帰』</u>を著した。また，最澄とともに入唐して密教の奥義を学んで帰国し，高野山に3<u>金剛峰寺</u>を建てて，4<u>真言宗</u>を開いた。

（中略）

問10　鞍作鳥とその系統の手になる仏像彫刻は1<u>北魏様式</u>と呼ばれる。わが国最古の仏像とされる2<u>飛鳥寺</u>の釈迦如来像をはじめ法隆寺の3<u>釈迦三尊像</u>，法隆寺夢殿の4<u>救世観音像</u>などがその代表である。

問1の問題文には「仏教の優位を論じた」空海の思想が見られるのだが，そのことを理解していなくても，この時代の「三教」の意味を知っていれば容易に解答できる。問10では，鞍作系の仏師らの芸術性を問題にしているようにも見えるのだが，解答するには国宝・重要文化財が今保管されている場所を知っていればよい。これらの問題に正解を出す「学力」は，教科書準拠「用語集」で「空海」の項や教科書の「文化一覧表」を覚えることで育成できる。教育現場では入試対策として「用語集」を用いた学習指導が行われ，入試直前になると，受験生は「用語集」の暗記に精を出す。単語量が学力に大きく影響する英語学習の単語暗記に似ている。しかし，英語では暗記した単語を用いて文章を

読解するなど「思考」の過程が次に試されるが，歴史科目では暗記した単語がそのまま解答になることが多く，「思考」とはまったく無縁な学習が展開されることになる。

わが国戦後の歴史教育は20世紀初頭に成立したアメリカの「社会科」の発想を導入して再出発した。そのとき，国史（日本史）教育の目的は「歴史的事象に対する思考力と判断力を養ひ，（略）社会の発展を総合的に且つ批判的に理解せしめる」ことであった。戦後の歴史教育は社会科のなかで「思考力」「判断力」「総合的・批判的理解」の育成を教育目標として進められてきた。1989年わが国の高等学校社会科は解体されたが，社会科の基本的性格は今日の地歴科教育にも引き継がれた。しかし，その行き着いた先がこの暗記主義の歴史教育である。

アメリカにおいて社会科の成立に向けた議論のなかには，歴史教育の目的を「思考の改善」に求めるものがあった。1894年，NEA10人委員会の「歴史・公民統治・政治経済専門委員会」はその報告書のなかで，「あらゆる教育の最も重要な目的は訓練である。この点で歴史は言語や数学・科学とは異なった，そして，それらに決して劣らない価値を持っている」と述べたうえで，歴史教育の目標を示した。

①観察から識別する能力を養うこと
②論理的能力を強化すること
③判断の過程を改善すること

今，私たちは社会科成立に向けての議論にまで立ち返り，歴史教育本来の教育目標を再認識することが必要である。なぜなら，入試問題の弊害は社会科教育や歴史教育のあるべき姿を追求してきた多くの議論を葬り去るほどになっているからである。

第2項　歴史資料の取り扱い方に見る歴史教育の問題点

前項では入試問題がいかに今日の歴史教育を歪めているかについて論じた。ここではさらに検討を深めて，現在の歴史教育自体が持っている問題点について探っていきたい。日本古代史の必須学習課題を例に歴史資料の取り扱い方に

注目してみたい。

山川出版社の『詳説日本史』は，第2章の冒頭「〈律令国家の形成〉1. 飛鳥の朝廷」に関する単元を設け，約8ページの歴史叙述と13の歴史資料を掲載している。わずか8ページの歴史叙述（教科書全体は378ページ）に13の歴史資料が掲載されていて，一見，歴史資料の学習によって古代の社会像を作り上げていく教材観が存在しているように見える。しかし，必ずしもそうとは言えない。歴史資料がふんだんに使われているかどうかではなく，重要なことは歴史資料の扱い方である。

実際の教科書記述に即して議論する前に，アメリカにおける「社会科」成立に向けての議論に注目してみたい。「科学的歴史教育論」の立場を代表するシェルドン・バーンズは次のように述べている。

> 資料は生徒に本物の学習をさせる。一群の写真，法や記録の集成が与えられれば，生徒は観察するものや共感するもの，学習すべきものをもつことになる。こうする代わりに，<u>通常の歴史叙述</u>が与えられると，生徒はそれを読み記憶するだけである。彼らはその著者が表明するものとは異なる見解を—そうした見解の根拠となる事実を何ももっていないので—もつことはできない。手元に歴史資料があれば，あれこれの見解をもつことができ，生徒はそうする権利をもっている。（アンダーラインは筆者）

彼女は，生徒には「通常の歴史叙述」に反論する基礎がないのだから，「通常の歴史叙述」を先に与えてしまうと生徒はその叙述を記憶するだけとなり，「思考」は始まらないのだと指摘している。それゆえ，生徒なりの見解が持てるような歴史資料の提示が必要であることも指摘している。すなわち，歴史教育における歴史資料の扱い方で重要な点は，生徒が「思考」できるような提示が行われているかどうかにあるということである。

この指摘を手がかりに，現行歴史教科書の歴史資料の扱い方を見てみたい。教科書には，「女帝の推古天皇が新たに即位し，国際的緊張のもとで蘇我馬子や推古天皇の甥の厩戸王（聖徳太子）らが協力して国家組織の形成を進めた。603

年には冠位十二階、翌604年には憲法十七条が定められた。」という記述があって、この記述の下に「憲法十七条」が史料として紹介されている。(12)

また、「中国との外交も再開され、607年には遣隋使として小野妹子が中国にわたった。隋への国書は倭の五王時代とは異なり、中国皇帝に臣属しない形式をとり、煬帝によって無礼とされた。」という記述の上部に『隋書』倭国伝と『日本書紀』の抜粋が史料として掲載されている。(13)「憲法十七条」は17条のうち5条が抜粋されて紹介されているだけである。「通常の歴史叙述」がまず中心にあって、歴史資料はそれを補う形、むしろ、歴史叙述の妥当性を証明する形で紹介される教材編成となっている。

これらは、バーンズ女史が理想とした「本物の学習」とは異なっていることがわかる。むしろ、「通常の歴史叙述が与えられると、生徒はそれを読み記憶するだけ」の学習が展開してしまうというバーンズ女史が懸念していた教材構成となっている。このように、生徒が自らの見解をもつための「思考」へと発展しない教材編成が現行歴史教科書には見られるのである。

ここで、もうひとつの歴史教授理論を思い出しておきたい。それはネブラスカ・ソース・メソッド運動である。(14)この運動はネブラスカ大学のフリングとコールドウェル(15)によって提唱された中等学校の歴史教材開発の運動であった。コールドウェルは次のように述べている。

　　歴史学習の目的は、過去を理解することである。われわれは原因とその影響、意図とその結果を知り、考察している時代の精神に入り込みたいと思う。その時代を生きていた人々は公的私的なドキュメントやその他のさまざまな形で生活の記録を残している。彼らの精神のなかに入り込む唯一の方法は、それらの記録に直接あたることである。(略)物語としての歴史が構成される方法を理解するために、一次資料による研究をしっかりしておかなければならない。その後に、他の人の書いた歴史を利用し研究を累積していくべきである。(16)

ここにはふたつの重要な指摘がある。ひとつは一次資料を学習することの重

第8章　文化財保護と歴史教育の連携　*195*

要性である。もうひとつは歴史叙述を学ぶ前に，一次資料での学習が重要であるという指摘である。重要なことは歴史資料が数多く示されているかどうかではなく，その歴史資料が歴史叙述の学習の前に示されるかどうかという，歴史資料提示の方法・順序の問題が指摘されている点である。

　知識量を問う大学入試問題が戦後社会科の理想を歪め，暗記主義の歴史教育を子どもたちに強要していると現在の入試制度を批判することは簡単である。しかし，実際はそう単純なものではない。バーンズやコールドウェルの懸念そのままの歴史叙述中心の歴史教育が広く行われている。ここに今日の歴史教育の最大の問題がある。

　ところで，このネブラスカ・ソース・メソッド運動は社会科成立に大きな役割を果たしたAHA7人委員会やデューイら機能的歴史教育論者[17]から厳しく批判にされた。この運動は「失敗」したと言われるが，その最大の原因はAHA7人委員会の批判のなかに見られる。その批判は[18]，①歴史研究者や歴史教育を行っている教師さえも実際にはすべて一次資料にあたっているわけではないこと，②歴史研究者や教師は大量の他の研究者の歴史叙述から新しい視点を得ていること，③生徒たちに示すことができるほんの一部の資料から生徒が歴史を一般化して理解することが不可能であることの3点であった。この批判は歴史研究の実態と歴史教育の実際をよく認識したものであり，一般論としてまた常識論として首肯できるものである。

　しかし，現在わが国の歴史教育が陥っている状況，とくに以下に示すような入試問題[19]に見られる歴史資料の扱い方を見ると，AHAの批判は今日あまり重要ではないと考えられる。次に掲げる問題は一次資料について答えを求める問題である。

鹿子木事（略）
　一，実政の末流願西微力の間，国衙の乱暴防がず，其の故に願西領家の得分二百石を以て，高陽院内親王に寄進す。
　問　史料の下線部の「内親王」の説明としてもっとも適切なものはどれか。

問われているものはこの資料中に見られる語句の意味であって，資料から何らかの見解を求めるものではない。歴史資料さえも暗記対象となってしまっている例である。パーソンズやネブラスカ・ソース・メソッド運動の科学的歴史教育論はデューイやロビンソンの機能的歴史教育論者から批判され，その後社会科における歴史教育論の中心にはならなかった。しかし，歴史資料が「思考力」や「判断力」からはかけ離れた教材として扱われている現状を見るとき，科学的歴史教育論が指摘していた教材観・歴史資料観は重要な意味を持っていたように思われる。

第3節　歴史資料と文化財

第1項　歴史資料に対する新たな視点

　科学的歴史教育論者らの一次資料重視とその提示方法に関する考え方を再検討して現在の歴史教育に導入する場合，彼らの資料論をそのまま現在に持ち込むことは難しい。バーンズらの科学的歴史教育論が考えていた一次資料とは現在歴史学で「史料」と表記する文献資料であったと考えられるからである。たとえば，文献資料が限られている日本古代史のような分野では一次資料を用いた教材編成は容易ではないし，高校生に一次資料を直接読ませるには無理がある。事実，学校教育で現在用いられる文献資料の多くは厳密な意味で「一次資料」ではない。なぜなら，語学力の問題から，生徒たちが読めるように加工しているからである。[20]したがって，科学的歴史教育論の教材観をそのまま実践するのは現実には難しい面がある。歴史叙述の学習の前に示すべき「一次資料」とはなにか，歴史資料とは何かをまず明確にしておく必要がある。

　そこで筆者は次にふたりの主張に注目したい。ライス[21]はデューイやロビンソンと同じ機能的歴史教育論者に分類され，バーンズらの科学的歴史教育論を批判した人である。しかし，彼の歴史教材編成論には，科学的歴史教育論を再検討しようとする筆者の「歴史資料」の見方に対するヒントが見られる。ライスは生徒の直接的関心から学習を発展させることを目標として，「子どもの生活と過去の財宝」[22]に注目している。

もうひとりはジョンソン[23]である。彼はデューイらの機能的歴史教育論が台頭しつつあった頃，科学的歴史教育論を再建した人である。「歴史的事実をリアルに理解させる方法」[24]として文献資料とともに「視覚教具」を重視した。
　歴史教育論において明確に立場の異なるふたりがともに言っていることは歴史資料として文献資料以外の資料への着目である。筆者はバーンズらの科学的歴史教育論のとくに歴史資料の扱い方に注目し，今日の歴史教育の改善策として持ち込みたいと考えている。しかし，そこには直接持ち込めない限界がある。そこで，彼らの教育論を批判し，彼らの教育論を再建しようとした人たちの教育論に注目して，そこに見られる新たな資料論を吸収することで科学的歴史教育論の今日的再生が可能ではないかと考えるのである。
　さて，今日わが国では，バーンズら科学的歴史教育論者が想定していた「一次資料」（文字資料）とライスやジョンソンが注目した文献以外の資料を総合して，「文化財」と呼んでいる。この「文化財に触れる」ことを歴史叙述の学習の前に位置づけることで今日のわが国の歴史学習再生の具体的方策としたい。
　しかし，わが国の近代史をみると，「文化財」の概念と「歴史資料」の概念との間には平坦ではない歴史がある。以下ではその問題を整理しておきたい。

　文化財の概念―文化財保護の歴史―

　「文化財に触れる」という抽象的な概念で，前項では歴史教育の再生を表現した。ここでは，それはどういう学習行為なのかを明らかにしていく前提として，「文化財保護」の歴史を辿って「文化財」とは何かを明らかにしたい。

第1項　戦前の文化財保護政策と問題点

　「文化財」という言葉の定着は戦後のことである。前項で「文化財」という語について，歴史教育を考察する過程で何もことわらず使用したが，これには本来問題があったことになる。なぜなら，わが国の歴史研究は千年以上の歴史を持っているから，そのほとんどの期間の歴史研究には「文化財」という概念はなかったからである。

ただし，文化的遺産への注目は古くから見られた。江戸時代中期の大阪商人のなかには芸術的価値を追求するコレクターがおり，彼らの需要をまかなう美術商人も存在した。[25]

　明治4年に布告された「古器旧物保存方」がわが国の文化財保護政策の始まりである。この布告の背景には，維新による価値観の転換，神仏分離令（廃仏毀釈）による仏教美術品の荒廃があったとされる。維新の混乱のなかで大名道具の多くが焼却されたこと[26]，また，廃仏毀釈によって興福寺五重塔が焼却直前にまで至ったことなどはその例である[27]。さらに重要な背景として，新政府が輸出品としての古美術，産業資本としての美術工芸に着目したことがあった。文化財保護が殖産興業政策の一環として志向されたのである[28]。わが国の文化財保護政策は当初から国策とは深く関係していたけれども，教育政策や歴史教育との関係は見出せない。

　明治30年には「古社寺保存法」が出された。これは国が保存経費を補助する代わりに，社寺に文化財管理義務を負わせるものであった。戦後制定された「文化財保護法」に先行する法律であり，国家による本格的な文化財政策の始まりであった。注目すべきことは，この第4条で「歴史ノ証徴又ハ美術ノ模範トナルベキモノ」を保護対象として明示したことである[29]。芸術的価値のみならず，歴史的価値をも保護概念とした。この法律成立の背景には，岡倉天心ら識者の活躍が認められるものの，本質的には日清戦争の勝利と大陸侵略，植民地政策の進展による民族的自覚，ナショナリズムの高揚があった[30]。ところで，この法律制定直後に内務省は訓令「学術技芸若ハ考古ノ資料トナルヘキ埋葬物取扱ニ関スル件」を発し，古墳関係資料の宮内省提出を義務づけた。これは「歴史教科書に神話を持ち込んでいる教育国策に対して，発見される考古学的遺物との矛盾を恐れた[31]」とも言われている。この頃，歴史教育は絶対主義天皇制の教育へと大きく転換し[32]，文化財政策はこの教育観と深く関わっていた。文化財が国家政策の求める歴史教育の資料として扱われ始めたことを示している。

　次いで，大正8年には「史跡名勝天然記念物保存法」が公布された。近代化の進展に伴う国土開拓・改良によって自然や歴史的遺産の破壊が急速に進んだことが背景にあった[33]。ところで，この前年，東京府は「史的記念物天然記念物

勝地保存心得」を布告している。史的記念物を「史料」と「史跡」に区分し、「史料」（文書・記録）をも保存対象とした点は歴史資料としての「文化財」という概念が成立したものと考えられる。しかし、この保存法や東京府の心得が「国ノ歴史ヲ偲ビ、国家ノ精華ヲ発揚スル」、「愛郷ノ精神」「地方教化ノ要具」などの文言と深く関わっている点で、特定の思想を植え付けるための「文化財」であったと言える[34]。

　昭和に入ると、経済不況によって宝物類の散逸が激しくなった。『吉備大臣入唐絵詞』がボストン美術館によって買収された事件（昭和8年）は識者たちに衝撃を与えた。一方、この時期国家主義が最高潮に達し、民族主義的ナショナリズムが頂点を迎えた。宝物類の散逸とナショナリズムの高揚という相反するふたつの状況から緊急避難的な法律「国宝保存法」（昭和4年）と「重要美術品等ノ保存ニ関スル法律」が制定された。

　このように、戦前の文化財保護政策過程はコレクター的美術工芸品保護の考え方から徐々に歴史的価値をも含む「文化財」の考え方へと成長してきたことがわかる。また、教育政策や歴史教育とのつながりを深めつつあったことも見出すことができるが、天皇制ナショナリズムと深く関連していたことから、筆者は「文化財に触れる」歴史教育の前史としてこの法律を位置づけることは避けたいと考える。

第2項　戦後の文化財保護政策と「歴史資料」

　先の戦争で、京都・奈良は空襲の惨禍からまぬがれたが、全国各地で多くの文化財が失われた。終戦直後も混乱のなかで多くの文化財が散逸・破損していった。しかし、昭和24年法隆寺金堂壁画の焼失事件をきっかけに、翌年「文化財保護法」が制定された。この法律では無形文化財や埋蔵文化財の保護制度が新設されている。この法律で最も重要なことは、戦前の軍国主義的な文化財保護政策が転換され、文化財が国家を体現するものではなくなったことである。文化財保護思想の基盤がアカデミズムに転換したのである。

　その後「文化財保護法」は数度の改正が行われ、昭和50年の大規模な改正につながる。この改正で有形文化財の定義が拡大され、学術上の価値が高い資料

＝「歴史資料」も保護対象となった。本来,「歴史資料」という語は文化財のすべてを包括すると考えられるが,学術上価値の高い文献資料が文化財保護の対象となるのは正確にはこの法改正からである。

　この改正の背景には高度経済成長による社会経済の大規模な変動があった。文化財を支える社会基盤や生活基盤の変化に対応する改正と言える。その後,平成8年の改正では「登録文化財制度」が創設され,平成16年の改正では「文化的景観の保護制度」が創設され今日に至っている。

　これまでの検討を通して,ほぼ1世紀をかけて歴史資料と「文化財」の距離が縮まってきたことが判明する。さらに,文化財保護思想の基盤が「アカデミズム」に置かれ,歴史教育を支える資料としての価値が確立したのはつい最近のことであったことが確認できる。

　現在のわが国の歴史教育の改善のために,歴史資料を広く「文化財」ととらえて,科学的歴史教育論を再生しようとする筆者の考えは,今日の「文化財保護」の理念が確立して初めて可能になったといえる。

第5節　歴史研究・歴史教育のなかの「文化財保護」

　ここでは少し視点を転じてみようと考える。これまでの考察は現在の歴史教育改善を目指し,「文化財」を資料として確立するという発想であった。しかし,別の視点として,「文化財」や「文化財保護」自体が歴史研究・歴史教育のテーマではないかという視点を提起したいのである。

第1項　造東大寺司の活動

　古代民衆の生業やそれに必要な技術の習得過程を明らかにしていこうとする研究(日本古代生産技術教育史研究)には,文化財保護理念の成立以前でありながら,今日の「文化財保護」に通じる史実が見出せる。

　造東大寺司は8世紀の造寺事業の中心となった官営工房である。前身である金光明寺造仏所から後継組織の造東大寺所まで,この工房の存続期間は3世紀以上に及ぶ。この間,東大寺だけでなく,多くの寺院造営・修理にあたった。

わが国8世紀の仏教文化を代表する東大寺盧舎那仏は，度重なる修理・修復によって，今日まで貴重な文化遺産として残っている。たとえば，9世紀中期には盧舎那仏の首が落ちる事件が起こっている。このとき，工人の中心として修理事業にあたったのが三島島継という工人である。その頃，造東大寺司はすでに改組・縮小され造東大寺所となっており，彼はここを拠点に活躍した工人と考えられる。彼に関する記録は『東大寺要録』(42)や『入唐求法巡礼行記』(43)に見られる。9世紀のこの事業は，文化財保護法下で行われる今日の有形文化財の修理・保存活動と同一視することはもちろんできない。しかし，活動内容それ自体は，当時の人々にとっての文化財を修理・保護する活動だった(44)。また，このときの技術の確保と技術陣の養成も今日の無形文化財保護活動と通じるものが見られる(45)。

第2項　飛騨工の保護

　「飛騨工」は古代末から「名工」の代名詞として使われるようになる。しかし，本来は8世紀の都の大造営時代を支えた特殊技術工人群（鳶的な技術者）である(46)。やがて彼らは貴族・大社寺に囲い込まれていって，官営事業の現場から姿を消す。このことは，国家の立場からすると，飛騨工が持っていた貴重な技術が失われていったと見えたわけで，公式記録には「逃亡」と記されるようになった。

　現代の有形文化財保護活動と同様に，古くから，木造建築物の修理・保全は重要な政策課題だった。当時の太政官符から，律令政府が技術者保護の施策を行っていたことが読み取れる。政府は最終的に飛騨工の技術確保は飛騨地方民衆の家庭保護にあると考えたようだが(47)，特定地方のみで継承される技術の保護に対する行政の苦悩が見て取れる(48)。今日の無形文化財保護の政策と通じるものである。

　この2例を含め，これまでの歴史研究の成果には今日の文化財保護活動と同質の活動を扱ったものが多く存在する。それらを集めて，歴史教材を再構成すれば，現代を生きる子供たちがこれから関わっていかなければならない現代の

文化財保護活動と同じ視点で歴史上の出来事を見ていくことが可能になる。そうすれば，今，身の回りにあるものの何に価値を見出し，何を守っていかなければならないかを歴史の事実を参考として考えるようになる。生活のあらゆるものが後世に伝えられて歴史資料となることを知る一方で，すべてのものが後世に伝えられるわけではないことも知ることができるからである。

　歴史資料として「文化財」を位置づけるだけでなく，「文化財保護」の活動それ自体を学習課題に位置づけることによって，叙述された歴史をただ覚える歴史学習ではなく，生徒の日常生活のなかで「思考力」を育てる歴史教育へと改善されるのではないかと考える。

第6節　文化財保護と歴史教育の連携

　今日，「文化財」と「文化財保護」の理念が確立されたことによって，次のように言うことができるだろう。

　歴史研究とは，伝えられてきた文化財を手がかりに，後世の者が時間を遡っていくことである。同様に歴史教育も，後世の者が文化財を手がかりに，それぞれの時代の社会像を想像する力を身につけ，それを現代に生かす能力を育む教育活動である。歴史研究においても歴史教育においても，その基盤はともに文化財保護の成果にある。

　ところで，歴史研究者には文化財を歴史資料としてそれぞれの時代の社会像を構成していく前に，文化財として保護されなければならないものを発掘する作業が求められる。いわゆる「歴史資料の発掘」である。したがって，歴史研究は「歴史資料の発掘」と「歴史資料からの時代構成」というふたつの活動によって成立している。

　しかし，これまで歴史教育は歴史研究とは異なり，必ずしもこの「歴史資料の発掘」を重視してこなかった。既に触れたように，AHA 7人委員会がネブラスカ・ソース・メソッド運動を批判した根本理由も実はここにあって，「歴史研究」と「歴史教育」を区別する考えが根本に存在した。すなわち，歴史研究者が「歴史資料」を発掘するような作業を歴史教育のなかで子どもに求められる

のか，求める必要があるのかという問題である。歴史研究における「歴史資料の発掘」という作業は大学院で研究者を目指す者には求められても，学校教育のテーマたり得るのかということである。また，仮に歴史教育のなかで，子どもにも「資料の発掘」という活動が行えるとしても，それはどの程度まで求められるのか，また，どの程度まで期待できるのかという問題もある。

　しかし，「資料の発掘」は歴史研究者・歴史家の仕事であって，専門家としてではなく歴史を学ぶ者は，専門家が発掘した資料をもとに記述された歴史叙述から学べばよいと考え，「資料の発掘」を軽視してきたところに暗記学習をはびこらせた原因があったのではないか。社会科における歴史教育は，機能的歴史教育論が科学的歴史教育論を批判して以来，その方向が支配的であったのではないか。今日，与えられた歴史叙述を暗記する歴史教育から脱皮し，歴史教育が「思考力の改善」に寄与するためには，歴史研究が行うのと同じようなふたつの活動（「歴史資料の発掘」と「歴史資料からの時代構成」）がともに子どもたちに提供される教材編成が模索されなければならない。

　そのために，まず，叙述された歴史を学ぶ前に提示される歴史資料としての「文化財」が今日まで保存されてきた過程，その価値，さらに今，子供たちの身の回りのもののなかから文化財発掘・保護，これらを教材として構成する必要があるだろう。現在，このような教材が初等・中等教育段階の社会科や地歴科教育にまったく見られないわけではない。しかし，現状では「文化財保護の学習」はコラムに紹介されるか，発展的な学習として扱われている程度である。筆者は「文化財を歴史資料とした学習」と「歴史叙述の学習」のバランスを徹底的に見直すべきだと考える。

第7節　むすび

　文化財保護法第2条には「文化財」の定義がなされている。それによって，「文化財」は有形文化財，無形文化財，民俗文化財，記念物，文化的景観，伝統的建造物群の6つに分類された。

　有形文化財に注目してみると，「歴史上・芸術上価値の高いもの」と「学術上

価値の高いもの」のふたつを並立させている。昭和50年改正によって確立した「文化財としての『歴史資料』」という考え方が継承され，これによって，「文化財」は歴史教育に用いられる資料そのものとなった。

　しかし，重要な問題が残されている。それは文化財保護と歴史研究・歴史教育の関係についての十分な議論が行われていないという問題である。馬場憲一は論文のなかで，「管見のかぎり文化財保護の現状を歴史学的な視点から分析し論じた研究は行われていない」(50)と論じている。筆者も本章執筆にあたって調査したが，管見でも，既に紹介した平野邦雄論文を見出したのみで，馬場の指摘に首肯する。

　文化財保護と歴史学の関係がこのようなものであると同様に，歴史教育と文化財保護の関係に関する研究もほとんど進められていない。1980年代に文化財保護思想と郷土史教育の関係が論じられたことがあるようだが(51)，近年，管見では，平成18年に文化財教育に関する研究を一編見出すのみである(52)(53)。とくに問題視しなければならないことは，学校教育のなかで，文化財をどのように扱い，指導していくのかについて，文科省も民間教育研究諸団体も教師向けの「解説」・「手引き」のたぐいをほとんど出版していないということである。昭和25年文化財保護法成立を受けて出版された『学習指導における文化財の手引』(54)があるのみという現状は早急に克服されなければならない。「文化財保護と歴史教育の連携」に関する研究分野を早急に構築し，どの学校段階ではどのような「文化財」が学習資料として適切か，どの地方では文化財保護活動の何を体験的に学べるのか，その教育効果はどのようなものかなどの情報を発信できる教育情報基盤の整備も求められる。しかし，文化財保護と歴史教育の関係や連携に関する研究の立ち後れは，この歴史教育観の推進の足枷となる可能性がある。速やかに文化財保護と歴史教育の連携に関する研究分野を構築し，具体的な教材の開発に取り組まなければならないと考える。

【注】
（1）　拙稿『歴史教育の課題と教育の方法・技術』第12章参照，DTP出版，2005年。

（2）　日本大学法学部平成 17 年度入学試験問題，選択科目・日本史 B, 9 ページ。
（3）　「国史授業指導要項」（1946 年 11 月 9 日）『近代日本教育制度史料』第 23 巻，10〜16 ページ（石川謙ほか，大日本雄弁会講談社，1957 年）。
（4）　N. E. A., "Report of the Committee of Ten on Secondary School Studies," with the Report of the Conference arranged by the Committee, p. 10 (American Book Company, 1894).
（5）　同上　p. 168.
（6）　アメリカでの社会科の成立は 20 世紀初頭（1915 年）である。これに向けた議論のなかに「内容主義」と呼ばれる科学的歴史教育論がある。NEA10 人委員会の「歴史・公民統治・政治経済専門委員会」の教育論はそのひとつである。『アメリカ社会科教育成立史研究』（森分孝治著，風間書房，1994 年）第 1 章参照。
（7）　『詳説日本史 B』（石井進，五味文彦，笹山晴生，高埜利彦，ほか 10 人，2002 年文部科学省検定済，2005 年発行版）29〜37 ページ。
（8）　山川出版社，「第 2 章　律令国家の形成」冒頭の学習課題。日本史学習においては必須の学習課題で，すべての教科書が収録している。三省堂『日本史 B』では「第 3 章　古代国家の確立」教材として約 10 ページの記述に 20 個の史資料を掲げている。
（9）　今から 100 年以上も前の明治初期，近代公教育発足期の歴史教科書にもこの程度の工夫は見られたからである。明治 6 年に刊行の『訓蒙皇国史略』（沖修著）は明治初年を代表する歴史教科書である。これは教科書教材史，教育課程史で注目されてきた。『日本教科書体系』「歴史教科書総解説」（巻 20, 539 ページ）では「児童の歴史教科書という考えで編集され」ている点を評価している。この教科書は資料として挿し絵を随所に掲げるなど，記述のみの教科書ではない。また，皇国史観によって歴史教育が歪められていた時期，国定期の歴史教科書にもその程度の教材観は存在した。
（10）　Mary Sherudon Barnes はオスウィーゴー運動の主唱者の長女として生まれ，オスウィーゴー師範学校教師，後にスタンフォード大学で歴史学教授となる。方法主義の科学的歴史教育論者，ペスタロッチ主義の歴史教育への適用者として有名である。前掲『アメリカ社会科教育成立史研究』18 ページ参照。
（11）　Barnes, M. S., "Methods of Teaching General History," Journal of Proceedings and Addresses of N. E. A., 1891, p. 676–677.
（12）　前掲『詳説日本史』29〜30 ページ。
（13）　同上　30 ページ。
（14）　1890 年代から 1920 年代にかけてネブラスカ州で全州的に実施された中等

学校歴史教授法改革運動。ネブラスカ・ソース・スタディー・メソッドとも言う。ソースとは"source"であり，歴史の「一次資料」を意味する。

(15) Fred M. Fling と Howard W. Caldwell。フリングはメイン州のハイスクールで歴史教師の経験を持つ。そのとき，前掲バーンズ執筆のテキストを使用したと伝わる。この運動には科学的歴史教育論やペスタロッチ主義の影響があったものと考えられる。

(16) Caldwell, H.W., "Source-Study Method of Teaching History in High School," p. 673.

(17) 1910年代のアメリカで支配的となった教育論。デューイ（John Dewey），ライス（Emily J. Rice），ロビンソン（James Harvey Robinson）らが代表。

(18) A. H. A, "The Study of History in Schools," Report to the American Historical Association by Committee of Seven, (Macmillan, 1899, p. 101–102).

(19) 日本大学法学部平成19年度入学試験問題，選択科目，9〜10ページ。

(20) 生徒に提示される文献資料は現代文に訳され，ルビを振る。しかし，史料加工過程で史料操作がおきる可能性がある。この問題は本書「第6章　教育課程を歪める学校教育の現状」参照。

(21) Emily J. Rice，シカゴ教員養成学院教師。デューイの影響を受けたと考えられる。

(22) 前掲『アメリカ社会科教育成立史研究』338ページ。

(23) Henry Johnson，モアヘッド州立師範学校教師，後にコロンビア大学歴史学教授。

(24) 前掲『アメリカ社会科教育成立史研究』274ページ。

(25) 内川隆志「博物館の目利きたち―明治初期の文化財保護とそれを支えた人々―」『國學院大學博物館学紀要』30，2005年，137ページ。

(26) 枝川明敬「我が国における文化財保護の史的展開―特に，戦前における考察―」『文化情報学』9（1），2002年，41ページ。

(27) 前掲「博物館の目利きたち―明治初期の文化財保護とそれを支えた人々―」137ページ。

(28) 同上　136ページ。

(29) 馬場憲一「文化財保護における歴史学的視点の現状」『法政史学』60, 2003年，31ページ。

(30) 椛木郁朗「明治〜昭和戦前期の文化財保護政策を考える（1）保護制度の変遷と地域の関係」『宮崎県立西都原考古博物館研究紀要』3，2007年，19ページ。

(31) 前掲「文化財保護法制定以前―文化財の共通理解のために―」9ページ。

(32) 前掲拙著『日本古代史教材開発―古代生産技術教育史と河川型歴史教材の

開発―』第 4 章参照。
(33) 鄭鳳恩「日本の文化財保護制度の歴史」『民族芸術』19, 2003 年, 70 ページ。
(34) 前掲「文化財保護における歴史学的視点の現状」31～32 ページ。
(35) 平野邦雄「歴史資料の保護について」『月刊文化財』445, 2000 年, 32 ページ。
(36) 同上 35 ページ。
(37) 中村賢二郎『わかりやすい文化財保護制度の解説』2007 年, ぎょうせい, 25 ページ。
(38) この分野の研究動向は, 久木幸男「日本古代教育史研究の課題と展望」『日本教育史研究』4 号, 1985 年, 82 ページ, および拙稿「日本古代生産技術教育史における史料に関する考察」『桜門論叢』59 巻, 2004 年, 91 ページ参照。
(39) 「文化財」の語源は哲学用語である。今日では法律用語としても定着している。ドイツ語の Klturguter の訳語で, わが国に定着したのは昭和 25 年制定「文化財保護法」からである。段木一行「文化財保護法制定以前―文化財の共通理解のために―」『法制史学』52 号, 1999 年, 5 ページ参照。したがって, 日本古代に「文化財」という概念や「文化財保護」の活動があったわけではない。今日の文化財保護の考え方に近い活動という意味である。
(40) 山本栄吾「東大寺の営繕機関について」『日本建築学会論文報告集』66 号, 1960 年参照。
(41) 造東大寺司自体は令外の官営工房で, 臨時組織とも言えるが, 造東大寺司は存続期間に, 臨時造営工房を傘下に抱えた。その記録として『大日本古文書』には「造石山院所」の記録が見られる。前掲拙稿『日本古代史教材開発―古代生産技術教育史と河川型歴史教材の開発―』第 9 章（梓書店, 1998 年）参照。
(42) 『東大寺要録』編纂兼校訂者筒井英俊（図書刊行会, 1971 年）101 ページ, 巻四諸院章第四講　堂条「日本感霊録」に三島島継の記事がある。
(43) 『入唐求法巡礼行記』（足立喜六訳注, 塩入良道補注, 東洋文庫 157・442, 平凡社, 1987 年）180 ページ, 第四章開成四年閏正月四日条に三島島継と思われる人物が登場する。
(44) 前掲拙稿『日本古代史教材開発―古代生産技術教育史と河川型歴史教材の開発―』第 10 章（梓書店, 1998 年）参照。
(45) 文化財保護法第 2 条 2「演劇, 音楽, 工芸技術その他の無形の文化的所産で我が国にとって歴史上又は芸術上価値の高いもの（以下「無形文化財」という。)」とある。

(46) 前掲拙稿『日本古代史教材開発―古代生産技術教育史と河川型歴史教材の開発―』第 8 章参照。
(47) 『類聚三代格』承和元年四月二十五日の太政官符。
(48) 『日本後紀』延暦十五年十一月二十三日の条（太政官符），弘仁二年五月十四日の制，『類聚三代格』承和元年四月二十五日の太政官符。
(49) 文化庁文化財部監修『文化財保護関係法令集』2006 年，ぎょうせい，8～9 ページ。
(50) 前掲「文化財保護における歴史学的視点の現状」30 ページ。
(51) 尾藤皖「文化財保護思想と郷土史教育―文化財学習と実践の課題―」『日本私学教育研究所紀要』20（1），1984 年。
(52) 山田佳秋「文化財教育―文化財保護思想を育むために―」『哲学と教育』53，2005 年。
(53) 社会教育現場からの報告としては菱岡省二「生涯学習時代の文化財保護行政―大阪市の文化財行政の現状と課題―」『市政研究』141，2003 年がある。
(54) 文化財協会編『学習指導における文化財の手引』1952 年，日本教育新聞社。

第9章

「身近な問題」としての歴史教材の開発
―教育史上の民衆に関する史料を教材として開発していくうえでの課題―

 「身近な問題」を考える視点

　『社会科教育』5月号(1995年4月)の特集「『身近な社会問題』授業にどう入れるか」は興味深い内容に満ちていた。歴史教材の開発に日頃から関心を持っていた筆者にとっては西尾一氏や氏家和彦氏の論文は示唆に富むものであった。とくに感銘を受けたのは増田勝三氏の「昭和の歴史を『身近な問題』とどう結びつけるか」と岩田一彦氏の「人の表情が見える社会科授業」であった。
　増田氏は「身近」とは何かという問題を根本的な命題としている。そして、従来の地理的なとらえ方に異を唱え、児童にとってのその事件への関わり方に基準を置いている。これは歴史教材の開発に興味を持つ多くの教員に示唆を与えたに違いない。
　また、この増田氏の論点を念頭に置いたとき、岩田氏の次の指摘は、今後の「身近な」歴史教材の開発の方向を明確に指し示すことになろう。
　「人は何にもっとも関心を示すだろうか。それは自分の体験からも、他の人への関心である。(中略) 人の生きざまや表情を組みこみながらも、科学性の高い内容につながっていく授業の開発が求められている。」
　すなわち、時間や空間(地理的)を遙かに異にする歴史的事象であっても、そこに児童が関わってみたいと考えるような、人の「生きざま」が垣間見える教材の開発が必要だと考えられるのである。
　これまで、「身近な歴史教材」は郷土の歴史、郷土の事件ではないかと考えが

ちであったことに落とし穴があったかもしれないということをこれらの論考は示している。

第❷節　人物史教材の開発の必要性と危険性

　身近な問題を教材化しようと考えるとき，もっとも苦心するのは古代史・中世史の教材である。また，都内私立中学校での授業のように，郷土を必ずしも共有しない生徒の集まる学校の授業においては身近な問題の教材の開発には困難を極める。そのとき，地理的な問題ではなく，児童・生徒が積極的に関わってみたいと考え，しかも人の「生きざま」が垣間見えるような教材の開発というと，やはり人物史が考えられなければならない。しかし，古代史・中世史において「生きざま」が垣間見える人物史の教材の開発は一層の困難を極めることになる。ここに教材開発の危険性がないわけではない。

　本書では4章と5章で明治20年代に成立した聖徳太子教材に注目した[6]。明治20年代の歴史教育はそれまでの天皇歴代史から人物史への転換期であったと考えられる。すなわち，それまでの歴史教材，とくに古代史教材は，『日本書紀』などの古典を簡略化したものが中心であった。ただし，その簡略化の過程には，簡略化をおこなう人の歴史観が重要な意味を持っていたから，幕末・維新期に広く使われた歴史教科書『国史略』のように，聖徳太子に対する低評価が見られたのである。しかし，人物史による教材編成はその評価を変えていくことになった。

　明治20年代以降，戦前の人物史教材は英雄伝とも言うべき価値観がほぼすべての教材に徹底され，忠君愛国の教育観を色濃く反映していくことになる。聖徳太子教材もその典型的な教材となり，明治20年代以前に見られた聖徳太子低評価は消え，偉人・英雄伝のひとつとして，日本の古代社会を教授するための必須の教材となったのである。

　筆者はこの例で見られるような人物史を「身近な問題」としての歴史教材と考えるのではない。そして，このような教材をむしろ危険な教材と考えるのである。なぜなら，このような戦前の人物史教材に見られる共通した特徴は岩田

氏のいう「科学性の高い内容」とはなっていないと考えるからである。

すでに述べたように、人物史が身近な教材として、児童・生徒に受け入れやすい教材であることは、身近な教材の開発において常に考えられなければならないことではあるが、それが高い科学性を失い、単なる偉人・英雄伝となってしまう危険性がある。つまり、人物史の教材の開発の必要性は危険性と隣り合わせの問題である。

第3節 再び「身近なもの」とは何かを考える

社会科教育において「身近なもの」をいかに教材として開発していくのかという課題設定が一方に存在する。しかし、もう一方に社会科教育が教材として扱ったものが「身近なもの」になっていくという事実もまた存在する。

筆者は「身近なもの」から教材が開発され、それが教授されることによって、その教材は児童・生徒にとって、より「身近なもの」として定着し、児童・生徒の歴史認識となる。そのような教材の開発こそが「身近なものを授業に取り入れる」ということだと考える。

したがって、今日求められている「身近な教材」とは、けっして地理的な「身近さ」をいうのではなく、児童・生徒が積極的な関わりを持とうと考えるような「人の生きざま」が垣間見え、しかも、その教材が「身近な問題」として授業を通じて定着することによって、児童・生徒の生活を支えるような教材でなければならないと考えるのである。

そこで注目されるものは「教育の問題」ではないだろうか。児童・生徒にとってもっとも「身近に」存在し、彼らの日常生活のほとんどを支配しているともいえる「教育の問題」のなかから教材の開発を試みることが求められるのではないだろうか。歴史教材に注目すれば、今日までの教育史学（教育の歴史や教育の問題を歴史学的に考える学問領域）の成果をどのように教材として編成できるのかに注目すべきではないかと考える。

第4節　日本古代教育史から開発する人物史教材

　古代・中世の民衆の「生きざま」を垣間見ることができる教材を開発することは容易ではない。その最大の理由は絶対的に史料が不足しているからである。まず，民衆の生活が文字文化とは必ずしも密接ではなかった時代，民衆自身が書き残した記録はほとんど現存しない。支配層によって記録された史料のなかに，民衆の生活を見出すことはけっして不可能ではないがそこには資料的限界がある。ただし，支配層によって記録された史料であっても，その分析によって，民衆の生き生きとした姿を見出すことは可能である。

　ここに，ひとつの史料を紹介したい。そして，このなかに登場するひとりの人物を取り上げたい。それは『東大寺要録』[7]に散見する「三島島継」伝であり[8]，三島島継その人（以下省略して島継）である。島継は東大寺に深く関係した木工技術者であり，後に「大夫大工」（五位以上の官位を持つ木工技術者）にまで昇進した人である。

　この島継に関する『東大寺要録』の記録が正確であるか否かは別問題として，この人物の存在は確実で，架空の人物ではない。[9]

第1項　なぜ三島島継は人物史教材として注目できるか

　島継は『東大寺要録』によるといやしい身分から身を起こし，「大夫大工」にまで出世しているが，その個人的努力の過程に，この時代を生き抜いた民衆のエネルギーを垣間見ることができる。また，遣唐使として中国に渡るなど時代の全体像を知るうえで重要な経歴を持っている。そのうえ，島継が属した東大寺を通して，古代寺院が果たした歴史的役割を知ることができる。このような点に島継が歴史教材として検討される理由が見出される。

第2項　史科に問題はないか

　『東大寺要録』の島継関係史料を取り扱ううえで注意しておかなければならないことがある。それはいわゆる「史料批判」の問題である。実はこの「三島島継」伝には信憑性にかける記述が多く存在しているという問題がある。[10]「東大寺

要録』に見られる島継像はかなり脚色され，伝説的な人物として描かれている。この原因は『東大寺要録』「三島島継」が島継の実際の生存期よりかなり後に書かれたものと推察できることにある。いわゆる英雄伝の形式で『東大寺要録』が収録していると言ってもよい。すでに「聖徳太子教材」を例にとって論述したように。『東大寺要録』の記述をそのまま教材として採用すると，危険な人物史教材，すなわち，英雄伝の教材になってしまうということである。そこで，英雄伝としての島継像とそこからかいま見える島継の実像とを区別できる厳格な史料批判が行われなければならない。[11]

第5節　むすび

　教材の開発は教育実践の最も基本的な課題であるし，日々の学校教育の基本作業と言っても過言ではない。とくに，社会科教育においては，「身近な教材」の開発は継続的にされなければならない。また，その作業は慎重かつ厳格な史料批判をともなったものでなければならない。しかし，この作業を継続していくことが，社会科教育には必要である。

【注】
（1）『教育科学　社会科教育5』No.405, 明治図書，1995年。
（2）　同上　59ページ「歴史的事象を身近な問題とどう結びつけるか」，同上　64ページ「明治大正の歴史を身近な問題とどう結びつけるか――中2・大正デモクラシーの授業実践を通して――」。
（3）　同上　69ページ。
（4）　同上　109ページ。
（5）　同上　109ページ。
（6）　本書第5章「聖徳太子教材の成立」参照。
（7）『東大寺要録』筒井英俊校訂，図書刊行会，1971年。
（8）　同上　『東大寺要録』第四諸院章　第四講堂条に「日本感霊録」がある。これを「三島島継伝」と呼ぶ。
（9）『東大寺要録』巻7雑事章10「一大仏後築山事」に見られる記録や『続日本後紀』の承和の遣唐使に関する記録から総合的に判断して，架空の人物で

はない。
（10）　この点はすでに多くの研究者によって問題とされている。清水善三「平安時代初期における工人組織についての一考察」『南都仏教』19，1966 年や浅香年木『日本古代手工業史の研究』法政大学出版局，1979 年などで論じられている。
（11）　この史料から教育史上の何を確認できるかおよび史料批判については拙稿「古代日本官営工房から私工房への発展過程に見る初級技術教育の変遷」『教育学雑誌』23 号，1989 年を参照されたい。

第10章

新しい教材の開発を目指す史料の発掘
―古代日本における塩と瓦の関係についての研究―

第1節　はじめに

　日本教育史の諸領域のなかで，立ちおくれを指摘されることが多かった古代教育史においても，桃裕行氏の『上代学制の研究』(1)と久木幸男氏の『大学寮と古代儒教』(2)とは不動の地位を占める業績であることは言うまでもない。このようなすぐれた先行研究がありながらもいまだに古代教育史の立ちおくれを指摘されるのは，両氏の業績をふまえて，それらを継承・発展させるにたる力量を持った研究者が古代教育史研究に立ち向かわないことに原因があることは言を待たない。ただ，1984年4月『講座日本教育史』(3)が刊行されたことは，古代教育史研究史上，ひとつのエポックを画された事件であったとさえ言えるだろう。とくにこのなかで，石川松太郎氏の概説は古代教育史研究の視点を再確認させ，(4)桃氏の論考(5)は新たな事実を示したのみならず，古代教育史研究の論証の方法を具体的に示し，久木氏の研究動向(6)はこれまでの古代教育史の成果とこれからの方向を明確に指し示した点で大きな意義があった。この『講座日本教育史』の古代教育史に関する編集方針や各論考の多くは古代教育史の問題を，大学寮など「学校」とその周辺の問題，それに仏教に関わる教育の問題のふたつを2本の柱とし，3番目に女子教育や医学教育など個別のテーマにしぼった教育の問題を位置づける立場をとっていることがうかがえる。しかし，1本の柱となるべき仏教に関わる教育の問題のうち，寺院の有する先進技術と民衆生活との関係を論ずる視点が欠けているように思われる。

かつて8世紀の造寺事業の労働組織の分析を通して，その過程に先進大陸文化の伝達機能を考えようと試みた。その結果，造寺事業など苦役に動員される民衆と国家との間に無視できない教育的関係があった可能性を見い出した。本章はその延長として「塩」と「瓦」をとりあげ，それらの古代社会における位置とその生産組織・生産技術の問題を検討し，一見無関係と思われるこのふたつが民衆生活のなかで実は深くかかわることを考察し，そこに8世紀の律令体制のなかでさかんに行われた造寺事業の教育史的意義を見い出し得ることを検討する。そして仏教の持つ教育機能を民衆に視点を置いて再考しようとする。

第2節　古代の「塩」と「瓦」

　「塩」はラテン語ではサラリウムといい，サラリー（給与）の源語となったことは周知のことである。わが国においても古代に「塩」が官人への給粮の一部として用いられたことを示す史料が多く残っている。8世紀の国家的大事業のひとつである造寺事業を主たる任務とした令外の官「造東大寺司」においても事業に参加した官人や技術者に給粮の一部として「塩」が支給されていた。ここでは製瓦の問題をも念頭に置き造瓦所での「塩」の支給の例をあげておきたい。

　　　造瓦所解　　申請粮米事
　　　合米伍斛参斗三升陸合　瓦工別二升
　　　領別一升二合
　　　（中略）
　　　〇塩伍升捌合　人別二夕
　　　（中略）
　　　海藻参拾弐斤拾両　瓦工別二両
　　　領別一両
　　　（以下略）

このように米とならんで「塩」が官人への給粮の一部として支給された例は「右衛士府」[9]「雅楽寮」[10]「内蔵寮」[11]「写経所」[12]など職種を問わず多く見られる。また「塩」のひとりあたりの支給量は造瓦所の史料では「人別二夕」とあるが，必ずしもすべての人に一律に支給されたわけでもなく，支給量も「二夕」と定まっていたわけでもない。次の史料は「経師校生等布施食法等定文」[13]であるが，

　　食法
　　一経師幷装満一日料　除装満大小豆麦糯米生菜直銭
　　米二升　海藻一両　滑海藻二分
　　漬菜二合　醬未醬各六夕　酢四夕
　　塩四夕
　　一校生一日料
　　米一升六合　海藻一両　滑海藻二分
　　漬菜二合　醬未醬各六夕　酢四夕
　　塩四夕
　　（以下略）

とあり職能によって一日の支給料が異なる場合もあることがわかる。ここに見られる「塩」は，令の規定には見あたらないが，律令制の発足当初から行われていた「月料」「要劇料」「番上料」など官人に対する給粮のひとつであったと思われる[14]。また，「塩」は政府から民衆に下賜されるものとしての役割を担っていたことは『続日本紀』に見られる次の記事からうかがうことができる。

　　　　左右京百姓遭涝被損七百余烟。賜布穀塩各差有[15]

なお，力役に徴発された民衆にまで給粮が行われたか否かについては論争がある。それは雑徭に対して食料を支給するのが法意であるとする弥永氏らの考え方[16]と本来支給されないのが原則であったとする長山氏らの考え方[17]との論争である。しかし，8世紀に，王臣家や貴族・社寺が墾田開発に必要な労働力確保

第10章　新しい教材の開発を目指す史料の発掘　219

のための重要な手段として食料の支給を行っていたことは動かしがたい事実であり，8世紀以後の雑徭においては給粮が行われていたことに問題はない。そのうえ「仕丁」が「日別米二升，塩二夕」[19]の支給を受けていたことも事実である。このように政府の行う公的運営においても，私営田開発という私的運営においても「塩」が「給与」的側面を持っていたことが明らかである。これは8世紀における「塩」の経済的意味の大きさを示していると言えよう。

　この8世紀の「塩」の持つ意味に対して「瓦」は民衆の生活とほとんど関係がないばかりか，貴族層の間でもあまり普及していなかった。次の史料は『続日本紀』に見られる神亀元年（724年）の記事であるが，「瓦」の普及が進んでいないことを示している。

　　　太政官奏言。上古淳朴。冬穴夏巣。後世聖人。代以官室。亦有京師。帝王為居。万国所朝。非是壯麗。何以表徳。其板屋草舎。中古遺制。難營易破。空殫民財。請仰有司。令五位已上及庶人勘營者構立瓦舎。塗為赤白。[20]
　（アンダーラインは筆者）

　都の五位以上の貴族の屋敷でさえ太政官が奨励しなければならない有様であった。また，帝王の徳を表すためにも宮室の壮麗であることを求めているなど，「瓦」は政治権力の象徴的意味を有していたものと思われる。むしろ，「瓦」がいまだ政治権力の象徴的意味を有していたことそれ自体「瓦」が民衆生活とほとんど関係なかったということばかりか，支配者層の経済力の象徴ではあっても，「瓦」それ自体が経済的価値を持ちえなかったことを示していると言えよう。
　しかし，これまで述べてきたことからもわかるように「瓦」を使用した寺院建築物の荘厳さなくして宗教的権威を背景とした朝廷の鎮護仏教政策の意義はない。また逆に，造寺事業に徴発する技術者や民衆へのある種の労働条件整備—給粮の一部としての「塩」等を確保すること—なくして鎮護仏教政策が存立しえなかったということもできる。このように「塩」と「瓦」は8世紀の寺院のなかでまったく無関係であったとは言えず，宗教的権威を背景とした国家政策のなかで強く関連するものであった。

第3節　古代の「製塩」と「製瓦」

　古代の「製塩」に関する研究はこれまで大別して3つの分野からアプローチされてきた。まず，宮本常一・渋沢敬三両氏らによる民俗学からのアプローチ[21]，次に渡辺則文氏らによる文献研究を中心とした歴史学からのアプローチ[22] 3番目に近藤義郎氏を中心とした考古学からのアプローチ[23]である。古代の製塩技術という面から言えば，『日本の考古学』に収められた近藤・渡辺両氏による論考がほぼ現在の研究成果の到達点と言うことができよう。また，「塩」を文化として総合的にとらえ，労働慣行から製塩技術にまで及んだものとしては，『日本塩業大系』[24]をあげることができるだろう。これらの先行研究によって，かなりその実態が明らかにされていると言ってもよい。その他注目すべき古代製塩に関する論考としては，井上辰雄氏[25]，岡本明郎氏[26]，広山堯道氏[27]らのものがある。これらから概説的に8世紀の塩業の実態を述べるならば，この時期はわが国の製塩技術史における最も重要な転換期のひとつであったと言うことができるだろう。

　わが国のように岩塩を産しない自然環境のもとでは塩は人為的に生産されなければならない。まして塩は人間生活に必要不可欠のものである以上，製塩の歴史は大変古いものであったと思われる。しかし，わが国において，原料は海水が中心とならざるをえず，その海水をたとえば汲み上げておいて自然蒸発によって塩を得る方法，いわゆる「天日製塩」は湿度等自然環境からいってわが国ではあまり期待できない。このような環境のもとで現在ほぼ確認されている製塩方法は師楽式土器など「製塩土器」を使用した土器製塩法である。その方法は土器のなかに海水を入れて煮詰めるものであるが，海水を直接煮詰めるよりは海水の塩度を高めておいてから煮詰めるほうが生産性が高いことは当然である。ここにすでに製塩におけるふたつの技術の分離があったものと思われる。つまり，採鹹技術と煎熬技術との分離である。ここで重要なことを確認しておかなければならない。それは「製塩土器」の発掘報告はほぼ全国に及び，6・7世紀のわが国では全国的に製塩が行われていたということである[28]。そして8世紀はこのふたつの技術が同時に転換した時期であったと考えられる。採鹹部門では鹹度を高めるために藻を利用した「藻塩焼き」の段階から「塩浜」の利用

へ，煎熬部門では土器から鉄釜・石釜・土釜など「釜」の利用へという発展である。つまり，塩田と釜の発生という製塩史上の一大転換期が8世紀という仏教の広範な普及期と重なるのである。寺院もしくは寺院建築に熱心であった支配層が経済的価値のある「塩」の生産技術の転換に関わったのか否かは古代教育史研究の重大な関心事と言える。

多くの史料は製塩と寺院の関係を否定しないのである。筑紫観世音寺の問題は，塩と寺院の関係を示すものとして大変興味深い。観世音寺と製塩の関係は従来から指摘されてきた問題であった。とくに井上辰雄氏の『古代製塩の生産形態─肥公五百麿を中心として─』は古代の「塩」研究において欠くべからざる先行研究である。この論考は観世音寺が所有する鉄製塩釜を筑前の郡司（肥公五百麿）が借用し，製塩を行っていた事実に注目したもので，このこと自体寺院の塩生産に果たした役割を示していて，教育史の問題として重視されるべきである。さらに観世音寺建立の経過をふり返りながら検討すると塩と造寺事業との間に否定しがたい関係があったことがわかる。『続日本紀』和銅2年2月（709年）の条に

筑紫観世音寺。淡海大津宮御宇天皇為後岡本宮御宇天皇誓願所基也。[29]

と見え，観世音寺は朝鮮出兵中，九州で崩じた母親斉明天皇のために天智天皇が発願した寺院であることがわかる。続いて

雖累年代。迄今未了。宜大宰・商量充駈使丁五十許人。及逐閑月。差発人夫。専加検校。早令営作[30]

とあるから，天智が崩じた年（671年）に発願したとしてもそれから30年以上経過した和銅2年の段階でも完成していないことがわかる。また少なくともこの和銅2年にはすでに建立が始まっていたものと考えざるをえないのに，天平17（746年）11月の条には

遣玄昉法師造筑紫観世音寺⁽³¹⁾

とあり，この段階でもいまだ完成していないことがわかる。実際に観世音寺が完成したのは，この翌年天平18年（747年）であるから，発願してから70年以上，和銅2年の史料からでも30年以上経過しており，観世音寺は完成までに非常に長い年月を費やした寺院であったことがわかる。また，天平17年の史料に見られるように，このとき玄昉が観世音寺の建立を命ぜられているが，実はこの時玄昉は都で恵美押勝との政争に破れ，配流されたのである。当時の観世音寺が恵まれた環境の寺院であったとは考えられない。しかし，観世音寺は天平10年3月に食封一百戸が与えられており⁽³²⁾，政府の保護下にあったことも明らかである。この後も天平勝宝元年に大安寺や薬師寺などとともに『続日本紀』の記事に登場する⁽³³⁾など常に政府と深い関係を持ち，九州の仏教の拠点のひとつとして活躍したことは疑いない。この観世音寺建立の「テコ入れ」策と思われるのが，先に見た和銅2年の史料に記されていた製塩用鉄釜の下賜である。

　　山章
　　焼塩山弐処
　　志麻郡加夜郷蠅野林壱処
　　従寺焼塩所東方南端，下高毛伏拠境西
　　四至土境二浜一院所北方東端沢西北二沢当境
　　（中略）
　　<u>熬塩鉄釜壱口</u>　口径五尺六寸　厚四寸
　　口辺朽損
　　右，和銅二年八月十七日官所施入⁽³⁴⁾
　　（以下略）（アンダーラインは筆者）

この和銅2年に下賜された鉄釜が井上氏の論考に見られる郡司に貸し出された製塩用鉄釜であった。建立期間が異常に長い観世音寺の建立過程で建立促進の「テコ入れ」が行われた年に官より鉄釜が下賜されたこと，そしてその鉄釜

が地方の郡司の塩業開発に用いられていたことに，塩と寺院との無視されがたい関係が存在すると考えられるのである。

寺院が製塩に対して強い関心を持っていたことを示す史料は多い。まず，よくとりあげられる『続日本紀』霊亀2年の記事を以下に示す。

　　備中国浅口郡犬養部鴈手。昔配飛鳥寺<u>焼塩戸</u>。誤入賤例。
　　至是逐訴免之。(35)（アンダーラインは筆者）

また，「法隆寺伽藍縁起流記資材帳」(36)や「西大寺資材流記帳」(37)など寺院の財産目録のなかに「海浜」とか「塩山」という記述が見え，寺院自らが8世紀に製塩にのり出していたことが確認できるのである。

一方，製瓦はどうであったろうか。ほとんど民衆の生活には無縁であった瓦を作る技術を民衆が有していたはずはない。けれども8世紀のように全国的に寺院建築が行われた時期こそ瓦の需要は著しく増大したであろうし，製瓦技術者を養成する必要性も起こったと考えるのが自然である。ただ，製瓦が製塩と決定的に異なる点は民衆のなかで発達した在来の技術が乏しかったということである。それゆえ製塩におけるような技術の転換という言葉は本来適当でなく，「技術の導入とその消化」というべきである。この技術の導入とその消化の中心的役割を果たしたのは言うまでもなく造寺司であり，寺院であった。重要なことは寺院や支配者層が製塩に見られるようにすでに民衆レベルで発達していたと思われる技術，製瓦のように民衆に広まりがなかったと思われる技術，これら性格の異なった技術をいかにして同時に所有し，発展させたかということにある。少なくとも広く行われていた製塩すなわち在来技術も，新たに導入された技術すなわち製瓦もいったんこの時期政府の仏教政策のなかで全国的にかもし出された寺院建築ラッシュというフィルターをそれら技術の発展過程で，ともにくぐり抜けていったと考えられるのである。個々の技術の発達や開発にのみ目を向けるのではなく，それらが同時に通りぬけねばならなかった技術史上，もしくは文化史上の「時期」の存在を，古代教育史として確認しておく必要があろう。

第4節 塩と瓦の接点

　ここで塩と瓦が造寺事業や寺院と深く関係するという共通点だけでなく，民衆生活においてもけっして無縁ではないことを明らかにしておく必要があろう。それは製塩と製瓦とを同時に古代教育史の問題としてとりあげた本章の基本的視点とも言えるのである。8世紀は各地に寺院が建立され文化的に急成長した時期であり，律令体制の名のもとに民衆が苦役にかり出されていた時代でもあった。同時に民衆自身の生活が大きく変化をとげた時代でもあった。人間の生活における最も基本的なこと，つまり「食う」ことが大きく変化し始めた時期であったと考えられるのである。この問題に関しては，関根真隆氏の『奈良朝食生活の研究』[38]という優れた研究がある。それによるとわが国の食文化を特徴づける「みそ」・「しょうゆ」など醸造食物の全国的な普及期がこの時期にあったと思われるのである。

　8世紀の史料の多くが給粮として米・塩を支給していたことはすでに見たが，その他見落とすことができないものとして塩を原料とした醸造食物の存在がある。次の史料は「造甲賀山作所」の「申請用雑物并作材木及人散等事」[39]の記事である。

　　　合銭壱拾伍貫　「合」六貫去年十二月十九日　並自庄
　　　　　　　　　　「合」九貫当年正月一日
　　事米弐拾斛玖斗参升捌合
　　十八斛七斗八升買
　　六斗五升八合去年十二月十八日自庄請
　　一斛五斗長上船木宿奈万呂私米便借用
　　海藻参拾連　十連去年十二月廿六日
　　今年正月一日
　　滑海藻肆嶋　今年正月一日
　　未醤弐斗伍升　今年正月一日

斛滓参斗伍升　今年正月一日
　塩伍斗壱升伍合
　(以下略)

　ここには「未醬」が見えている。「未醬」の発生地はおそらく中国であろう。しかし，その流入とわが国での発達の過程は必ずしも明確ではなく，大豆栽培の起源がどのくらいさかのぼれるかにかかっていると言えるだろう。しかし，8世紀において，発生地中国の「未醬」に比べるとはるかに塩分の多い日本的「未醬」が生産されていたことは確認されている。説によっては，当時単位量あたりの値段が米よりも高価であったと言われている塩を原料とした醸造食物が下級官人や技術者，それに仕丁ら庶民も働いていた「造甲賀山作所」においても実際に食されていたことを確認しておきたい。このような事実は 8 世紀において塩が単に生命を維持する「生理食塩」としての地位から完全に抜け出し，調味料および保存食物の原料という新たな地位を確立するに至っていたことを示している。また本来大陸で作り出されたと思われる塩を原料とした醸造食物は仏教文化と深く関連してわが国に導入されたことが想像される。もちろん，わが国の在来文化として，塩を神事用に用い，「清め」として使用する習俗があったことは事実である。しかし，延喜式に見られる仏事の供物のなかに塩を原料とする食物が多く発見でき，神事用の塩を用いた食物の種類を圧倒していることは仏教と塩との関わりを示す好例と言えるだろう。(40)この食物史上の塩の地位の変化と仏教との関わり抜きで 8 世紀の塩を考えるべきではない。

　本節のねらいとして重要なことは，塩を原料とした醸造食物と製瓦技術とが深く関わることである。つまり，醸造食物の生産の特徴はほぼ 1 年間の消費量を一度に生産することにある。それゆえ「大形の醸造容器あるいは貯蔵容器というものが必要」(41)となる。8 世紀においてこれに相応するのが甕・由加・瓺などである。とくに大量の醸造食物を生産・保存するとすれば「甕」を考えなければならず，「さすれば当然須恵器製であったと考えなければなるまい」(42)ということになる。関根氏の指摘を引用しよう。

（略）これら大形の器が作られるようになって初めて各種の醸造技術も進歩発展し、より良質の醸造食物が大量に造られるようになったと考えられる点、その須恵器生産の技術伝播は醸造技術史の上からも注目されなければなるまい。これら大形須恵器の生産にともなって大がかりな各種醸造法が、すでに全国的に拡まっていたことが推測できるのである。[43]

そして、この須恵器生産と製瓦との間に深い関係がある。この問題については、すでに考古学の分野から報告されていることで、ここでは概略を述べる。須恵器の生産は律令体制以後、東日本と西日本とでは異なった発達を示す。7世紀以降須恵器生産が急速に発展し良質なものを生産するようになるのは東日本である。この点に関し、坂詰秀一氏は関東地方の須恵器の検討を通して、国分寺の瓦窯の出現が須恵器の窯に大きく影響したことを指摘している。[44]考古学の現在までの成果として、東北・関東「各地における国分寺の造瓦窯場は、その創設期のものは瓦塼の生産を主体とし、時代の下降にともなって須恵器の生産をもあわせ行っていた」とする考え方が通説となっているのである。[45]

以上見てきたように、塩と瓦とはその形を醬と須恵器に変え、「食」という生活文化の最も基本的な部分で結びついていたことがわかるのである。

第5節　製塩・製瓦技術の所有

製塩や製瓦を考えるうえで、それに必要な技術を民衆自らが開発できるものなのか否かが重要な問題となる。技術がさほどむつかしいものではなく、自然発生的にすべての人間が獲得できるものであるのか否かを考えることによって、寺院や造寺事業の果たした役割を教育史の立場から明確に位置づけできるのである。

製塩に関しては職能がどのように区分されていたかを検討できる8世紀の史料は見あたらないのだが、近世以後の入浜塩田での労働慣行はかなりくわしく検討されている。[46]まず、採鹹部門（入浜塩田での浜労働）について、近世以降著名な塩生産地のひとつであった三囲尻浜では、「庄屋」「上脇」「三番」「炊き」

「寄女」「沼井踏」という6種の職能にわかれていて，これらで「一軒前」という最小単位を構成していたらしい。また，これら6種の職能が互いを呼びあう場合，「かない」や「やうち」とかいう言い方をしており，これらが家族的結びつきをもっていたことが知られる。つまり，近世以降，大規模な入浜塩田が見られるようになってからはすでに塩業労働者を職能でもって区別する労働慣行が成立したと考えられるが，この原型は中世の揚浜塩田時代の家業としての家族労働の形態に求められる。だから塩田による採鹹技術が開発された当初は「夫が撒砂し，その妻が鹹水の運搬をし，長男や次男が沼井踏をする」という労働形態が一般的であったものと考えてよいだろう。次にこの6種の職能の具体的な作業内容を見てみたい。これらの職能のうち，「庄屋」「上脇」「三番」「炊き」が常雇いであって，「寄女」「沼井踏」は季節的に雇われる臨時の身分であった。常雇いのなかでも「炊き」はいわゆる「見習い」の身分で「浜に出て沼井を掘ることから『はまびき』を引くことなど，次から次へと仕事を見覚えさせられる[48]」立場にあった。「炊き」にはもうひとつの重要な仕事として，各職能の炊事の世話があり，結局のところ雑用をしながら「浜の仕事」を覚えるわけで専門技術者とはまだ言えない。この雑用係兼見習いの期間は1年間であったのが一般的で，もし仮にもう1年間「炊き」をやった場合「二年炊き」という特別な言われ方をしてからかわれたようである。それゆえ，2年間も「炊き」の職能にあることはめずらしいことだったものと思われる。そして「炊き」を終えると次に「三番」と呼ばれる職能となる。この「三番」の職務は道具類の修繕・整備と日雇いの雇い入れであり，技術的な面と労務的な面の両方にたずさわったらしい。しかし，まだ「見習い」的な面が残っている。なぜならこの「三番」を「二年もすると，大抵は『上脇』に昇格する[49]」といわれていて，この「上脇」が実際に浜での労働の中核となる職能であったからである。「上脇」になると浜の最高責任者である「庄屋」の相談相手となり，塩田経営の重要な職務をも受け持つこととなる。そしてこの「上脇」を7年間から10年間つとめると大抵が「庄屋」に昇格したと言われている。これらのことから総合して採鹹部門の塩業労働者育成の問題を考えてみると入浜式による大規模塩田による製塩の時代においても「炊き」から15年間程度で「庄屋」というひとり前の塩田経営者

になれるわけだから，技術的に入浜式よりはるかに原始的であったと考えられる塩田発生期の採鹹部門は家族労働のなかで親とともに15年間前後労働すればひとり前の浜経営者になれたものと考えてよいだろう。つまり，8世紀に行われていた原始的な塩田法では採鹹作業は必ずしも獲得するのにむつかしい技術であったとは思われず，「見よう見まね」もしくは労働参加によって十分に習得できた程度の技術であったと言えるだろう。

　これに対して，専門的技術者の養成が必要となるのは煎熬部門である。筑紫観世音寺の問題はすでに述べたが，そこで見たように製鉄の塩釜を借用して近郊の豪族が製塩を行っていた事実があった。これは鉄製塩釜を用いることが製塩において有効な手段たり得ることを示している。有効な手段たり得る理由は，製塩における最大でしかもつい最近まで難問として横たわっていた「燃料効率」の問題があったからにほかならない。このことは古代の製塩地所有の問題が採鹹部門すなわち「塩浜」の所有としてはあらわれず，塩浜が「塩山」・「塩木山」という燃料用山林の所有に従属した形であらわれることにも示されている。このように，古代の製塩技術の問題を考えるとき，煎鹹技術の問題が採熬技術の問題以上に重視されなければならないことを示している。しかし，8世紀の技術革新において最も重視されなければならないこの「鉄釜」は民衆に急速に普及したわけではない。かといって民衆の塩生産が完全に寺院に圧倒され，消滅していったとも思われない。だから，従来からの土器生産の段階が一方では広範に継続されていたものと考えられる。しかし，そのなかで8世紀を境に急速な製塩土器の消滅が見られ，おそらく石釜や土釜が普及していったと思われる地域があり，それらの地域が後の塩業の中心地として発展していることが注目できる。それは，鉄釜を所有していた支配層による製塩に対する対抗上のことであったのか，支配層による影響であったかは別として，鉄釜にしろ石釜にしろ，これら釜の発達が他地域の土器製塩を凌駕するに等しい技術であったことは疑えない。そして次にこの釜の発生がそれにともなう専門技術者の発生をうながしたことについて述べておかねばならない。

　製塩用の石釜とは多くの石を組み合わせて築くもので，半永久的に使用できるものではないと考えられるのである。この点に関しても8世紀の史料は見い

出せないが，近世以降の塩業の労働慣行についての民俗学からの興味深い成果がある。

浜でとれた鹹水を「釜焚き」する，つまり煎熬部門を担当する職能は普通「釜子」と呼ばれていた。またこの「釜子」は近世において「大工」とも呼ばれていたというのである。この「大工」という呼称の由来は，石釜を置き煎熬作業を行う建物いわゆる「釜屋」を建てることを職務としていたからのみならず，「石釜は約40日ぐらいしか持たないので，そのたびに築きなおさなくてはなら」[50]ず，それも「釜子」の仕事だったからとされている。近世の塩業では実際には25日程度で石釜を築き直すのが一般的であったようだが，煎熬部門を受け持つ職能にはこの石釜造りの技術が要求されていたことがわかる。同時に「釜子」は釜を築くだけでなく，その釜をのせる竈造りをも行うのである。このように煎熬部門において8世紀に求められる釜の出現は専門技術者の出現をも伴うものであった。

以上見てきたことから考えられることは，寺院が鉄釜を所有していたことの重大な意味である。鉄釜は定期的な再構築の必要がない釜であって，それ自体が高度な「技術」と言ってもよいほど価値があるものと言える。また，民衆がこの鉄釜を所有できないことは，それをのせる竈造りの技術を所有する者はこの鉄釜所有者である寺院に付属せねばならないということになる。ただ，この鉄釜を貸し出すことを寺院が拒絶していたわけではないことは観世音寺の鉄釜の例からもわかることである。しかし，燃料用山林である「塩山」の所有が古代寺院の製塩の最大関心事であり，それをめぐる地域民衆とのトラブルさえ起こしていたことから，鉄釜を貸し出そうが貸し出すまいが結果的に寺院が製塩におけるリーダーシップをとることのできる地位にいたことを意味している。また逆に8世紀の寺院の資材帳に「塩山」が見えることは，先進的製塩技術の保有者であったことをも意味していると考えてよいだろう。

一方，「製瓦」はどうであろうか。「製瓦」の労働編成の問題を検討する史料としては，「造東大寺司牒解」[51]があって，「造瓦所」の職能構成と実際の作業への動員の様子を見ることができる。しかし，今度は「製塩」とは逆にそれら職能間の関係はわからない。ただこれを分析してみると興味深い技術伝達の問題

が考えられる。

（略）
造瓦所別当弐人　判官正六位上葛井連根道
散位従八位下坂本朝臣上麿
単口柒伯玖拾参人　五十七人将領二百廿五人瓦工
五百十一人仕丁
作物
焼瓦一万五千八百八十枚　　功一百五十六人
採瓦焼料薪九百十八荷　　　功四百五十九人
採火榉卅枝　　　　　　　　功五人
修理瓦屋一宇長冊五丈　　　功卅二人
開埴穴井堀埴　　　　　　　功十五人
請仕丁等養物参向大津宮　　功八人
料理瓦工等食物　　　　　　功卅人
運瓦寺家　　　　　　　　　功卅人
（中略）
以前、二月中作物并雑工等散役、及官人上日、具件如前、謹解、
天平宝字六年三月一日主典正六位上志斐連麻呂、
（略）
造瓦所別当弐人　判官正六位上葛井連根道
散位従八位下坂本朝臣上麿
単口捌伯拾参人　五十五人将領二百卅人瓦工
五百廿八人仕丁
作物
作瓦一万一千四百八十五枚　功百卅五人
打埴十三万七千八百斤　　　功三百五十一人
開埴穴井堀積埴　　　　　　功卅五人
修理瓦屋三宇別長八丈　　　功卅三人

第10章　新しい教材の開発を目指す史料の発掘　231

掃浄瓦屋四宇一宇長卅五丈　功廿六人

三宇別長八丈

奉請弥勒観世音幷像二体珍努力宮

功百廿八人

雑工等廝　　　　　　　功五十人

（中略）

以前，三月中作物，幷雑工等散役，及官人上日，具件如前，謹解，
天平宝字六年四月一日主典従六位上阿刀連酒主

（以下略）

　まず，上の史料から「上日」日数を27日から30日くらいとして試算すると，この工房が別当ふたり，将領ふたり，瓦工8人，仕丁18人程度で構成されていたものと考えられる。ただ，雇役制がすでに一般化していたと思われるこの時期に「雇夫」がまったく見られないこと，そして仕丁の工房構成員全体に占める割合が同じ時期の「造東大寺司」の他の工房と比べて異常に高いことは留意されるべき点である。また表10-1は職能構成と作業内容を比較してみたものである。

　これを見ると2月には工房構成員全体の80％近くが「瓦焼」やそれに必要であったと思われる薪の採集にたずさわっており，3月の史料では工房構成員全体の60％近くが「作瓦」とそれに必要と思われる「埴」を打つ作業にたずさわっていたことがわかる。このことから，おそらくこの工房が全体としてひと月を単位に瓦作りの工程のひとつひとつの作業を行っていたものと考えられ，

表10-1

	雑工	仕丁	雇夫
木工所	30～40％	10％	20～50％
鋳所	35％	5％	50％
遣香山薬師寺所	70％	0％	3％
造仏所	80％	10％	0％
造瓦所	30％	65％	0％

「瓦工」と呼ばれる専門技術者と一般的には非技術者とされている「仕丁」との間に身分上の区別はあるものの，職能として明確に分業化され，"流れ作業"的な作業形態をとっていたとは考えられない。それゆえ，あくまでも「仕丁」が「瓦工」の下働きとして働いていたことは疑いえないにしても，「仕丁」が瓦造りの全工程を経験できる立場にいただろうことが想像できる。また２月の記録では専門技術者である「瓦工」の一部が薪を採集するなど逆に下働きを「仕丁」とともに行った可能性が見えるし，３月の史料でも同様に考えられる。つまり，「瓦工」の一部と「仕丁」の一部が明確には区別しがたい編成で作業に従事していた可能性もあると言える。もし仮に，そのときの「瓦工」は「仕丁」を指導する立場であったと考えるならば，ここに「技術指導」が行われた可能性が強くなってくる。また２月の記録で瓦焼と修理に動員された割合を合計するとほぼ「瓦工」の数に等しくなるから「瓦工」が薪の採集に加わらなかったと考えるならば，今度は３月の記録にみえる埴打ちという原料段階での作業のすべてを「仕丁」が行ったこととなり，むしろ「仕丁」は初歩的な技術を有していたと判断され，"見習い中の下級技術者"としてとらえなければならないことになる。いずれにしても，「造瓦所」においては「仕丁」の技術的作業への参加を否定することはできない。近世以降の瀬戸内の「製塩」における労働慣行でみた「炊き」（雑用係兼見習い）と似た立場として「仕丁」を想定しなければならないだろう。そのうえ時代は少し下るが，貞観12年（870年）の『三代実録』の記事を見ると，造瓦工房における技術伝習は否定しがたいこととなる。

　　遣新羅人廿人配置諸国　清倍　鳥昌　南巻　安長
　　全連五人於武蔵国　像香宗　沙弥伝僧　連哀十人於陸奥国
　　（中略）
　　潤清　長馬　真平等　才長於造瓦　預陸奥国修理府　造瓦事　令長其道
　者相従伝習[(52)]

以上のことから考えると，「製塩」においても「製瓦」においても，8世紀において，技術段階としては同じような状況にあったということができるかもし

れない。それは国衙や寺院が「製塩」の技術的リーダーシップをとる地位にあり，「製瓦」においても国衙や造寺司が技術伝習という形でのリーダーシップをとる地位にあったと言え，いずれも支配者層がこれらの先進技術を独占し，必要に応じて行使することのできる立場にあったと言えるからである。しかし，この認識はあまりにも一面的で，重要な点を見失っている。8世紀における先進技術の独占状況やその伝習の状況だけに目を向けるのではなく，それら技術の個々のそれまでの発達の過程で，8世紀の先進技術の独占と伝習がどのような意味を持つかをも考えておく必要があろう。つまり「製瓦」はもともと民衆にはほとんど関係がなく，民衆自身のなかに根づいた伝統的技術があったのではなく，終始支配者層の要請に応じた"殖産政策"によって発達してきたもので，そのひとつの時期として8世紀の状況も存在すると考えるべきである。それに対して「製塩」は律令体制下，塩の需要が増し増産が求められ支配者層の要請によって技術発展の契機が生まれた点では「製瓦」と共通しても，それ以前からもともと民衆の間に伝統的生産技術が存在し，普及していたという決定的違いがあったことを見落とすべきではない。つまり，「製塩」においては支配層が新技術を背景に「製塩」に介入し，伝統的技術を凌駕するに至った時期として8世紀の状況が存在すると言うべきである。

第6節　むすび

　最後に再び最初に問題とした給粮の問題にたちかえりたい。「造東大寺司」の史料に次のような記述がある。

　　　　十八日下米黒参斛
　　　　右，阿刀乙麻呂，田上山作所下充如件
　　　　主典安都宿祢　下道主
　　　　塩弐升一升醬合和料
　　　　一升常食料
　　　　主典安都宿祢　下道主[53]

これが給料用の食物の支給の記録であることは言うまでもない。ここに見られる「塩」の用途が「醬合和料」と「常食料」となっており，「田上山作所」という一作業所内で「醬合和」（すなわち醸造食物の生産）が行われていたことがわかるのである。「造東大寺司」の各作業所がそこに働く下級官人および技術者そして仕丁にまで給粮を行っていたことは多くの史料が示す事実である。また，その食事を用意する担当者が「廝」といわれる仕丁であったことはあらためて述べる必要もない事実である。とすれば全国から徴発された民衆がここで政府の殖産政策として伝習され，その技術的影響のもとで発達したと考えられる須恵器のなかへ，支配層の技術が伝統的技術を凌駕しつつある「塩」がつめ込まれて醸造される"文化的食物"を"体験"したと言うことができる。このように民衆の食文化とも密接に関わるという波及的効果をも見落とすことのできない「造寺事業」や「寺院の活動」を教育の事実としてとらえないならば，古代の仏教政策の実態をむしろゆがんだものとしてしまうのではなかろうか。その意味で，寺院が宗教的意義のみ強調されて，農民教化策の一環としてのみ論議されることは教育史の立場からは警戒を要することとなろう。

　この時代，大学寮に代表される儒教主義の学校が存在した一方で民衆に対して政府が用意した学校は存在しなかったとされてきた。しかし，これまで見てきたような「造寺事業」や「寺院の活動」が生産技術や生活文化に大きな影響力を持っていた事実を考えるとき，寺院の果たした「民衆教育」の役割を儒教主義の学校と並んで，この時期の教育機関—機関と言えないとすれば機能—のひとつとしてとらえておくべきであろう。

【注】
（1）　桃裕行『上代学制の研究』吉川弘文館，1947 年。
（2）　久木幸男『大学寮と古代儒教』サイマル出版会，1968 年。
（3）　「講座日本教育史」編集委員会『講座日本教育史 1，2，3，4，5』第一法規，1984 年。
（4）　同上　第 1 巻，3〜18 ページ。
（5）　同上　第 1 巻，169〜206 ページ。

（6） 同上　第5巻，7～59ページ。
（7） 拙稿「8世紀民衆徴発と教育」『教育学雑誌』17号所収，日本大学教育学会，1983年。
（8） 天平宝字3年（759年）6月29日「造東大寺司造瓦所解」『日本古文書』第4巻，372ページ。
（9） 天平17年（745年）4月21日「右衛士府移」『大日本古文書』第2巻，426ページ。
（10） 天平17年（745年）2月20日「雅楽寮解」『大日本古文書』第2巻，389ページ。
（11） 天平12年（740年）4月18日「内蔵寮解」『大日本古文書』第2巻，254ページ。
（12） 天平19年（747年）5月7日「写経所解」『大日本古文書』第2巻，670ページ。
（13） 竹内理三『寧楽遺文』中巻，571ページ。
（14） 長山泰孝『律令負担体系の研究』塙書房，1976年，第4章参照。
（15） 『新訂増補　国史大系』「続日本紀」前編，113ページ。
（16） 弥永貞三『奈良時代の貴族と農民』至文堂，1956年，80ページ参照。
（17） 吉田孝「雑徭の変質過程」『古代学』11－4所収参照。
（18） 阿部猛『日本荘園史』大原新生社，1974年，第1章「8～9世紀の荘園」のなかで，慢性的な労働力不足の状態の下で浮遊労働力確保のために，領主側が魚酒を用意して，労働力をつなぎとめようとしていた事実を指摘している。
（19） たとえば，天平17年（745年）4月21日「主税寮解」『大日本古文書』第2巻430ページには直丁に対して「米日別二升，塩二夕方」支給された例が見られる。
（20） 前掲「続日本紀」前編，102ページ。
（21） 神奈川大学常民文化研究所を中心に多くの報告がある。渋沢敬三『塩俗問答集』，常民文化研究所『民具論集3』慶友社，1969年などは貴重な史料である。
（22） 渡辺則文『日本塩業史研究』，清水三男「塩の庄園伊予国弓削島」『歴史学研究』7の5所収などがある。
（23） 近藤義郎「土器製塩と焼き塩」『考古学研究』22の（3），近藤義郎・渡辺則文「製塩技術とその時代的特質」『日本の考古学』Ⅳ所収などがある。
（24） 日本塩業大系編集委員会『日本塩業大系』日本専売公社，1977年。
（25） 井上辰雄「古代製塩の生産形態—肥公五百麿を中心として—」『原田敏明先生古稀記念・国史論叢』所収。

(26) 岡本明郎「藻塩から浜利用へ―日本における製塩技術の発展に関する一試論―」『日本塩業の研究』10 所収。
(27) 広山尭遣「干潟浜」『塩業時報』19 の 9 所収。
(28) 天平 4 年 8 月の条に「節度使所管諸国軍団（中略）量便宜造粗焼塩」との記述がみられ，一般の兵士にも製塩が可能であったことが考えられる。前掲「続日本紀」前編，129 ページ。
(29) 前掲「続日本紀」38 ページ。
(30) 同前「続日本紀」38 ページ。
(31) 同前「続日本紀」185 ページ。
(32) 同前「続日本紀」151 ページ。
(33) 同前「続日本紀」204 ページ。
(34) 竹内理三『平安遺文』第 1 巻，283 ページ。
(35) 前掲「続日本紀」66 ページ。
(36) 前掲「寧楽遺文」中巻，363 ページに「合海弐渚右在播磨国印南郡（略）」とある。
(37) 同上「寧楽遺文」中巻，411 ページに「塩木山」の記述が見られる。
(38) 関根真隆『奈良朝食生活の研究』。
(39) 天平宝字 6 年（762 年）2 月 5 日，「造甲賀山所解」『大日本古文書』第 5 巻，86 ページ。
(40) 前掲『日本塩業大系』持論民俗，751〜753 ページ参照
(41) 前掲『奈良朝食生活の研究』377 ページ。
(42) 同上『奈良朝食生活の研究』378 ページ。
(43) 同上『奈良朝食生活の研究』379 ページ。
(44) 坂詰秀一「窯跡出土資料による関東地方須恵器の編年」『大正大学人文科学研究所年報』17。
(45) 野崎準「東北地方における須恵器生産」『東北学院大学東北文化研究紀要』6 60 ページ。
(46) 前掲『日本塩業大系』特論民俗第 3 章「塩生産にともなう習俗」第 2 節「塩田労働とその慣行」参照。
(47) 同上『日本塩業大系』特論民俗，490 ページ。
(48) 同上『日本塩業大系』特論民俗，491 ページ。
(49) 同上『日本塩業大系』特論民俗，492 ページ。
(50) 同上『日本塩業大系』特論民俗，506 ページ。
(51) 前掲『寧楽遺文』中巻，463〜475 ページ。
(52) 『新訂増補国史大系』「日本三代実録」278 ページ。
(53) 天平宝字 6 年（762 年）正月 14 日『大日本古文書』第 5 巻，33 ページ。

第11章

文化財保護活動に関する調査報告
―世界遺産「ヨーク大聖堂」を持つヨーク市を舞台とした文化財保護活動と社会科・公民・歴史科教員の養成―

第1節 はじめに

　本研究は，平成20年度日本大学法学部学術研究助成金〔一般研究（個人）〕を得て，「公民・歴史教育において文化財保護活動の重要性を学習できる教材の開発」をテーマとして研究をスタートさせた。翌年，平成21年度は日本大学法学部国外派遣研究員として，地域学習のためイングランドへの研究派遣が認められ，本研究を『「世界遺産教育」に関する世界各国の取り組みと進捗状況に関する調査と研究』をテーマとする研究へと発展させることができた。また，平成22年度からは，さらに，世界遺産教育の東南アジアにおける実情と実践的な保護活動へと発展的に研究を進めることができている。

　本章は，その研究の第1回目の報告として，文化財保護活動の先進的な国であるイングランドにおいて，とくに，その活動で多くの実績を残し，かつ，現在も文化財保護活動の先進的都市であるヨーク市に注目して報告する。

　ヨーク市は世界遺産「ヨークミンスター」（ヨーク大聖堂）を中心として発展してきた都市である。ローマ帝国支配下に建設が始まった城壁が旧市街を取り囲み，現在でも全体の3分の2ほど残っている。世界遺産に登録されているのはヨークミンスターであるが，町全体が歴史遺産と言っても過言ではない。

　現在，この町を代表するもののひとつがヨーク大学（University of York）である。ヨーク大学の設立は戦後のことで，英国を代表するケンブリッジ大学やオックスフォード大学と比べると，伝統という点では劣るかもしれないが，大学評

価では常に上位10位内に位置し、名門校として名高い。とくに、公民教育部門（日本の社会科・公民科および歴史教育分野）での評価は世界的に注目されており、現在、ヨーク大学教育学部と日本の東北大学、奈良教育大学、京都教育大学との間で、この分野における共同研究、学術交流が盛んに行われている。このようにヨーク市はイングランド北部の学問・文化の中心地となっている。

本章は平成21年4月6日から9月5日までの滞在期間に、ヨーク大学教育学部社会科研究室での公民科教員養成と文化財保護活動の経験を全11回で報告した「ヨーク通信」を元に構成したものである。

第1項　ヨーク大学の紹介（公民教育・歴史教育教員養成の基礎条件）
1）　キャンパス

この大学には大変立派な図書館がある。ただし、日本関係の図書はほとんどない。拙いものだが、持参した筆者の著書を2冊寄贈すると、大学図書館からイアン・デービス先生（公民教育コースの責任者）を通じて、日本語学習用の基礎文献の紹介を求められた。日本研究が遅れているのか、日本研究への関心が薄いのか、中国研究の基本文献が比較的多く所蔵されていたことを考えると残念に思われる。

しかし、ヨーク大学インフォメーションセンターは大変充実していて、日本からの客員研究員や留学生への対応は親切で、図書館の日本研究への関心のなさとは対照的である。インフォメーションセンターには入学案内、住居紹介、

図11－1

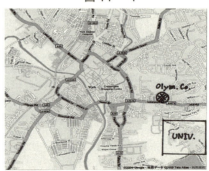

生活相談など学生生活に必要な相談窓口が集中していて，日本大学流に言えば，本部国際課，各学部入学センター，学部学生課が集中しているという感じを受ける。

ただし，午後4時で相談員がいなくなってしまうことには不満が残った。これは大変重要なことで，大学中のカフェやコンビニも含めて，ほとんどの施設が午後4時で閉まってしまうから，東京で生活している私たちの感覚でいると一日が非常に短く感じてしまう。

大学だけではなく，世界遺産や博物館など公共施設の多くも同様に開館時間は短く，調査研究活動の日程を構成するとき注意しておく必要がある。また，このことは，開館時間を長くすることが，世界遺産教育などを充実するうえで，必ずしも重要な問題ではないことを意味しているのかもしれない。一般的に日本で行われている修学旅行などに見られるような，文化遺産の「かけもち見学」というのはこの国では難しいと考えられる。むしろ日本人の旅行感覚が文化遺産の見学には向いていないと言うべきかもしれない。

公民教育，世界遺産教育などを研究する教育学部は"LANGWITH COLLEGE"にある。また，このカレッジにはDepartment of Educational StudiesとDepartment of English Educationのふたつのデパートメントがある。主に公民教育，世界遺産教育に関する研究・教育が行われているのは前者であるが，後にも触れるように，ふたつのデパートメントは教員養成において深い協力関係にある。

ところで，ヨーク市はふたつのリングロード（外周道路）に囲まれている（図11－1参照）。内側のリングロードは「おむすび」型をしていて，この内側が旧市街である。この旧市街から南東3キロメートルの郊外にヨーク大学のメイン・キャンパスがある。ヘスリントンにあるため，このキャンパスはヘリストンキャンパスとも呼ばれるが，内側のリングロードに囲まれた旧市街よりもヘリストンキャンパスのほうが広い。もうひとつ，シティーセンターの北東部，シティーセンターに隣接して，キングズ・マナー校舎がある。このふたつのキャンパスについて，奈良教育大学の田渕五十生氏は，著書のなかで[1]，大変興味深い話を紹介している。

キングズ・マナー校舎は，市民革命の時代，チャールズ1世が居を構えた中世の建築物で，厚い石壁に600年以上の歴史を刻んでいる。
　キャンパス内で最も美しい建物は，赤い砂岩のヘスリントン・ホールである。チューダー建築様式のマナー・ハウスを管理棟に転用したもので，市民革命の時代，チャールズ1世と戦ったイングランド議会軍の司令官ハリファックス卿が布陣した館である。
　両軍の陣屋が400年を経過して同じ大学の建物になっている。[2]

　市民革命の舞台がヨーク大学のキャンパスとして今なお生きている。イギリスにおける社会科教育の中心として発展する所以はここにもあるように思われる。
　また，ヘリストンキャンパスには学生生活において注目できることがある。そのことを，具体的な例を示して紹介しようと考える。イアン・デービス教授は公民教育教室の責任者であるが，彼の研究室はLANGWITH COLLEGEの1階にある。彼の研究室の並びには学生用と思われる洗濯機が並んだ洗濯室があり，彼の研究室の真上は学生の居室である。彼の研究室前の庭から，2階を見上げると学生のベッドが見える。これはヨーク大学のカレッジ制度をよく示している例であるが，ここで，これを紹介したのはヨーク大学のカレッジ制度を説明するためではない。第一線の研究者の研究室と学生の居室や生活施設がこれほど接近して存在していることに驚きがある。学生は日常生活のなかで，研究者から刺激を受け，学問研究のなかに「本当」に身を置いているのである。

2）　教員養成と文化遺産

　ここに紹介する写真はヨーク大学の教員養成課程の講義を受けている学生たちを写したものである。前項で少し触れたことだが，Department of Educational StudiesとDepartment of English Education合同による公民教育・歴史教育の教員養成の一端を紹介する写真である。公民教育・歴史教育課程と言語（英語）教育課程専攻の学生が合同で，課外授業の一環として，ヨーク市郊外のヘリテイジ（文化遺産）を訪問したときのものである。事実上の引率責任者は，言

写真 11 − 1

語教育のニック先生（Dr. Nicholas McGuinn）であるが，教員は筆者を含めて4人参加している。文化遺産（文化施設）訪問ということを考えると，本来なら公民教育の研究ディレクターであるポーラ先生（Ms. Paula Mountford）が責任者を務めてもよいように思われるが，ニック先生がこの日の責任者を務めたのはそれなりの意味があった。

　日本では，文化遺産訪問を計画すると文化遺産の見学そのものが目的となり，ついでに近くのほかの文化遺産へも立ち寄るなど「かけもち見学会」となってしまう。しかし，ヨーク大学の教員養成は文化遺産の価値を深く理解させる工夫を加えている。

　午前中，ヘンリー8世の家族ポートレートを歴史教育の教材として使う問題について，イングリッシュ・ヘリテイジの専門家から講義を受ける。午後はまず現在ナショナル・トラストによって管理されている文化遺産の内部見学を行う。説明にあたったのは，このナショナル・トラストのボランティアたちである。

　今回訪問したこの文化遺産は，ベニングブロー・ホールと呼ばれるいわゆる貴族の館（マナーハウス）のひとつである。屋敷と庭園を中心とした文化遺産であるが，英国中で見られるマナー・ハウスと比べて大きな特徴があるわけではない。しかし，屋敷のなかはポートレートに関するコレクションが展示されていて，中程度の美術館といっても差し支えない。ここまでの教育活動は日本でも一般的に見られるものである。

第11章　文化財保護活動に関する調査報告　243

しかし，この後，学生たちは「衣装」に着替え，準備してきた演劇を始める。ここからは日本の文化財訪問ではけっして見られない光景である。学生たちは午後見学した文化遺産の建造物を背景にして演劇を始めるグループやマナーハウスの庭園を舞台に自分たちが創作したドラマを演じるグループなど，あちこちに分かれて創作演劇を始める。言語教育専攻のニック先生はシェイクスピアの専門家だから，この課外活動は演劇教育（英国などに見られる科目「ドラマ」）の指導と公民教育・歴史教育をリンケージした教育活動ということができるだろう。

　演劇の内容自体は訪問した文化遺産と直接関係のあるテーマを選んでいるとは思われないが，ナショナル・トラストが管理している文化遺産を使って，表現活動を行うところに英国の文化遺産と教育の関係がよく理解できる。

　彼ら学生の演劇を見に来ている観客がいるわけではない。この演劇を大学の教室で演じられないとも思われない。大学から50キロメートルほど離れたところで，衣装まで持参して演じることの意味はどこにあるのだろうか。そう不思議に思うことも可能だろう。しかし，筆者は，このように遠いところまで衣装を持参して，どうせ演劇をやるのなら，教室や大学の舞台で演じるのではなく，そこにある文化遺産を背景にやろうではないかと考えるところに，文化遺産と教育活動の「近さ」を感じるのである。

　日本では文化遺産とされる建築物や庭園の多くは，その一部を見学させるだけでいわゆる「見学通路」が設定され，「これより先に入らないでください」などの看板が目に付く。あくまでも「見学」のみが許されるものであり，それを使って演劇活動などを行う場合は，特別な許可を得ることが普通であろう。しかし，考えてみると，この「見るだけ」の文化遺産体験が文化遺産と教育との隔たりを大きくしていると言えるかもしれない。

　もちろん，英国など西洋諸国の多くの文化遺産が石造りの建造物であることが多いことに比べ，日本の文化遺産の多くが木造であって，保存方法や耐久性に違いがあるところに大きな違いはある。したがって，一概に日本の文化遺産も英国と同様に開放的に見学者を受け入れるべきだとは言えないが，文化遺産と教育を近づける工夫はあってもよいように思われる。

3) 教員養成カリキュラム

　ヨーク大学教育学部の教職課程は PGCE（Postgraduate Certificate in Education）と呼ばれている。Postgraduate だから，学士課程を終えた学生たちが教員資格取得のために入学してくる課程である。ヨーク大学はこの課程しか持っていないが，同じヨーク市内にあるセント・ジョン大学には学士課程に教職課程が置かれているから，英国が必ずしも一律の教職課程で教員養成を行っているわけではないことがわかる。

　現在，日本でも多様な教職課程が設けられるようになり，教職課程履修者年齢の幅も広がったように思われるが，ヨーク大学の教職課程履修者は年齢の幅がそれほど大きいとは思われない。筆者と縁があった教職課程の学生は，学士課程修了後，日本で英語教師（ALT）を数年してから，英国に帰り，ヨーク大学の PGCE のプログラムを受講するようになったとのことであったが，20歳代後半の彼が一番年上であったと思われる。

　次に示す資料はヨーク大学教員養成課程の年間授業計画である。1年間のプログラムは3学期制で構成されており，1年間で教員免許が取得できる。学士課程を修了した学生を対象にしたプログラムであるから可能となる制度である。

　このプログラムの最大の特徴は教育実習と大学教育が密接な関係を持ちながら進められていることである。その特徴がこの年間授業計画のなかによく表れている。

　ここには年間36週間分の授業計画が示されているが，これが12週間ずつに分かれて3学期制が構成されている。ここで注目したいのは，授業計画が2色に分かれている点である。色の薄い部分は，学校現場での実習を意味している。色の濃い部分が大学での講義や研究期間を意味している。

　周知のように，日本の教育実習は，私立大学では3週間ないし2週間，出身校を中心に連続して実習を行うことになっている。しかし，ヨーク大学の教育実習期間が非常に長いこと，また，連続していないことに，日本の教育実習との違いがみられる。とくに，3行目の4週から8週までの期間を見ると，色の薄い部分と濃い部分が交互に見られるが，これは，月曜日は大学，火曜日は実習校，水曜日は大学に戻り，木曜日はまた実習校に行き，金曜日はまた大学に

戻ってくるというスケジュールを示しており，この点は非常に興味深い。これが5週間続くわけだから，落ち着いて大学で講義を受けることや研究をすることも，腰を落ち着けて実習に専念することもできないようにも思われる。しかし，これは，学校現場での実習を重視したカリキュラムを組んでいるとみることができ，ヨーク大学の PGCE（教員養成課程）が学士を対象とした課程だから

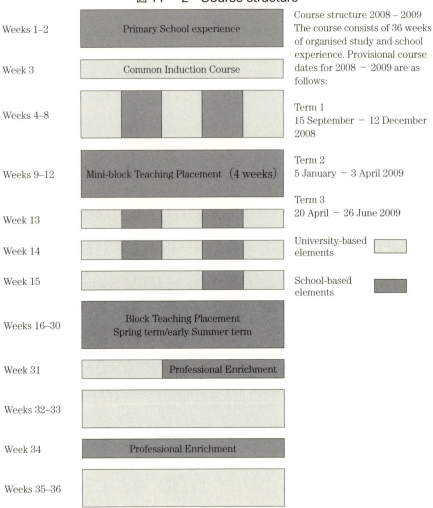

図11－2　Course structure

可能となったカリキュラムと言うことができるだろう。

また，教育実習校が大学の近くにあるから，このカリキュラムを受講することが可能となる。日本の場合，一部の教育養成大学を除けば，教員免許取得を希望する大多数の学生が，大学から遠く離れたいわゆる「実家」近くの学校を実習校として選ばざるをえない状況にある。大学近くの公立中学校や公立高校が近隣大学の教職課程履修学生に実習を行わせることはまずありえない。このような教員養成に関する教育界全体の考え方に英国とわが国には違いがあると思われる。

4) 女子学生ファエ(Fae)さんの学生生活(PGCE プログラム履修の実態)

ここに紹介する Fae さんは歴史教育を担当する教員を目指す学生である。出身大学もこのヨーク大学と聞いている。また，すでに紹介した文化遺産訪問の課外活動にも参加し，マナー・ハウスの庭園で演劇を行った学生のひとりである。

彼女が教育実習を行っている学校はヨーク市のシティーセンターに近い "All Saints School" である。この "All Saints School" は，ほぼ日本の中学校と同じ年齢の生徒が通っている学校で，ヨーク市の中心に隣接している。ヨーク市郊外の高級な住宅地にある学校ではないが，比較的生活レベルが高い地域の子どもが多く通っているヨーク市の中堅校のひとつと思われる。大学と Fae さんのこの実習校（All Saints School）は徒歩 20 分から 25 分くらいの距離関係にあり，Fae さんはこの 1 年間，この学校と大学とを行き来しながら教員免許取得の勉強をしてきたことになる。もちろん，彼女はこの学校の出身ではないし，この学校自体がヨーク大学の付属校でもなければ，大学と特別な提携関係を結んでいるわけでもない。PGCE プログラムの教員の紹介はあったように聞いたが，基本的には彼女がこの学校での実習を希望し，この学校が受け入れたことで彼女の PGCE プログラムの履修が可能になったということである。

彼女を受け入れたのは，マイケル・ルーニー（Michael Rooney）先生で，彼はこの All Saints School で歴史を指導しているが，ヨーク大学の出身者ではない。PGCE プログラムの理解者として実習生を受け入れていることになる。た

だし，ヨーク大学が全英トップ10に常に評価されている大学であることも重要な要素であったろうと考えられる。

重要な点は，同じ法人のなかにある学校であるとか，同窓生がその学校に教師として在籍しているなどの特別な関係がなくても，学生主体に教育現場が教育実習に協力しているところに，教育界が教員養成に関して大学と深く連携している姿を見ることができる。わが国のように，学校現場へ実習生の受け入れをお願いにあがったり，卒業生だから「しかたなく」受け入れたりという状況は，教員養成において不幸なことであると考えられる。

ところで，次に，Fae さんの実際の実習の様子を少し紹介したい。次の写真は Fae さんが授業実習をしている「社会科教室」（歴史教室）である。正面のホワイトボード（もう黒板はほとんど使われていないようだ）の横に Fae さんが立っているが，その後ろに白いドアが見える。このドアの奥には歴史教育の準備室があり，マイケル先生と Fae さんの机がある。次の写真が準備室の内部であるが，奥のほうの棚には生徒の提出物や授業資料が並んでいて，生徒が使用する教科書もここに置かれている。イギリスでは一般に生徒は自分の教科書というものを持っておらず，教室に用意された教科書を使って学習する様子がよく理解できる。

本来，教室をはじめ子供の写真を撮る場合，保護者の許可が必要であることは，今日，先進国では当たり前のことだが，今回，学術的資料として特別の計らいで授業風景の撮影許可を得た。若干，生徒の顔が見える写真もあるが，研

写真 11 − 2

写真 11 − 3

究資料として重要なものだけを掲載した。

　ヨーク大学の先生方は日常ほとんどネクタイをしていないが，マイケル先生はきちっとネクタイをして授業をしていたことに少し驚きがあった。生徒たちにも紺を基調とした制服がある（女子はスカートでもパンツでもよい）ことと関係しているのだろうか，教師の服装もラフなものではない。

　さて，この日の学習課題は「黒死病」であった。この学習課題はヨーロッパ中世の重要学習課題として中学生に必須の教材である。このテーマに関する授業はすでに何時間か進められてきており，この日の授業はそのまとめとして，各自 essay（エッセイ＝小論）を書いて提出する授業であった。マイケル先生の指導は，essay に必要な事柄を発問し，生徒がそれにひとつひとつ答えながら筆記していくと essay ができあがるというものであった。その過程で，マイケル先生は多くの「発問」をして，口頭でも生徒に答えさせようとする。次の写真でもわかるように，生徒も一生懸命に答えようとする。その合間に，essay もまとめていくという指導方法には惹かれるものがあった。穴埋め式の小テストで学習到達度を図ろうとする日本流の指導とは基本的に異なった発想が見て取れた。

　生徒たちが書いている essay を背中越しに撮影したものが次の写真であるが，丁寧に記述する女子生徒と少し文字が躍っている男子生徒という，どこの国にもみられるような光景があった。ちなみに，生徒が書いている essay をのぞいていたときに偶然撮影できたものだが，ふたりで1冊の教科書を使って授業が

写真11－4　　　　　　　　　　　写真11－5

第11章　文化財保護活動に関する調査報告　249

進められていたことがわかる。別に教科書の数が不足しているわけではない。教科書はあくまでも学習資料のひとつに過ぎず，教科書の重要学習箇所に線を引かせたりして，教科書記述を覚えさせることに歴史教育の中心が置かれている日本の授業とは大きく異なっていることを示す例である。

この授業の最中に Fae さんの姿が見えなくなった。後でわかったことだが，この日，彼女は大学の講義があり，筆者をマイケル先生に紹介してから大学に帰ったということだった。Fae さんはマイケル先生と一緒にこの生徒たちを指導しながら，大学での講義も受けているわけである。この前の授業は実習生である Fae さんが担当したとのことだが，今回 essay を提出する重要な授業に，彼女が教室にいないことに少し違和感はある。

第2節　世界遺産と教員養成

第1項　現在のヨーク市

ヨーク市はブリテン島中部の重要都市リーズ（Leeds）の東部に位置する。産業革命前，ヨークはロンドンに次ぐ都市だったと言われているが，現在は人口25万人ほどの地方都市に過ぎない。しかし，歴史的には重要な町で，町の成立は古くローマ時代にまでさかのぼる。現在でも北イングランドの中心都市のひとつで，ヨークシャー県の県都であり，県警本部もこのヨーク市にある。

また，現在のヨークは世界遺産ヨークミンスター観光を中心に，ヨーロッパ中からの観光客が一年中絶えない町である。日本流に言えば修学旅行や遠足の対象となる町で，外国からの観光客や家族ずれ以上に，団体で訪れている小学生，中学生の集団を多く目にする。旧市外を取り囲む城壁は完全ではないが現存しており，旧市街の町並みは中世ヨーロッパを偲ばせる建物が多く残っている。一方，今，流行りのファッションや土産物ショップが軒を並べ，また，この狭い旧市街には驚くほど多くのパブがある。一説ではパブ密集率が全英1位とも言われている。休日ともなると，観光客を乗せたバスが大挙訪れ，町ではヨーロッパ各国の言葉をきくことができる。この年，日本ではインフルエンザの影響があったことも原因と思われ，日本人観光客をほとんど目にすることは

なかったが、例年は、世界遺産観光が海外旅行の定番化しつつある日本からの観光客が多く来るということである。しかし、日本食店がほとんどなく、日本食材は韓国食材店の一部に置かれている。アジア系の人々で目に付くのはブランド製バックを持った中国人と大家族で来ているインド人である。

　しかし、ヨーク市の過去から現在に至るまで、常に中心にあるのはヨークミンスターであり、日本人観光客は必ずここを訪れるものと思われる。筆者が初めてこのヨークミンスターを訪れたときもそうであったが、入り口の職員から、日本語で「日本の方ですか」と聞かれる。また、続けてイギリス在住であるかどうか、ヨーク市民かどうかを聞かれる。これは、ヨーク市民は入場が無料であること、また、市民税の28%をヨークミンスター維持に使うための協力を求めるための質問である。ヨークで生活するには、日本の市民税よりも高額な市民税を支払うことになるが、自分の意志で、その市民税の一部を世界遺産維持に使うかどうか選択できることになっている。ヨーク市での住所を証明する物を持っていくと、その手続きを簡単に済ませることができる。

　世界遺産を市民が守っていくという姿勢とその財政的措置、それを市民自身が選択できるところに世界遺産を抱える町の先進性がみられる。日本の現状を顧みれば、観光客が落とすお金に世界遺産の維持資金を求め、地方行政機関や国へ文化財保護のための財政出動を求める。文化財保護法の認識から出ていない現状がある。文化財保護法をまったくの悪法というつもりはないが、英国の世界遺産に対する市民の認識をみると、世界遺産条約に遅れて加盟した日本人の文化財に対する認識の遅れを感じずにはいられない。世界遺産教育の重要性とその発展の必要性を強く感じる問題である。

　ところで、このヨーク市は熟年層が多く暮らす町であると言われているが、そのことは、買い物など日常生活のなかでも実感できる。それでは、若い人が少ない高齢化の進んだ町かといえば、必ずしもそうではない。少し、差別的な発言をご容赦いただきたいが、ロンドンなどの都会や、アメリカなどでは、当然、黒人や移民が多く就いているだろうと思われる仕事、たとえば、清掃・ゴミ収集・道路工事・スーパーマーケットなどでの下働き、に白人の若者が多く働いている。こちらで知り合った友人が言うように「ヨークだもん」(やっぱり

田舎だもん）と簡単に結論を出していいかどうか筆者の専門ではないのでこれ以上言及しないが，研究すべき問題だと思われる。

一方，ヨーク市は市の進歩的な部分を強くアピールしている。「フェアー・トレイド」（貿易において，途上国に不公平を与えない）をヨーク市の方針として掲げていて，スーパーマーケットの商品にはそれが明示されている。ゴミ収集においても環境に配慮した制度を導入していて，ゴミ収集はゴミの種類によって収集日・収集方法が細かく決められている。ただし，これは「掛け声だけ」に終わっているとの批判もあると聞いている。

また，重要なこととして，ヨークではほとんどの家庭が子供をちゃんと学校に通わせるという点でイングランドのなかでも有名だとされる（イギリスは義務教育制度をもちろん持っているが，一方で家庭教師による教育も認めているので，必ずしも学校に通わせなければならないというわけではない）。教育に熱心な土壌の上に，世界遺産が存在すると言っていいだろう。

第2項　世界遺産「ヨークミンスター」

ヨーク市の成り立ちはローマ軍がこのヨークに駐屯していた頃に始まる。ブリテン島北部に備えるローマ軍の最前線基地だったわけである。現在のヨークミンスターはその跡地に建っていて，ヨークの旧市街はその地下にローマ時代からの遺跡が眠っていることになる。現在も発掘と保存の作業が続けられているが，発掘・保存工事が終了したところは博物館として公開されている。

日本大学法学部で教鞭をとられていた加藤紘捷先生は筆者が渡英する前に「ヨークミンスターで最も素晴らしいところは地下だ」とご教示くださったが，そのご意見は卓見である。宗教施設として現在も重要な機能を果たしているヨークミンスターであるが，地下をローマ時代から中世のミンスターを経て今日のミンスターへと移り変わっていく歴史ミュージアムとして公開しているところに素晴らしさがある。

ヨーク大学教育学部の日本人留学生や研究員の面倒をよくみてくださるキリヤコー先生（Dr. Chris Kyriacou）の夫人はヨーク市文化財の発掘・保存の専門家であり，その関係で，間接的ではあるが，キリヤコー先生から，このヨークミ

ンスターの地下の発掘，その保存と博物館としての公開という事業がいかに大変な事業だったかを伺うことができた。もちろん，この事業は現在も進行中であるが，その技術者の養成と事業費用が前述したヨークミンスターの維持費用から出ているわけである。⁽³⁾

　ヨークミンスターと地下博物館が同時に無料で開放される日がある。年に何回あるのか詳しいことは知らないが，筆者が遭遇したのは５月17日の「ナイト・フィーバー」という日だった。ミンスターのスタッフと観光客や市民が夜中までミンスターで出会うことができる夜だということである。この日の世界遺産「ヨークミンスター」はライトアップされ，塔も無料開放され，大勢の観光客が　行列を作って塔に登る順番を待つ。かなり細くて急な階段を上ることになるし，長い年月の間に階段がすり減り，危険すら感じることがある。

　日本なら当然登ることは禁止されるだろう。しかし，通常は有料であるが，観光客に自由にこの塔に登らせることに，ふたつの意味があるように思われる。ひとつは世界遺産を身近なものとして提供しているということ，階段の途中には残念なことに多くの落書きが見られるのだが，それでも一般観光客に観光させているという点である。もう一点は，石造りの文化遺産であるという強みである。国際的に見て，世界遺産が偏在していることはよく問題視されることであるが，世界全体の８分の１に満たないヨーロッパに世界遺産の45％が「集中」していることの重要な要因は世界遺産として登録されている文化財の多くが石造りである点にある。日本の文化財の代表である金閣寺の内部を一般公開したらどういうことになるであろうか。おそらく，この貴重な文化財は半年としてもたないだろう。⁽⁴⁾

　木造建築物文化遺産を世界遺産として登録し，その貴重な文化財を維持することは一般観光客の出入りを禁止しなければならないのは致し方がないことであるが，残念なことにこの文化財保存の方法の違いが，文化財を身近なものにするか，一般市民には手の届かないものにするかを決定する重要な要因のひとつであることはこの事実から判明する。

　世界遺産教育はどこの何が世界遺産であるのかという教育だけではなく，また，文化財保護の理念的・思想的問題でもなく，具体的な保存方法の問題をも

第11章　文化財保護活動に関する調査報告　253

念頭に置いた教材の編成を心がけることが重要であり，社会人としてのこの点を認識できるような公民教育が行われていかなければならない。

ところで，この日は夜遅くまで，教会全体にパイプオルガンの音が幻想的に鳴り響き，また各所でクワイアー（聖歌隊）の歌声を聴くことができた。さらに，地下への階段を下ると，初期の教会が建てられた頃の遺跡が発掘され，それがそのまま礼拝施設として利用されている。この地下は前述したように博物館となっているが，発掘されたローマ時代の遺物や中世の教会で用いられた宝物など，重厚な展示があり，パイプオルガンの音を聴きながら世界遺産を見学することになる。意識的であるかどうかはわからないが，洗練された演出のなかで，世界遺産が紹介されているという印象を受ける。

第3項　ヨークと教育学

ヨークという町は，文化財に恵まれた町で，かつ，それを生かしたまちづくりと，ヨーク市の財産というべき文化財を町の経営に生かしているというところに特徴があることはこれまでに述べてきたところである。

実はこの町は「教育学」と深い関係にある。このことは教育学を専攻した者や教員免許状を取得した者はおそらくすべて知っているはずであるが，あまり注目されていないことである。ヨークは世界遺産を大切にしながら，この町の大学で教員養成が行われているということだけで，筆者はこの町を研究の対象としたわけではない。このあまり注目されていない問題がどうしても気になってしかたがなかったからである。それはルソーに関する問題である。

次の文章は，この年，日本の学生向けに送った「ヨーク通信」の第0号の冒頭に掲げたものである。

　　　私は2009年，ヨーク市にやってきた。立派な待遇で迎えられた。といってもそれほど名のある学者ではなかった。

この文章は，岩波文庫『ロビンソン・クルーソー』（デフォー著，平井正穂訳)[5]の冒頭部分である以下の文章をもじって書いたものである。

私は1632年，ヨーク市に生まれた。家柄も立派なものだった。といっても代々この国の者であったわけではなかった。

　教育学を専攻した人，教職課程を履修した人は誰もが経験したものと思われるが，教育原理や教育学の講義では必ずと言っていいほど夏休みの課題に『エミール』が出されたものだった。したがって，ルソーと『ロビンソン・クルーソー』の関係をここで説明する必要もないように思われるが，消極教育と呼ばれるルソーの教育思想はよく理解できるし，年少の子供たちに本を読ませることを避けようとする彼の考え方も理解できないわけではない。しかし，筆者は，ルソーはなぜ『ロビンソン・クルーソー』だけを年少の子供に与えてもよい本としたのかについてはあまりよく理解できないできた。
　筆者はヨークに赴任する機会を得て，ぜひこの機会にルソーが『ロビンソン・クルーソー』を特別な本とした理由を再考したいと考え，この本をヨークに持参した。また，著者デフォーは主人公の出身地をなぜこのヨークにしたのか，その理由も知りたかった。管見ではこの小説『ロビンソン・クルーソー』のなかに，ヨークが出てくるのはこの冒頭部分だけで，ヨークを主人公の出身地にしなければならない理由は著者の記述のなかから読み取ることはできない。
　著者デフォーがこのヨークを主人公の出身地とした理由をこの著書のなかでは明確に示してはいないが，この小説のなかで語られる人間像は紛れもなく近代人の姿である。だから，これまでにも哲学から経済学に至るまで，多くの研究者がこの『ロビンソン・クルーソー』に注目し研究対象としてきたし，とくにマックス・ウェーバーが注目していたことや，日本では大塚久雄氏らの研究グループが大変注目したことは有名である。
　さらに，元日本大学教授の石井正司先生から頂戴した私信(6)のなかに，次のような一節があった。

　この本のドイツ語訳の訳者は汎愛主義者で，フンボルトの家庭教師だったカンペです。ですから近代教育学の理想的人間像はヨーク市でつくられ

たわけです。

　一方，この問題をヨーク大学の現職教員はどのように考えているのか，機会を見て，公民教育（社会科教育）学科の両教授（Dr. Chris Kyriacou, Professor Ian Davies）に次のような質問をぶつけてみた。

「私はヨークに来てから，再びこの本を読みました。子どものときに読んで以降，読んでいなかったので，内容はほとんど忘れていました。今回，大変，新鮮な気持ちでこの本を読むことができました。そこで，質問があります。なぜ，主人公クルーソーはヨーク生まれなのでしょうか。なぜ，ルソーはこの『ロビンソン・クルーソー』を年少期の子供が読んでもよい本としたのでしょうか。」

　クリス先生は著者デフォーの認識の問題を指摘し，イアン先生は17世紀のイングランド社会の問題を指摘した。彼らはそれぞれに理路整然と丁寧に所論を紹介してくれたが，残念ながら，従来からの認識を出るものではなかった。彼らの答え方から，現在ヨーク大学ではこの問題が教育や研究の対象とはなっていないことがわかった。

　しかし，ヨークというこの町には，中世，貿易を独占していたギルドの集会所の建物が残っていて（マーチャント・アドベンチャラーズ・ホール），この立派な建物から，当時，ロンドンと並ぶ貿易と商業の中心都市であったことは容易に想像できる。ヨーク市は比較的内陸部に位置する都市のように思われるが，この町はウーズ川とフォス川の合流地点に位置し，両川はここで合流してハンバー川となって北海に流れ込む。もちろん，『ロビンソン・クルーソー』は架空の創作話だが，家出したクルーソーがこの川から友達の船でロンドンに向かい，あの冒険が始まることになる。少なくともデフォーはそのように想像したのだろう。また，その冒険をルソーは認めたことになる。

　ウーズ川はヨーク市の北西ヨークシャーデイルズ（国立公園）を水源として，ヨーク市の中心を通り，さらに南下している。このヨークシャーこそ近代産業の発祥地であることは周知の事実である。

　ヨーク市は近代の教育に大きな影響を与えたルソーやフンボルトと無関係ではなく，教育学と直接的につながっていると言っても過言ではない。これまで，

『ロビンソン・クルーソー』の話題を中心に論述してきたが，ヨーク市は近代教育学と深くつながる土地であることは明白である。

第3節　むすび

　これまで，ヨーク市の現状から歴史，文化財保存活動まで，また，ヨーク大学の紹介と公民教育教員養成の問題，ヨーク市と近代教育学との関係など多岐にわたる話題を論述してきた。

　ここに一貫して見られるのは，現場重視の思想である。遠くかけ離れたところに「世界遺産」があるわけではなく，日常的に接することができる。その保存活動は，もちろん観光客がこの町に落とすお金によっているところは多分にあるのだろうけれども，市民が自らの税金の使われ方に強い意識を持ち，「ヨークミンスター」保存活動への投入を意識的に選択できる制度を持っている。これらは，文化財保護活動における地域密着を可能としている。また，ヨーク大学における教育活動は，ヨーク大学の独特のカレッジ制度によって，研究者と学生が親密に接することを前提として成り立っている。それは第一線の研究者と学生の居住環境の問題からよく理解できる。さらに，教員養成は，大学での学習・研究活動と地域の学校が大げさな提携関係などではなく，親密につながりを持って，学生が実習と教育研究を両立できるように配慮されている。

　もちろん，これらを可能にしているのはヨークという町の恵まれた環境にあることは言うまでもない。ただ，その環境を生かす市民レベル，学生レベルでの努力がそれを支えていることを忘れてはならないだろう。

　今日，日本の社会科教育，歴史教育の課題として，「世界遺産教育」の重要性が叫ばれている。本章でも紹介した田渕五十生氏はその先頭に立つ研究者であるが，この分野での研究者は他に多くいるとは言えない。このような状況のなかで，日本の社会科教育・歴史教育における教員養成で，身近にある文化遺産を教員養成に生かす努力が田渕五十生氏のグループを除いてなされていないことに，教育学研究者や教員養成課程指導者は反省しなければならない。

　最後に，ヨーク市のこの恵まれた環境のなかで行われている教員養成や文化

財を利用した教育を見ていると，ひとつ重要な点に気付く。それは，このような恵まれた環境にない地域の「世界遺産教育」や文化財を利用した教育がどのように行われていかなければならないかという問題である。たとえば，世界遺産がない地域の子供たちはどのように「世界遺産」を学習していけばよいのかということである。今後の重要なテーマとして提起しておきたい。

【注】
（1） 奈良教育大学の田渕五十生はヨーク大学での研究活動の思い出を『〈体験〉国際理解と教育風土　英国ヨーク大学からの便り』にまとめている。
（2） 同書，70ページ。
（3） 英国は文化財保護活動が進んでいて，年間，もしくは生涯で「English Heritage」の会員になると，多くの便宜が受けられる。もちろん，会費制だが，カップルで1週間イギリスを旅行し，古城や博物館・教会を見て回ったら，十分ペイできる額である（カップルで£75）。また，社会科教育や歴史教育を専攻しているものとして，文化財保護活動や世界遺産教育を研究していかなければならない者としては，この制度を十分検討して，制度を日本に持ち帰りたいと思っている。その年の会員証は，ダーウィンの肖像がデザインされていた。これは彼の生誕200年を記念したものある。毎年デザインが変わる。それらのコレクションもある。
（4） 佐滝剛弘著『「世界遺産」の真実─過剰な期待，大いなる誤解─』祥伝社新書，2009年。
（5） 岩波文庫（赤208－1）デフォー作　平井正穂訳『ロビンソン・クルーソー』（上）（下）。
（6） 筆者がヨーク滞在中に石井正司先生から頂戴した私信の一部。それは，筆者が滞在先として，大変良いところを選んだとお褒めくださった激励のお手紙であった。ここに掲載することの了解を先生から得ていないため，一部のみの紹介に留めるが，ヨークと近代教育学に関する深い関係をご教示くださったものである。

第12章 中高一貫教育と高大一貫教育における教育課程
―高等教育機関はいかに対応すべきか―

第1節 はじめに

 「中高一貫教育」「高大一貫教育」と呼ばれる「新たな学校制度」が叫ばれるようになって久しい。1998年の学校教育法改正によって新たな学校種として「中等教育学校」も定められた。そして，中高・高大の一貫教育がどのようなもので，どのように進められるべきかについての議論はさかんに行われている。しかし，「なぜ中高・高大の一貫教育がクローズアップされたのか」という問題については必ずしも十分に説明されているとは思われない。筆者はこの「なぜ中高・高大の一貫教育がクローズアップされたのか」という問題のなかに，今わが国の教育界が直面している本当の課題が存在すると考えている。

 なぜなら，「中高一貫教育」がどうあるべきか，「高大一貫教育」がどう展開されるべきかという問題は今日の教育問題を解決するためのひとつの対処法に過ぎないと考えられるからである。また，「中高一貫教育」「高大一貫教育」の推進は戦後教育がこれまで目指してきた目標に逆行するものではないかと考えられるからである。

 「中高一貫教育」を考えてみても，中学校と高等学校は本来その目的を異にして戦後教育改革のなかで成立したものであった。事実，中学校と高等学校の多くは運営母体を異にしている。公立学校の場合，中学校の多くは市町村立の学校であり，高等学校の多くは都道府県立の学校である。教員免許制度においても中学校と高等学校の教員では基本的に異なっている。戦後の学校制度を一貫

教育という方向で大きく改革しようとするのであるから，理由を明らかにしたうえで，その必要性を明確に示さなければならないはずである。換言すれば，戦後教育の理念を大きく転換するような改革である「中高一貫教育」や「高大一貫教育」の導入を考えるのであれば，根本の原因を今日の教育問題のなかで明らかにすることが最優先されるべき課題だと考えられるのである。

　本章では，今日の教育界が直面している本当の問題とは何かを「中高一貫教育」「高大一貫教育」の議論のなかから考察していきたいと考える。

第2節　戦後教育の理念と「中高一貫教育」

　戦後教育の理念に立ち返って，今日進められている「中高一貫教育」の意味をまず考えておきたい。

　「6・3・3・4制」は戦後教育の柱とされてきた。「中高一貫」とはその真ん中の3と3が6というひとつの学校となろうとしていることである。しかし，このことは，小学校が6年で，中学校が3年という教育年限が妥当かどうかという問題や3と3を一緒にして6年制の方がじっくり勉強できるのではないかというような単なる教育年限の区切りの問題ではない。

　「6・3・3・4制」という言葉は小学校・中学校・高等学校・大学という学校段階を単純に示しているだけではなく，戦後教育制度の基本的な考え方である「単線型」の学校制度の理念を象徴的に表した重要な言葉である[1]。したがって，「中高一貫教育」の志向や実施は戦後教育の中心的な理念である「単線型」の学校制度に変更を加える可能性を意味している。そのことをわが国の教育界は十分に認識してこの問題を捉えてきたのだろうか。1998年賛否両論がありながらも学校教育法の一部改正は行われ[2]，1999年4月から「中高一貫教育」校の設立は可能となった。もちろん，この改正でわが国のすべての中学校と高等学校が6年制の一貫校に移行するわけではない。しかし，この過程で戦後教育の重要な理念であった「単線型」学校制度の意義や意味を喪失してしまうかもしれないことを国民に明確に示す作業を十分に行ったとは筆者にはけっして思われない。

今,「中高一貫教育」や「高大一貫教育」が志向されるにあたって,戦後教育の基本的理念を体現した「単線型」学校制度が崩壊の危機に瀕しているという自覚は国民の多くにも,教育界の多くにも存在しない。筆者には戦後教育の重要な理念が完全に崩壊してしまう可能性さえ感じられるのに,この問題が国民的に議論されることなく進んできたことに「はじめに」で述べたわが国が直面している本当の問題のひとつがある。

　「中高一貫教育」で「6・6・4制」,「高大一貫教育」で「6・3・7制」が登場する可能性があり,「中高一貫教育」と「高大一貫教育」が結びつくと「6・10」制もできる可能性がある。「6・3・3・4制」も残るわけであるからわが国の学校制度は戦前の学校制度にも似た複雑なものになることは明らかである。

　ところで,現実には一部の私立学校においては幼稚園,小学校から大学までの教育システムを持つものがこれまでにも存在した。しかし,これは一部の例外的な学校で行われてきたことであった。また,いわゆるエスカレーター式の進学体制をとったそれらの学校でも,教育課程は「6・3・3・4制」を基本的には用いていたわけであるから,今日実施されようとしている「中高一貫教育」や「高大一貫教育」とは質的に異なるものである。すなわち,既に存在している一部私立学校に見られるエスカレーター式の進学制度を持つ学校はけっして戦後教育の重要な理念であった「単線型」学校制度を否定するものではなかったのである。

　いずれにせよ,国民的な議論を十分しないまま「単線型」教育制度が崩れていく「時代」に突入したことは事実であり,恐らくは後戻りできないのではないかと考えられる。

第3節　高等学校教育の持つ問題と「中高一貫教育」「高大一貫教育」

　「中高一貫教育」の学校が設けられることになったこと,「高大一貫教育」の研究が始められていること,このいずれにも高等学校教育が含まれていることに注目する必要がある。「中高一貫教育」がクローズアップされ始めた頃,「15の春」という言葉に象徴されるような「高校入試の問題」が教育界の重要な課

題として議論されていた。また，近年「高大一貫教育」が検討されるようになった背景に，「大学入試の問題」が存在し，教育界の重要な課題となっている。この場合とくに大学の側がいかに入学する高校生を早く確保するのかといういわゆる「青田買い」がある。いずれにせよ，「良い高校」に入学しようとすること，「良い高校生」を早く確保しようとすることなど高等学校教育に対する注目・関心が背景にある。したがって，「中高一貫教育」も「高大一貫教育」も高等学校教育をどのように考えるかという問題抜きには議論できないのである。

　言うまでもなくここに言う「高等学校」は戦後教育改革で新設された「新制高等学校」のことである。この新制の高等学校教育がどのような理念のもとで成立し，どのように発展してきたのかを明らかにすることが，「中高一貫教育」や「高大一貫教育」を考える前提であることはこれまでの検討から既に自明のことであろう。

第4節　新制高等学校を考える前提として「単線型」学校制度とは何かを考える

　まず，教育学上の理論から「単線型」の学校制度の意味を再確認しておきたい。周知のように学校制度には一般に次の3つがあるとこれまで説明されてきた(3)。「複線型」「分岐型」「単線型」の3つである。これらの学校体系を歴史的に見てみると，17世紀から19世紀にかけては「複線型」の学校制度が世界的に見ても一般的であった。この学校体系はエリート学校系統と民衆学校系統が併存するものであり，戦前のわが国の学校制度は「分岐型」と言われるが，この「複線型」の特徴をも色濃く残していた。これは大学を頂点とする下構型学校体系と一般に呼ばれているように，大学進学を最大の目的とした学校制度と見ることができる。戦前のわが国が帝大を頂点とした学校体系を作り上げ，帝大出身の官僚によって支配していくという国家体制もこの学校制度によって支えられていたと言うことができる。また，ヨーロッパの例を見ると明らかなようにこの学校制度は身分的・階級的学校制度という性格を強く持っていた。

　「分岐型」学校制度は第一次世界大戦から第二次世界大戦間に多く見られたもので，「複線型」学校制度が身分的・階級的な性格を持っていた点への批判とし

て成立したと一般に説明されている。また，民主的な「単線型」の学校体系を求める「統一学校」運動の高まりを基礎としているが，現実には身分的・階級的差異が国民のなかに根強く残っていた時代の影響が見られる。したがって，当時はまだすべての学校の教育目的や教育内容を統一することはできず，初等教育段階の一部が統一されたにすぎなかった。戦前のわが国の学校制度は初等教育においてはほぼ統一されていたから典型的な「分岐型」学校制度とみることができる。

　第二次世界大戦後，すべての人間に教育を受ける権利があることが広く認められるようになり，「単線型」学校制度を目指すことが世界の趨勢となった。また，「単線型」学校制度を志向する背景には義務教育年限の延長によって中等教育を広く国民各層に開放しようとする考え方があった。さらに，各国の戦後の経済発展によって，教育の需要は拡大し，中等学校は開放され，その流れは高等教育にも及ぶことになった。この社会状況が「単線型」学校制度を支える重要な要因である。

　今日，一般的に身分的・階級的な性格を持つ「複線型」の学校制度はほとんど見られなくなり，現代の各国の学制改革は「分岐型」学校体系から「単線型」学校体系への志向が見られる。わが国の戦後教育改革もこの世界的趨勢のなかで行われ，今日に至っていることは自明の事実である。[4]

　学校制度の発展をわが国中心に見てみると，わが国もおおむねこの世界的趨勢のなかで発展してきたと言える。わが国の近代公教育のスタートとなった学制（明治5年）では小学8年，中学6年，大学3年の「単線型」の学校制度を導入していた。しかし，周知のとおり，学制はその成果をあまり見ることができず，本格的なわが国の教育制度の整備は明治10年代の改正教育令からである。[5][6] 明治14年には小学校6年修了時に，中学校などに進学する者と小学校高等科へ進学する者とに別れる「分岐型」へと転換した。その後のいくたびかの改正によって，初等教育段階での単一化はほぼ守られていたが，小学校卒業後の分岐は複雑化していた。

　戦後の学制改革では民主的な教育を目指し，教育の機会均等を中心的な理念として，また，世界の趨勢をも取り入れて「6・3・3・4制」の「単線型」学校

制度を導入したのである。ここにはアメリカ合衆国の教育理念が色濃く影響していることは否定できない。すでに述べたように，一般論としては第二次世界大戦後の世界の教育は単線型の学校制度に向かうが，イギリスなどヨーロッパの伝統国では中等教育段階になるといくつかの系統に分かれていくいわゆる「分岐型」を残した。しかし，わが国の戦後教育改革に強い影響を及ぼした「第1次アメリカ教育使節団の報告」は教育の機会均等と民主的な教育原理[7]を基調とした勧告書であり，わが国の戦後学校制度はこのアメリカ的学校制度を導入することになったのである。戦後のわが国が採用した「単線型」の学校制度が「アメリカ型」と呼ばれる所以もここにある。

　要するに，戦後わが国が採用した「単線型」の学校体系は「単一の学校体系」を前提として，連続した学校段階を順次登っていくという学校体系である。そして，重要なことはその前提として各人の能力と努力によって社会的な地位を得ることができるというアメリカ的な民主主義の考え方が存在したのである。

第5節　新制高等学校の成立

　先に述べたアメリカ的「単線型」学校制度をわが国が導入するにあたり，ひとつの問題があった。それは明治以来発達してきた学校がすでに存在していたという事実である。「戦後新学校制度の設立」とは言わず，「戦後教育改革」というのは，現実に学校に通っている児童・生徒が存在していたからであり，まったく新しい学校制度を導入するということは不可能であったからである。

　明治初期，わが国が欧米の制度に倣って近代学校制度を導入するときは，近世以来の手習塾等庶民教育機関をほとんど継承することなく，新たな制度として近代学校制度を導入することができた。しかし，戦後教育改革においてはすでに高度に発達したわが国の近代学校制度を無視することはできなかったのである。そこで，児童・生徒，教員などの人的組織や校舎等の物的施設は戦前の制度から移行するという形をとった。

　国民学校初等科（尋常小学校）を小学校へ，国民学校高等科（高等小学校）と青年学校等を新制の中学校へ，旧制の中学校・高等女学校と実業学校を新制の

高等学校へ，旧制の高等学校・専門学校と大学を新制の大学へと移行したのである。ここに「6・3・3・4制」という戦後のわが国の「単線型」学校制度が成立した。

しかし，すでに複雑さを増していた「分岐型」の学校制度を根本的に見直すことなく，戦前の「分岐型」における身分的・階級的性格を残した中等教育と高等教育を後半の3・4制に残したままになってしまったのである。教育基本法や学校教育法では教育の機会均等と民主的な教育原理というアメリカ的「単線型」を支える理念を明確に示しながらも，学校制度それ自体はまったく新しく作り替えられることはなかったのである。

すなわち，前半の6・3制に「教育の民主化」を目指した「単線型」学校制度を設け，後半の3・4制には「分岐型」時代の理念を温存して接ぎ木した「単線型」学校制度となったのである。ここには明らかにふたつの教育理念が並存するという難しい問題を新しい学校制度は出発の時点から内包していたと考えられるのである。

第6節　新制高等学校が当初から持っていた矛盾

学校教育法は第41条で高等学校を次のように規定した。

> 高等学校は，中学校における教育の基礎の上に，心身の発達に応じて高等普通教育及び専門教育を施すことを目的とする(8)

ここには明らかにふたつの教育目標が掲げられている。ひとつは「高等普通教育」であり，もうひとつは「専門教育」である。高等普通教育とは小学校における「初等普通教育」と新制の中学校における「中等普通教育」につながる普通教育であって，大学でいう高等教育とは異なる。

「高等普通教育」と「高等教育」の違いについてもう少し明確にしておきたい。この両者の言葉の意味と両者の概念の違いに関する最も一般的と思われる説明を紹介しておきたい。

「高等普通教育」とは,普通教育のうちの高等なものを意味する。(中略)一般的にすべての人間にとって日常の生活を営む上で共通的に必要とされる一般的,基礎的な知識技能を施し,人間として調和のとれた育成を目指すための教育であるということができる(中略)高等普通教育といっても,高等教育を意味するのではなく,小学校において施される初等普通教育,中学校において施される中等普通教育に続いて施される高次の普通教育と考えてよい。(9)

一方,「専門教育」に関しては次のような考え方が一般的である。

「専門教育」とは通常は普通教育ないしは一般教育に対比され,専門的な知識及び技能を習得させる教育をいう。(中略)戦前の教育法令には専門教育の用語でもって学校の目的・性格を規定したものは見当たらない(中略)が,専門学校で行われる教育を大学の教育と区別して専門教育と呼称し,両者をあわせて高等専門教育と総称するのが一般的であった。(10)(アンダーラインは筆者)

このふたつの用語の解説に見られる重要な違いに注目する必要がある。「高等普通教育」も「専門教育」も「高等教育」とは異なるという点で共通しているように見える。だから,中等普通教育を施す新制中学校と大学で行われる「高等教育」の間に,「高等普通教育」と「専門教育」が新たに設けられる新制高等学校で施されると一見みえてしまう。しかし,実はそうではない。まず,上の史料のアンダーラインを付した部分を見ると,明らかに「専門教育」は大学教育と同レベルで考えられていたことがわかる。

また,以下に示すもの(11)(図12-1,図12-2)は戦前と戦後の学校制度を比較できるように図式化したものである。これを見ると,戦前の専門学校は旧制中学を修了した者が修学する学校であることがわかる。したがって,新制高等学校で当初予定されていた教育内容は,戦前の旧制中学校後期を発展拡充した「高

図12-1　日本の学校系統図（昭和19年）

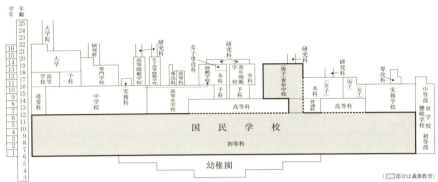

（注）　昭和19年4月現在―国民学校令（昭和16年4月施行）を中心とし師範教育令改正（19年4月施行）までを含めて作成した。

　国民学校の高等科までの義務制は19年2月の戦時特例により実施されなかったので，義務制のわくからはずした。青年学校は男子は19歳まで義務制（ただし中学校等の在学者または卒業者は免除）で本科は男子は4年，女子は2年に短縮できることになっていた。師範学校・青年師範学校の本科は予科・中学・高女卒業で入学した。大学・専門学校・高等師範学校等は修業年限6か月以内臨時短縮できることになっていた。

（出所）　文部省編『学制百年史　資料編』。

図12-2　日本の学校系統図（平成29年）

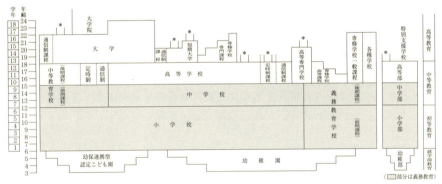

（注）　1. ＊印は専攻科を示す。
　　　 2. 高等学校，中等教育学校後期課程，大学，短期大学，特別支援学校高等部には修業年限1年以上の別科を置くことができる。
　　　 3. 幼保連携型認定こども園は，学校かつ児童福祉施設であり0～2歳児も入園することができる。
　　　 4. 専修学校の一般課程と各種学校については年齢や入学資格を一律に定めていない。

（出所）文部科学省「諸外国の教育統計」平成29年版。

第12章　中高一貫教育と高大一貫教育における教育課程　267

等普通教育」と戦後多くが大学に昇格した戦前の専門学校教育を同時に教育の目的に定めていたことがわかるのである。新制高等学校はスタートのその時点から，学校の教育目的が設立者自身に十分理解されていなかったこと，そして当然国民にも十分理解されずに設立されたことがよくわかる事例である。

第7節 新制高等学校が目指したもの

　新制高等学校は，昭和22年「教育基本法」の制定と，同年の「学校教育法」の制定によって新しい学校制度を支える重要なものとして成立した。実際に発足したのは，新制の小学校・中学校から1年遅れたが，これは5年生の旧制中学校在籍者の移行をできるだけ円滑に行うことを意図していたと考えられる[12]。すでに述べたように，わが国の戦後の「単線型」学校制度が新たに学校制度を構築したのではなく，戦前の学校制度を継承したことが，この点からも明らかとなる。

　新制高等学校が目指したものを教育課程から検討しておきたい。昭和24年4月には文部省は「新制高等学校教科課程の解説」を発表している。このなかでは，新制高等学校の根本的な特質を「選択教科制」にあるとし，その趣旨を最大限に生かすことを求めている[13]。

　また，単位制という義務教育段階の小学校・中学校には見られない制度を導入し，選択教科制が円滑に進むように配慮しているところに新制高等学校の特質がある。これは個人の選択を重視する教育と見ることができ，生徒が自由に教科・科目の選択を行う，いわば，個性尊重の教育が目指されていたとみることができる。

　しかし，個性の尊重を目指した自由な選択という発想とは少し異なった性格がはじめからこの新制高等学校に見られることにも注目しておきたい。

　昭和22年4月文部省学校教育局長の通達で初めて新制高等学校の教育課程（当時は「教科課程」と表現）が発表されている[14]。これはすでに発表されていた「学習指導要領一般編（試案）」[15]を補う文書として出されたものであるが，このなかには3つの教育課程が示されていた[16]。

①大学進学の準備過程（高等普通教育を主とする課程）
②職業人の準備過程（高等普通教育を主としながらも大学進学を希望しない課程）
③実業課程（工業・農業・商業・水産・被服等を主たる内容とする課程）

　この3つの課程は，戦前の「分岐型」学校制度に見られた学校の性格をそのまま持ち込んだものであることは容易に察せられる。すなわち，戦前の中等教育には普通教育と実業教育が設けられ，普通教育はⅠ種の職業向けとⅡ種の進学向けに分けられていた。この戦前の「複線型」の学校制度を色濃く残した「分岐型」の学校制度の考え方が，「3つの課程」と名を変えて存在していたのである。わが国の「単線型」学校制度はまさに新制度に旧制度を接ぎ木する形でスタートし，とくに新制高等学校は致命的とも言える古い体質を温存したまま「単線型」学校制度の一部となったのである。

　その後の新制高等学校のたどった道は，平坦なものではなかった。総合制の高等学校は解体され，普通課程か職業課程かを選択することとなり，高等学校進学の時点で進学か就職かの二者択一を求めることとなった。また，必修科目数を増加させることによって新制高等学校のひとつの特徴とも言える自由選択制も失われていくこととなった。

　さらに，高度経済成長を背景とした高等学校進学率の上昇をきっかけとして「多様化」と「弾力化」がキーワードとなって教育課程の改変が進められていった。これは社会のニーズに対応した新しい高等学校像を求める努力であった面は否定できないが，実際には矛盾を拡大する結果となった。多様化の名の下で職業教育を目的とする学科が増設され，結果的に学科間の格差を生み出し，「高等普通教育」の理想を失わせることになった。そもそも国民はこの新制高等学校が成立したときからその本来の性格は見抜いていたのであろうか，「単線型」学校制度の「接ぎ木」の部分，すなわち高等学校への進学部分，で激しい受験戦争を繰り広げた。

　この節では，「新制高等学校が目指したもの」という見出しを付けたが，新制高等学校は設立の当初から目指すものが明確ではなく，明らかに相反する理念の課程が同居し，改革の方向は迷走を続けた。目指すものが明確でないのに，改革を行い続けていくからいつまで経っても改革は終わらない。これが新制高

等学校の実態である。その新制高等学校とまがりなりにも戦後教育の理念を体現してきた中学校が「一貫教育」の名の下に統合される学校が出現することとなった。これが「中高一貫教育」の実態ではないだろうか。

第8節 「中高一貫教育」推進の背景を探る

　平成12年1月17日，中高一貫教育推進会議は「中高一貫教育の推進について―500校の設置に向けて―」(17)を発表した。この報告によると，中等教育の一層の多様化を目指して推進されているこの「中高一貫教育」は生徒や保護者が従来の中学校・高等学校に加えて，6年間の一貫教育をも選択できることを目指していることが明確に示されている。また，各都道府県・市町村の取り組み状況や各学校の事例を紹介しつつ特色ある学校作りが報告されている。とくに注目できる点は，報告の最後に「今後の課題」として以下の5点を指摘していることである。

　①制度の適切な運用が図られない場合には，受験競争の低年齢化に繋がる恐れがあること
　②受験準備に偏した教育が行われる恐れがあること
　③小学校の卒業段階での進路選択は困難なこと
　④心身発達の差異の大きい生徒を対象とするため学校運営に困難が生じる場合があること
　⑤生徒集団が長期間同一メンバーで固定されることにより学習環境になじめない生徒が生じるおそれがあること

　しかし，この中高一貫教育推進会議の考え方とは別に，「中高一貫教育」に対して厳しい批判が出されている。代表的なものをここで紹介しておきたい。
　藤田英典氏は『教育改革―共生時代の学校作り―』(18)の第2章で，「六・三・三制と中等教育」(19)を論じ，公立中高一貫校の問題点を明らかにしている。まず，彼は現在のわが国の学校教育を取り巻く環境が大きく変化していることを認め，

重要な岐路に立っているとしたうえで,次のような表現で「中高一貫教育」推進論を批判している。

　この「中高一貫教育」推進は「政策担当者のかたよった状況認識とそれに基づく改革に由来する」とし,「たとえていえば,砂漠で喉の渇きに耐えかねた旅人が,同伴する経験者の制止を振り切って蜃気楼の立つ方向へと歩を進めていくようなもの」と断じている。この批判の背景には,「中高一貫教育」推進論の背景を次の4つに分析した理論がある。

　①中等教育をゆとりのある充実したものにするという教育的理由
　②大学進学実績などの点で公立学校を私立の中高併設校に対抗できるようにしたいという対抗的理由
　③地域社会活性化の柱にしたいといった地域的理由
　④教育システムの多様化・弾力化の突破口にしようというシステム弾力化論

　ここに示した「中高一貫教育」に対する厳しい批判を理解したうえで,再び,中高一貫教育推進会議の「中高一貫教育の推進について―500校の設置に向けて―」を読んでみたい。「今後の課題」のなかで述べられていた①②はこの藤田ら反対派の批判に答えるべく用意されたものであることが容易に推察できる。「中高一貫教育」はゆとり教育の推進に役立つ可能性よりも,地域社会の活性化よりも,受験の低年齢化や激化をもたらす可能性の方が高い。それは「中高一貫教育」推進論者も批判的立場の者も期せずして同様の危険を察知していることを見れば明らかである。

　中高一貫教育を推進する公立学校は無条件でその地域に住む子供たちの入学を許可するのであろうか。中央教育審議会は確かに,この中高一貫校を受験エリート校化しないために,「学力試験による選抜を認めない」と答申している。しかし,広域募集,広域選抜が実施される以上,やがてこの学校がエリート校化していくことは明らかである。東京近郊地域のように私学ブームのなかで中学校受験が一般化し,「学習塾戦争」と呼ばれる地域が発生するような異常な進

学熱が全国化するのは明らかなことである。

　中学受験を目指す子供を持つ親たちの教育費負担は必ずしも軽いものではない。また、東京のように多くの私立中高併設校のある地域では、私立中学受験期である1月末から2月第1週は私立中学受験児童の欠席が目立ち、授業を行えなくなっている学校も少なくない。受験をせず学校で自習やその他の活動をする児童と受験で欠席する児童の存在、それは既に戦後教育の基本的理念であった「単線型」学校制度を崩壊させていることの証である。それが全国化していくのである。これを地域活性化と呼ぶにはあまりにも悲しいことと言わなければならない。

　学校教育は親の子どもに対する意識と親の経済力によって階層化され、子どもの能力や子どもの学習への意欲以前の問題で子どもは差別される。これは実質的に「複線型」学校制度の復活と言ってもよいであろう。

　「複線型」学校制度の復活は学校制度発達史から見ると明らかな逆行であり、世界の趨勢からみても異常なことである。これまで検討してきたように、わが国の「単線型」学校制度には接ぎ木された後半の3・4制があり、そのなかには身分的・階級的性格が残存していた。「民主的な教育」を目指した戦後の「単線型」学校制度は「中高一貫教育」の名の下に中学校が高等学校化して、中学校までもが目指すべき方向を見失う可能性が危惧される。今日「中高一貫教育」が叫ばれるのは、第一に新制高等学校のあるべき姿を結局見出せなかった結果としか考えられない。そして、中学校までも一貫した受験体制のなかに組み込むことによって、「単線型」の学校制度は完全に破壊されていくように思われる。これは下構型学校体系の再来であり、時代錯誤の「複線型」学校制度の復活である。

　「高大一貫教育」の発想も結局は「中高一貫教育」の発想と同じで、「複線型」学校制度への回帰に手を貸しているに過ぎない。学生確保を名目に学校制度の根幹を揺るがすことが、本当に大学の未来に役立つと言えるのか真剣に考えなければならない。

第9節 むすび

　今，わが国は少子高齢化に直面していて，学校も少子化の流れのなかで進むべき方向を模索している。本章で検討してきた「中高一貫教育」や「高大一貫教育」がこの少子高齢化という社会的問題と無関係であるはずはない。少子化のなかで，数少ないわが子に多額の教育費をかけることが可能になった階層が競って私立の中高併設校に子どもを入学させた。このことが，公立学校における「中高一貫教育」校設置へのきっかけとなったことは疑いないことである。また，少子化が大学の学生確保問題に危機感を与え，「青田買い」とも言うべき現象を高等学校の教育現場に起こしてしまった。

　とくにこの「青田買い」は年々早まる傾向にあり，それは学校間格差と奇妙に符合する。すなわち，推薦入学制度によってレベルの低い大学から順に学生を確保していく傾向にあり，中堅高等学校の多くでは，成績の悪い生徒から順番に大学進学が決定していくという高等学校教育を否定するような傾向が顕著になっている。教室では夏休み明けから成績の芳しくない生徒から順番に大学への推薦入学が決定して，学力の高い生徒があたかも取り残されたかのように学習を続けるのである。

　このような現実からプレカレッジなど「高大一貫教育」が研究されるようになったのである。したがって，「中高一貫教育」も「高大一貫教育」も少子高齢化というわが国社会が直面した社会問題の一部に過ぎないと見ることもできる。

　しかし，教育こそが社会のあるべき姿を支えるものでなければならないという教育本来の姿を見失ってはならない。一方に教育問題だけでは解決できない社会問題が存在するにしても，戦後教育のなかに，教育界のなかに問題はなかったのか真剣に考えなければ「教育の機会均等」や「民主的な教育」という戦後のわが国が目指してきた教育は崩壊してしまう。「中高一貫教育」や「高大一貫教育」は少子化の影響も見落とせないにしても，根本には本章で検討してきたように新制高等学校の教育の「あるべき姿」を結局見出せないまま放置したことに最大の原因があったのではないだろうか。

　近年スタートすることになった「中高一貫教育」と今真剣に検討されている

「高大一貫教育」は戦後迷走しながらも追い求めてきた新制高等学校のあるべき姿への追求を，ここで「やめる」と宣言したことに等しいと筆者には思われる。そして，それは中学校をも巻き込んだ受験体制という形で戦後の「単線型」学校制度を終焉にむかわせようとしているように見える。小学生に将来の選択を強制するこの「中高一貫教育」の学校制度の導入はもはや「単線型」学校制度を支えた現代的教育理念の放棄である。わが国の教育が「教育基本法」に見られる「教育の機会均等」と「民主的な教育」という基本的理念を喪失しつつあり，「複線型」学校制度という19世紀以前の階級的学校制度に回帰しつつあることを教育界も国民も認識しなければならない。

本章を掲載した初出雑誌の発行機関は戦後教育改革の一環として新制大学に昇格した大学の研究機関である。戦後多くの大学が高等教育拡張の路線をとったが，草分け的存在の大学であり，戦後，民衆への中等教育と高等教育の解放の流れのなかでその一翼を担ったのはまぎれもない事実である。この高等教育拡張の路線を支えた教育理念は「単線型」学校制度が持つ「教育の機会均等」と「民主的な教育」という戦後教育の基本理念に支えられていたことを忘れてはならないように思われる。多くの附属高等学校や中学校を確保し，優秀な学生の安定的な確保を目指した大学経営はその過程では批判もあったが，結果的に戦後わが国国民のニーズに応えた学校経営であったと考えられる。しかし，それゆえに，今，起こりつつある「単線型」学校制度の終焉がやがて戦後の国民の教育要求を支えた中堅私立大学に災いしてくることを認識しておく必要があるだろう。「単線型」学校制度こそが戦後の中堅私立大学の拡張と研究・教育を支えてきたことを再確認し，「単線型」学校制度をいかに維持するかに努力すべきではないかと考える。

【注】
（1）　高橋誠一郎は文部大臣として「6・3・3・4制」の学制改革について，「新学制を実施するに当たって」のなかでこの主旨のことを述べている。『戦後日本教育史料集成』第2巻「新学生の発足」45ページ。
（2）　月刊高校教育編集部『これまでの高校，これからの高校』学事出版，1998年，22ページ。

（3）『教育学大事典』第一法規,「学校制度」の項。
（4）　同上。
（5）　吉田辰雄,大森正『教職入門　教師への道』図書文化,2000年,165ページ。
（6）　同上　165ページ。
（7）　水原克敏『現代日本の教育課程改革―学習指導要領と国民の資質形成―』風間書房,1998年。
（8）　学校教育法第41条　高等学校の目的『教育小六法』学陽書房,2004年。
（9）　鈴木勲編著『逐条　学校教育法』学陽書房,2003年,339ページ。
（10）　同上　340ページ。
（11）　文部科学省ウェブサイト。
（12）　前掲『これまでの高校,これからの高校』24ページ。
（13）　前掲『現代日本の教育課程改革―学習指導要領と国民の資質形成―』170ページ。
（14）　文部省発学156号「新制高等学校の教科課程」1947年4月7日。
（15）「学習指導要領　試案」明治図書,1951年。
（16）　前掲『これまでの高校,これからの高校』24ページ。
（17）　月刊高校教育編集部編『中高一貫教育推進の手引き』学事出版,2000年。
（18）　同上　131ページ。
（19）　藤田英典『教育改革―強制時代の学校づくり―』岩波新書,2003年。
（20）　同上　59ページ。
（21）　同上　78ページ。
（22）　同上　78ページ。
（23）　同上　78ページ。

第13章

高等教育におけるボランティア活動プログラムの研究
―世界遺産プレアビヒアを題材として―

第1節　はじめに

　戦後民主教育の発展に大きく寄与した海後宗臣氏はその著書のなかで，教育の構造を3つに分類して説明した。教室で行われる授業による学習を彼は「陶冶」と呼んだが，今日の大学教育はこの「陶冶」の充実に翻弄されているように見える。半期15回の講義回数を確保するために，代休を設けないで祝祭日の授業を実施するなどはその典型であろう。海後氏の論を借りれば，「教化」「形成」の重要な教育機能を忘れているような対応ではないかと考えられる。海後氏は教育の構造を「陶冶」「教化」「形成」に3分類しただけではなく，その有機的結合の重要性を述べていたように思われる。授業回数にこだわって，学生が祝祭日に行われるさまざまな活動に参加できなければ，むしろ教育効果を低下させることになる。祝祭日を利用して現地や現場に足を運ぶこと，博物館や記念館を訪問することは，学生にとって重要な学習活動であるし，仲間とともにスポーツや旅行をすることもまた重要な学習活動である。戦後教育はそのような理念のもとに進められてきたはずであった。

　年間52週のうち，30週も講義に縛り付け，その他に試験とガイダンス期間を設けると，学生の長期休暇は何週残るのだろうか。かつて，このような話を聞いたことがある。学生の保護者から，「私立大学の授業料は私立高等学校より高いのに，どうして3学期がないのか」という抗議があったというのである。学校は「勉強を教えるところ」，勉強とは「先生から教えてもらうもの」という

この考え方に，今，教育関係者はしっかりと答えられるだろうか。

　今日の高等教育の本当の問題は，授業回数が十分確保できているかどうかではなく，学生が自ら何をなすべきかを教えていないことや自ら学ぶ方法を指導していないことにあるのではないだろうか。

　本章は，このような視点に立って，学生が自ら主体的に現実社会と向き合って，仲間とともに活動して，その活動を学問と有機的に関連づけられるプログラムを，具体的に提案していくことを目的としている。

　ここでは3つのキーワードを用意した。「体験」「ボランティア」「キャリア開発」である。これらを繋ぐ学生のためのプログラムとして「世界遺産プレアビヒアと周辺地域ボランティア活動」を紹介し，その学習効果について検討することも本章の目的とする。

　その前に，学生が大学に入学する前にどのような教育を受けてきているのか上記3つのキーワードを中心に検証しておきたい。

第2節　学生の学習歴

第1項　「体験」に関する学習―特別活動・学校行事―

　学校教育において，日常生活から離れて，児童・生徒に見学や体験を通して多くのことを学ばせようという教育活動は一般に行われている。初等・中等教育段階においては，カリキュラム上「特別活動」に配置されており，修学旅行や遠足などの行事[5]はその代表である。高等学校学習指導要領を参考にすると，修学旅行や遠足は，「学校行事」の「旅行・集団宿泊的行事」として位置づけられ，「平素と異なる生活環境にあって，見聞を広め，自然と文化に親しむとともに，集団生活のあり方や公衆道徳などについて望ましい体験を積むことができるような活動を行う」ことが目指されている。[6] しかし，これら行事に対して，教育的効果を上げるために学校や教師の努力は見られるものの，多くは旧態依然の「見学」を中心とした活動に終わっている。一概にこの「見学」を否定するわけではないが，家族旅行が一般化している今日ではこの観光旅行的な学校行事が教育効果を十分に上げているのかどうか疑わしい。

参考例として，ポピュラーな修学旅行地である京都を取り上げてみたい。インターネットで，「京都修学旅行」と入力してみると，現在の修学旅行の様子がよくわかる。有名な旅行社のサイトのうちのひとつを開いてみると，中学生，高校生向けと思われるサイトが出てくる。ここには「歴史・文化・産業」を学ぶコース，「寺社・文化施設・名勝」を歩くコースと「伝統工芸制作・文化体験」を行う3つのコースが紹介されている。さらに進んで検索してみると，それぞれのモデルコースが紹介されている。このサイトはもちろん教員が参考とすることもできるだろうが，基本的にこれは生徒向けである。現在の京都修学旅行の多くは，昔のように，貸し切りバスを使って，団体で見学するようなことはほとんどないから，これらのサイトを利用して生徒はグループ単位で訪問コースを作成し，それに従って生徒が自主的に見学するのが一般的である。

　ちなみに，「伝統工芸制作・文化体験」コースから一例をとってみると，そこに「友禅染制作・体験」がある。さらに詳しくそれを検証してみると，料金1000円，人数はひとりから10人，所要時間30分とある。確かに「体験」はできるのであろうが，30分の体験が「文化に親しむ」活動であるのか誰しも疑問に思うことであろう。しかし，これが，「特別活動　旅行・集団宿泊的行事」の現在の実態であることは間違いない。これでは「平素と異なる生活環境にあって，見聞を広め，自然と文化に親しむ」教育効果を上げているとは言えない。

第2項　体験学習としてのボランティア活動

　近年，初等・中等学校の特別活動のなかで，大変重要視されるようになっているのが，自然体験とならんで「ボランティア体験」である。教育界がボランティア活動に注目するようになったのは平成12年12月の「教育改革国民会議報告」からである。このなかで，「人間性豊かな日本人を育成する」ために「奉仕活動を全員が行うようにする」必要性が述べられた。本格的に「ボランティア活動」という言葉が教育界で重視されるようになったのは社会教育法の改正によって第5条第14号の「青少年に対しボランティア活動など社会奉仕体験活動，自然体験活動その他の体験活動の機会を提供する」と定められてからである。ところで，学習指導要領のなかで，「ボランティア活動」が登場したの

は，1998年（平成10年）年・1999年（平成11年）年改訂からである。「道徳」，「特別活動」，「総合的な学習の時間」の学習領域としてボランティア活動が位置づけられた。しかし，本格的に始まるのは，支援体制を整えるための上記社会教育法改正を待ってからと考えられる。

現行の学習指導要領ではすべての学校段階で「ボランティア活動」が行われるように，総則の教育課程編成の一般方針のなかで述べられている。また，現在では「ボランティア活動」に参加したという「体験」が重視されるのではなく，その体験の「質」が重視されるようになってきている。

ところで，注目すべきことは，平成14年7月の中央教育審議会答申のなかで，青少年の奉仕活動・体験活動の推進方策等について，「18歳以降の個人が行う奉仕活動等の奨励」が述べられている点である。学生の「ボランティア活動」が重視されたわけであり，大学教育においても一定の配慮がなされることを期待した答申であったと見ることができる。その後，多くの高等教育機関でもこの件に関するカリキュラム化が試みられているが，管見では，夏季，冬期休暇中に参加した「ボランティア活動」に対して補助金を学生に交付するなどの支援を行っている東洋大学が最もカリキュラム化が進んでいると思われる。[9]

第3項　学習指導要領に見るキャリア開発

高等教育におけるキャリア開発のプログラム編成に必要な基礎知識として，高等学校段階までにどのような指導・教育が行われてきたかを高等教育関係者は認識しておく必要がある。しかし，この問題は，各高等学校の取り組み方やカリキュラムのあり方に大きく左右されるため，一言で結論づけることは難しい。そこで，各学校の取り組み方ではなく，高等学校学習指導要領から，この問題を見ておきたい。

現行高等学校学習指導要領において，カリキュラム開発に関係する指摘は，総則と特別活動のなかに見られる。「第1章　総則　第1款　教育課程編成の一般方針」の4には[10]

　　学校においては，地域や学校の実態等に応じて，就業やボランティアに

かかわる体験的な学習の指導を適切に行うようにし，勤労の尊さや創造することの喜びを体得させ，望ましい勤労観，職業観の育成や社会奉仕の精神の涵養に資するものとする。

とある。
また，同総則「第2款　各教科・科目及び単位数等　5　学校設定教科 (2)」[11]に

学校においては，学校設定教科に関する科目として「産業社会と人間」を設けることができる。(中略) 就業体験等の体験的な学習や調査・研究などを通して，(以下略)
　ア　社会生活や職業生活に必要な基本的な能力や態度及び望ましい勤労観，就業観の育成
(中略)
　ウ　自己の将来の生き方や進路についての考察及び各教科・科目の履修計画の作成

とある。ただし，この「就業体験等の体験的な学習」は「職業に関する各教科・科目については，就業体験をもって実習に替えることができること」[12]と指摘しているように，職業教育に関して配慮すべき事項との関係で設定されているものと考えられ，職業教育を主とする専門学科に対する規定と考えられる。したがって，高等教育に進学してくる普通科を卒業した多くの学生はこの教育は受けていないと考えられる。

それでは，高等学校普通科を卒業した学生のキャリア開発の指導はどのように行われてきたのであろうか。普通科の職業教育に関しては「普通科においては，地域や学校の実態，生徒の特性，進路等を考慮し，必要に応じて，適切な職業に関する各教科・科目の履修機会の確保について配慮するものとする」[13]とあるだけで，これ以上の具体的指摘はない。したがって，高等教育に進学してくる多くの高等学校普通科出身者は，職業体験を通したキャリア開発プログラ

ムを学んだ可能性はほとんどないと考えられる。

　可能性があるものとしては,「総合的な学習の時間」と「特別活動」における学習である。「総合的学習の時間」のなかには「就業体験活動」は自然体験やボランティア活動とならんで,積極的に取り入れることが指摘されているが[14],一方に「総合的な学習の時間における学習活動をもって相当する特別活動の学校行事に掲げる各行事の実施に替えることができる[15]」とあって「総合的学習の時間」と「特別活動」の融合が示されている。

　「総合的学習の時間」と「特別活動」を比較すると,高校生のキャリア開発に関する問題を強く意識しているのは「特別活動」である。「特別活動」の学習内容のなかでは「学業と進路」という項目があり,そこには次のように整理されている[16]。

　　　ア　学ぶことと働くことの意義の理解
　　（中略）
　　　エ　進路適正の理解と進路情報の活用
　　　オ　望ましい勤労観・職業観の確立
　　　カ　主体的な進路の選択決定と将来設計

　また,学校行事の中では「(5) 勤労生産・奉仕的行事」で次のように述べられている[17]。

　　　（略）就業体験などの職業観の形成や進路の選択決定などに資する体験が得られるようにするとともに,（略）ボランティア活動などの社会奉仕の精神を養う

　結局のところ,高等学校普通科で学んだ学生の多くのキャリア開発に関する基礎教育を考える場合,この特別活動のなかでどのよう学習活動の機会を得たかにかかっていることになる。しかし,受験体制の充実を掲げたいわゆる「進学校」の多くが,特別活動を軽視したカリキュラムの下で教育が行われている

第4項　義務教育段階の学習指導要領に見る体験学習とキャリア開発

　高等学校学習指導要領のなかで「職業体験」と呼ばれている教育活動は，中学校学習指導要領では「職場体験活動」と呼ばれている。また，キャリア開発に深く関係すると思われる教育活動は「道徳教育」と「総合的学習の時間」，「特別活動」のなかで行われることになっている。

　まず，総則には「道徳教育を進めるに当たっては，（中略）家庭や地域社会との連携を図りながら，職場体験活動やボランティア活動，自然体験活動などの豊かな体験を通して生徒の内面に根ざした道徳性の育成が図られるよう配慮しなければならない」[18]とあり，職場体験活動，ボランティア活動，自然体験活動を道徳教育のひとつの柱としている。

　さらに，特別活動の項目では，「勤労生産・奉仕的行事」のなかで，「職場体験などの職業や進路にかかわる啓発的な体験が得られるようにするとともに，（中略）ボランティア活動などの社会奉仕の精神を養う体験が得られるような活動を行う」[19]とされており，「道徳教育」と「特別活動」の連携によるキャリア開発が構想されていることがわかる。

　小学校学習指導要領においては，「集団宿泊的活動やボランティア活動，自然体験的活動などの豊かな体験を通して児童の内面に根ざした道徳性の育成が図られるように配慮しなければならない」[20]という記述が「道徳教育」のなかに見られる。ここには「職業体験」とか「進路」という言葉は見られないが，中学校における「道徳教育」の前提としての小学校道徳であることを考えると，わが国の義務教育は一貫して「道徳教育」のなかにキャリア開発のテーマを位置づけていると言うことができる。

　しかし，文科省や都道府県教育委員会が「道徳教育」の充実を幾度となく叫んでも，学校現場では必ずしもその方向に進んでいないことは周知のことであるから，高等教育で学ぶ学生の多くが，充実したキャリア開発教育を受けていないことは明らかなことである。

第2節 「世界遺産プレアビヒア」に関するボランティア活動プログラム

第1項 「世界遺産」プレアビヒア

　プレアビヒアはカンボジア王国北部、タイ国境に位置するヒンズー教寺院遺跡である。

　この寺院が建設されはじめたのは7～9世紀頃と考えられる。ヤショバルマン1世（在位889～910）、スーリヤバルマン1世（在位1011～1050）、スーリヤバルマン2世（在位1113～1150）らによって約3世紀間かけて、建築・増築が繰り返されたものと考えられ、カンボジアで最も有名なヒンズー教遺跡アンコール・ワットに先立つ遺跡である。地図を見れば、カンボジア、タイ、ラオス国境に位置しているが、創建当時は現在のような国境線はなかったわけで、この地は東南アジア全域の人々の巡礼の聖地だったと考えられている。

　カンボジアという国は広大な平原地帯という印象があるが、南部シャム湾沿岸とこのタイ国境地帯には、標高300メートル程度の低い山地がある。プレアビヒア寺院遺跡はこの低い山岳地帯に位置し、周りは3つの山で囲まれている。それらの山はヒンズー教の神であるビシュヌ神、シバ神、ブラマ神の象徴とされていて、この地域を治めた王国の歴代の王が参拝に訪れた場所である。

図13－1　プレアビヒアの位置

（注）　NPO法人アジアの誇り・プレアビヒア日本協会の資料を基に作成。

ところで，この寺院は，ラオスのワットプーから「リンガ」（生命の象徴）が持ち込まれたとの伝承や，現在，第1の門のなかにある本殿は須弥山とされていることから考えると，精霊信仰からヒンズー教を経て仏教へと進化したものと考えられる遺跡である。

第2項　「世界遺産プレアビヒア」の現状

　「世界遺産プレアビヒア」は現在ほとんど修復が行われていない。また，観光地としての開発もまったくと言ってよいほど行われていない。その理由は，カンボジア内戦時代，ポル・ポト派がこのプレアビヒア寺院遺跡を最後の拠点としたこと，さらに，プレアビヒアのあるダンレック山が軍事的要衝であるため，内戦後もタイとの国境紛争の最前線となって，この地域は長く立ち入りが禁止されたことからである。今も遺跡周辺には内線時代に敷設された地雷が大量に放置され，訪れる人はほとんどなく，永く「幻の遺跡」とも言われてきた所以はここにある。

　内戦終了後，ポル・ポト派の高級幹部は逮捕され，一般の兵士は，カンボジア政府軍に編入され，現在では国境警備部隊の一翼を担っている。カンボジア政府は，ポル・ポト軍が事実上消滅した1998年，プレアビヒア遺跡を公開した。その結果，カンボジアだけでなく，タイからも多くの参拝者や観光客が訪れた時期もあったが，タイとの国境紛争が深刻化し，カンボジア，タイ両軍の衝突という事態が2009年に発生してからは，国境が閉鎖され，今日に至っている。

　このタイとの国境紛争については20世紀初頭以来の歴史がある。プレアビヒア遺跡の帰属をめぐって，1904年，当時カンボジアの宗主国であったフランスとタイとの間で協定が結ばれカンボジアへの帰属がいったん定まった。しかし，第二次大戦中，タイはこの地を占領していた。そのため，第二次大戦後，カンボジアが独立すると，この地を巡る国境紛争が起こった。カンボジア政府は1959年，遺跡と周辺地域の領有権の確認を求めて，ハーグの国際司法裁判所に提訴し，1962年プレアビヒア遺跡がカンボジア領であるとの判決を得ている。しかし，それを認めないタイとの間で，遺跡周辺4.6平方キロメートルの国境

の未確定地域とともに，今日まで係争が続いている。

　カナダのケベックで2008年に開催されたUNESCO（国連教育科学文化機関）の世界遺産委員会は同年7月7日，このプレアビヒア遺跡をカンボジアの世界遺産（文化遺産）[21]として登録することを決めた。カンボジア政府からの申請であったことから，アンコール・ワット遺跡群に次ぐ2件目のカンボジアの世界遺産となったことは間違いないが，UNESCOが国際司法裁判所の決定を踏まえて世界遺産登録したことも疑いない。

　ところで，現在，プレアビヒアやその周辺地域に関する情報は十分に入手できる状況にない。とくに外国メディアによるこの地域の取材はこれまでほとんど行われてこなかった。2011年2月のカンボジア，タイ両国の国境紛争の際，国境から14キロ南にいた筆者が国境から80キロ南に設営されたカンボジア側の難民キャンプにいた日本のメディアから電話取材を受けたことがある。当時，日本でも映像を含め多くの報道がなされたが，そのほとんどは現地メディアの取材を引用したものであったと考えられる。

第3項　プレアビヒア遺跡とその周辺地域でのボランティア組織の活動

　「世界遺産プレアビヒア」は世界遺産委員会からひとつの重要な条件を付けられている。それは遺跡周辺一辺20キロメートル範囲の地域の森林保護である。すでに述べたように，この地域は長期間の内戦期の森林伐採と地域の農民の無制限な焼き畑によって，貴重な森林が破壊されてきた。この森林の復元と保護活動には地域住民の協力が必要で，そのためには地域住民への啓蒙活動と地域住民の生活の安定化が欠かせない。この活動の中心的役割を担っているのが「NPO法人　アジアの誇り　プレアビヒア日本協会」（PVAJ）である。このNPOは元アジア開発銀行副頭取森田徳忠氏（カンボジア政府経済顧問）を中心に設立されたもので，カンボジア政府との緊密な連携のもとで事業を推進している。

　事業の方向と現状は"Orientation Plan for the Development of the Preah Vihear Area—A Challenge for Building a Net Zero-Emission and Resource-Cyclical Community"[22]としてまとめられている。また，支援活動の企画案は細密な現地調査[23]

を踏まえて，吉田恒明氏によって提案されている。

　現在，この地域で活動を続けている民間団体はこの日本のNPO法人のみと言っても過言ではない。とくに，2009年のカンボジア，タイ国境紛争中も継続して，この地域の民政活動を行っていた団体はこのPVAJしかない。

　このPVAJ傘下の学生組織が「PVAJ日本学生隊」であり，その中心は日本大学法学部学生約40人である。この学生団体は，アジアの文化遺産であるプレアビヒア寺院とその周辺地域の文化と自然を守るボランティア活動を通じて自らのキャリア開発につなげていくことを目的とした組織である。2010年8月から活動を始め，過去3回の現地訪問と日本国内での活動を行ってきた。当時，日本大学学生を中心とした「PVAJ日本学生隊東京千代田班」と東洋大学学生を中心とした「PVAJ日本学生隊東京文京班」があった。

第4項　PVAJ日本学生隊のボランティア活動

　2010年8月から2011年9月までの3回の現地訪問を中心に，PVAJ学生隊の活動を見ていきたい。

1）　予備調査隊の派遣

　現地集合（2010年8月31日　バンコク・スワンナブーム空港）

　陸路カンボジア入国（バンコク→ポイペト→プノンペン→プレアビヒア→ポイペト→バンコク）

　活動内容（カンボジア政府関係者との面談，プレアビヒア寺院見学，旧ポル・ポト兵の村訪問）

　活動の評価：

　今次の訪問は学生ふたりを教員が引率するという形をとった。ソク・アン副首相顧問のUK Someth閣下[24]との面談を通じて，カンボジア側が何を求めているかについて知る機会を得た。カンボジア国内で活動する多くのNPO，NGO団体が必ずしもカンボジアが今欲していることにマッチした活動を行っているわけではないことを学生は知ることができた。この問題はボランティア組織を構

築していく際の基本的なコンセプト作りに必須の知見を得たことになった。

　また，世界遺産が国家間紛争の火種となっている現状を見て，世界遺産のあり方，世界遺産の保護のあり方に対する素朴な疑問をふたりの学生が持つこととなった。さらに，旧ポル・ポト派兵士の村の訪問を通じて，インドシナ紛争が完全に終結したわけではないという国際社会の現状を認識する機会を得た。

　最も重要な成果は，このふたりの学生がこの訪問を終えて，彼らの率直な感想を周辺の学生たちに彼らの口で直接語ったことである。「口コミ」の力は強力で，彼らの話を聞いた多くの学生が，第1次派遣隊募集に集まってきた。ひとつの「体験」が新たな「体験」への希望者を集めることは，今日の学校が企画する，または，旅行業者が企画する「体験」とは異なった，自ら欲する「体験」への強い熱意を学生から引き出すことができた。

2） PVAJ日本学生隊第1次訪問隊の派遣
事前準備（現地支援物資として古着等の収集）
成田集合（2011年2月8日）
陸路カンボジア入国（バンコク→ポイペト→プノンペン→プレアビヒア→ポイペト→バンコク）
活動内容（アンコール・ワット等シェムリアップ地域遺跡の調査，プレアビヒア寺院見学断念，エコ村訪問，ペンベリア・コーケー遺跡等見学）

活動の評価：
　第1次訪問隊にとって最大の出来事は成田を発つ3日前に，カンボジア・タイ国境のプレアビヒアで紛争が勃発し，現地でのスケジュールを大きく変更しなければならなかったことである。PVAJ本部にも，派遣を見合わせるべきとの意見もあった。また，外務省の渡航延期を促す勧告もあって，委託していた旅行業者が旅行手配から降りるというアクシデントに見舞われた。

　日本国内の報道をどう見るか意見の分かれるところであったが，PVAJ幹部や学生隊の後援者の意見は「このような困難な時にこそ，訪問することによって本当の友好関係が生まれるのではないか」という意見が主流を占め，派遣隊実

施を決定した。学生隊員の参加に関しては，状況を各自判断して，参加，不参加を決めることとしたが，結果的に全員が参加することとなった。国際情勢や現地情勢を自ら判断し，自ら責任をもって自らの行動を決めるというボランティアの原点を学生は経験することができたと思われる。

また，結果的に，この第1次訪問隊は意外な成果を上げた。学生たちが参加・不参加で悩んでいた頃，同様にボランティア活動を支援する資金援助団体も同様な判断を迫られていた。政情が不安な地域で活動するPVAJの資金請求に応じるべきかどうかの判断である。しかし，このような情勢のなかでも，日本の学生たちが現地での活動に意欲を示し，紛争地域の14キロ手前の地点でがんばっているという事実は「東京倶楽部」をPVAJ支援へと動かす重要な要因のひとつとなった。[25]

さらに，学生たちは多くの住民が避難所へ移った後も，現地に残り懸命に生活している人たちの村へ入り，直接コミュニケーションを交わした。当初予定していた活動のほとんどは実施できなかったが，このような事態に直面することによって，複雑な国際情勢に肌で接し，そこでも懸命に生きている人たちを見た。これは第2次訪問隊の募集に際して，この経験をした学生が多く再応募してきたことに顕著に表れている。

特記すべきことがある。それは，複雑な国際情勢に直面し，当初の予定に変更を余儀なくされたとき，この派遣隊はいわゆる「ボランティア難民」化しそうな危機に直面した。井戸掘りができる，電気工事の技術がある，建設基礎工事の技術を持っているなどの技術を持っていない文化系学生には，ボランティア活動を行いたいと思っても，現地ではすることがないという現実を認識したのである。旅行業者が主催するボランティアツアーは，はじめから十分準備された行程のなかに，誰でもができる作業があらかじめ用意されている。しかし，現実はそう甘くはなかったことを認識したのである。

ボランティア活動をしたいという熱意だけでは本当のボランティア活動はできない。まず，自分たちには何ができるかを認識したうえで，現地の情報を入手し，十分な準備をしていかなければ，本当のボランティア活動にはならないことを認識した。この経験が，第2次訪問隊に生かされていくことになる。

第13章　高等教育におけるボランティア活動プログラムの研究　289

3) PVAJ 日本学生隊第 2 次訪問隊の派遣

事前準備（現地支援物資として古着等の収集：ソニーOB 関係諸氏の支援を取り付ける。衣料品 600 着を超える支援物資の仕分け作業）

（現地住民との交換会用の出し物を準備・練習）

（PVAJ 内の他の調査隊との活動調整：このなかで現地住民の生活調査の実施を本訪問隊の中心事業として位置づける。生活調査用紙の作成）

成田集合（2011 年 9 月 1 日，国際情勢の変動に対応できない日本の旅行業者には頼らず，行程の自主編成，現地カンボジア人協力者との協力関係構築）

陸路カンボジア入国（バンコク→ポイペト→シェムリアップ→プレアビヒア→シェムリアップ→プノンペン→ホーチミン→バンコク）

活動内容（アンコール・ワット等シェムリアップ地域遺跡の調査，プレアビヒア寺院見学，エコ村での住民生活調査，旧ポル・ポト派村訪問，エコ村小学校訪問）

活動の評価：

第 1 次訪問隊として参加したが，国境紛争の影響で，「ボランティア難民」化しそうになったメンバーが前回の経験と反省をもとに中心的な役割を果たした。また，学生隊をバックアップする社会人からさまざまな形での協力の申し出があり，学生は積極的にそれら支援の取り付けに奔走した。これら協力者の多くは現役をリタイアされた方々であり，社会経験豊富な方々であった。この過程で，学生たちは，ボランティア活動をしたいという気持ちだけでは，実際にはボランティア活動はできず，各方面からの協力を得て初めて活動ができることを学んだものと思われる。とくに，元ソニーチャイナ社長の小寺圭氏や熊谷玄事務所の熊谷玄氏との接触のなかで，世界経済の第一線で活躍してきた人の話を聞く機会を得，また，そういう方々の生き方に触れ，ボランティア活動からキャリア開発へと発展していく可能性が芽生えたものと推量できる。

また，現地での生活調査活動は，彼らにとっては初めての活動であったにもかかわらず，貴重なデータを収集した。この過程では経済産業省の浅野大介氏の指導をいただき，政策立案過程での基礎調査収集の重要性など，法学部学生にとって大学の講義のなかで学んで来たことを実践的に体験することができた

ものと考える。さらに，帰国後は，それらデータの英文化作業を行っており，自分たちの活動を世界のNPO・NGOの今後の活動に生かせるような基礎データとしてまとめ上げようとしている。自分たちにできる社会貢献とは何かを考えるようになったあらわれであると言える。

　この第2次派遣隊の活動は高く評価され，PVAJ会長名で発表された報告書[26]のなかでも言及されている。また，彼らの活躍は，帰国後，各方面で紹介され，それはPVAJ学生隊への新規加入希望者が爆発的に増えている状況からも伺うことができる。

　特筆すべきことは，この成功の背景に，第1次派遣隊が十分に成果を発揮できなかったという「失敗」に対する反省があった点である。旅行業者や多くの経験をすでに持っているボランティア団体のノウハウを借りて，形だけの活動を行うのではなく，知恵を出し合って自ら作っていくところに「体験」学習と「ボランティア活動」の教育的成果を見ることができる。

第5項　学生隊参加者へのアンケート調査とキャリア開発

　このボランティア活動が学生のキャリア開発にどのように役立っているのかを検証するために，2011年10月，第2次派遣隊参加学生を対象に，派遣終了後，アンケート調査を実施した[27]。参加学生17人中，回収数は9人であった（回収率53％）。このボランティア活動に参加してよかったかどうかの質問には，9人すべてが「よかった」と答えている。しかし，この結果に関しては，参加して「よかった」と感じた者がアンケートに回答した可能性があるため，参考にとどめなければならないと考えられる。その他，注目できる回答について整理しておきたい。

　まず，このボランティア活動に参加して東南アジアに対する印象が変わったかどうか聞いたところ，全員が「変化した」と答えている。どのように変化したのかについて，注目できる記述は，経済的格差の存在に驚いた学生がふたりいて，彼らは，カンボジアの人々が貧しいなかでも，現状に満足して生きているように見えたこと，貧しくても心が豊かである点を挙げ，これまでの持っていた印象が変化したと答えている。これまで，単に「貧しい」だけととらえて

いたが，カンボジアの人々と直接接するという体験は，「貧しさ」とは何かへと発想を変化させ始めていることがわかる。「体験」がもたらす効果であると考えられる。

　このアンケートを実施した最大の目標は，最後の2問にあった。このボランティア活動への参加が彼らのキャリア開発にどのように影響するのかを検証したかったのである。その結果はこのボランティア活動を通して，「自分の生き方に変化があった」と答えたのは7人であった。そのうち，「どのように変化したか」を記述した6人は，以下のような記述をしている。

　　ⅰ）　英語は大切。
　　ⅱ）　日本に生まれた自分自身について考えるようになった。
　　ⅲ）　自分の視点，と他の文化だったり言語を持つ人の視点が違う，ということを意識するようになった。
　　ⅳ）　目の前のことだけでなく，その先のことについて深く考えて，自分のことから他国のことまで気にするようになった。
　　ⅴ）　時間とお金を有効に使うよう心がけるようになった。世界から見た日本を意識するようになった。
　　ⅵ）　仕事として国際協力に携わりたい気持ちが固まった。

　意味不明の記述もあるが，これらは3つに分類できるだろう。これまでの自分の生き方に対する反省（ⅱ，ⅴ），これからの生き方について（ⅰ，ⅲ，ⅳ，ⅴ），目指すべき仕事について（ⅵ）である。キャリアに対する明確な意識に変化が見られるのはⅵのひとりだけである。この数字を少ないとみるべきか，意見が分かれるかもしれない。しかし，筆者はこの数字を少ないとは見ていない。むしろ，確実にひとりの参加者のキャリアに対する意識を変化させた事実が重要であると考えている。また，これまでの生き方に対する反省や，これからの生き方について考えるようになったことは，キャリア開発の出発点であろうと思われ，このアンケート結果は，このボランティア活動がキャリア開発へ大きく貢献した可能性を示しているものと思われる。

第6項 「世界遺産プレアビヒアと周辺地域ボランティア活動」プログラムの教育的評価

　これまでの3回の「世界遺産プレアビヒアと周辺地域ボランティア活動」への参加者はのべ31人となる。まだ，はじまったばかりのプログラムではあるが，着実に発展していることは参加者の着実な増加から明らかである。また，隊員募集を組織的に行ったわけではないから，「口コミ」による広まりが最大の要因であると考えられる。これは，このボランティア活動への参加者がその「体験」を自ら評価したことを示している。

　このプログラムが参加学生の中等教育以前での経験と大きく異なっている点は，学校や旅行業者によってあらかじめ定められたコースや作業を行ったのではなく，活動を作り上げて行く過程に彼らが深く関わっていた点である。とくに重要な点は，一歩間違うと「ボランティア難民」となってしまうところから，真剣に「自分たちに何ができるのか」を考え，すでに多くのことを経験している社会人と積極的に関わって，危機的なところから立ち上がったことである。

　インターネットを開けば，「ボランティアツアー」とか「ボランティア体験」などの字が躍る旅行会社のサイトをすぐ見つけることができる。しかし，それらのなかには，これまでの普通の観光旅行のなかに，1日か2日の体験的なボランティア的な作業が少し含まれているだけとか，ボランティアとは名ばかりの，観光旅行が多く見られる。そのなかで，お仕着せのボランティアとは一線を画したところにこのボランティア活動の意義がある。

　とくに重要な点は，1学年の体験で終わるのではなく，次の派遣隊へと経験を継承しているところである。この点は，中等教育までに実施されている「体験学習」，「ボランティア活動」には見られない点である。もちろん，学校関係者や教育関係者にはその指導の体験は残るのだが，ここに紹介した「ボランティア活動」は参加学生のなかに経験が継承されているところに重要な点がある。これは，中等教育までの学習指導要領に示されながらも，必ずしも成果を上げてこなかった「総合的学習の時間」が目指したこと，たとえば学年の壁を越えての学習など，を克服した活動となっていると考えられる。

第3節　むすび

　最後に，学生の活動を見守り，援助する学校や社会はどうあるべきかについて言及しておきたい。これは大学の教育的対応とは何かと言い換えることができるだろう。

　カンボジアのように必ずしも政情が安定しているとは言えない地域における活動には不測の事態が起きる可能性があることは容易に想定できる。「世界遺産プレアビヒアと周辺地域ボランティア活動」プログラムにおいても，国境紛争の影響で，大きく日程や活動計画を変更しなければならなくなった。気がついてみたら，日本人のなかで，最も紛争地域に近いところで活動していたというような事態になっていたのである。

　これは，海外ボランティア活動において，とくに発展途上国での活動を目的としたグループにおいては避けられないことである。その際，学生の活動計画を十分理解したうえで，学生の活動とは別に不測の事態に備えたバックアップ体制を学生の指導者は考えておかなければならない。この点を旅行業者任せにしておくと，旅行業者主体のボランティア活動となってしまい，観光旅行とどこが異なるのかわからない活動となってしまう。

　PVAJ学生隊の活動に対しては，PVAJ本部はカンボジア政府との間で，2011年1月21日，"PROPOSED VISIT TO PREAH VIHEAR" と題する協定書を取り交わし，不測の事態に備えた。協定書の日本側代表はPVAJ会長の森田徳忠氏であり，カンボジア側代表はプレアビヒア開発担当（文化芸術省大臣）のMr. Chuch Phoeurn であった。内容は2011年2月と8月の学生隊訪問の目的と内容を記したうえで，カンボジア政府の支援を確認するものであった。これによって，現地での活動において，カンボジア政府軍やその家族の全面的な支援を得られたばかりか，未だ十分なインフラが整備されていない地域での活動において必要な医療等最低限の生活基盤を確保することができた。一般的に，発展途上国の国境地帯では，軍施設が最もインフラ整備が進んでいると考えられるから，現地政府を通じて政府軍の支援を取り付けておくことは，海外ボランティア活動においては必須のことであったからである。このような周到な事前準備

を学生の活動準備とは別に，大学関係者や NOP・NGO 関係者で行っておくことが学生海外ボランティア活動の成否を決定する用件と言える。

　学習指導要領のなかで，その重要性が述べられていても，現実には十分なボランティア活動に対する経験のない学生は，失敗を繰り返していくが，それを学生のなかで継承していく。一方で，指導者は学生の失敗に備えてできる限りのバックアップ体制を整える。この両者，ボランティア活動を行う学生とそれをバックアップする NGO・NPO，の信頼関係を基礎とした連携こそが今求められていると考えられる。

【注】
（1）　海後宗臣『改訂新版　教育原理』朝倉書店，1974 年
（2）　同上　75 ページ。教師と生徒の関係のようにふたつの異なった性格をもった人間がひとつの場面に登場して教育的な人間関係を結んでいるような教育構造。
（3）　同上　81 ページ。自ら周囲にある教育内容を用いて新しい知識を身につけ，技術を習得するための自己活動。
（4）　同上　89 ページ。生活のあらゆる場面において媒介をもちいずに人間が相互に目に見えない連関をつくって性格を作りあっている教育構造。
（5）　今日のような時代に，修学旅行などの行事が必要かどうか根強い反対意見があるが，児童・生徒にとって思い出深い行事として，定着している。酒向健・都築亨編著『特別活動を学ぶ』福村出版，1994 年，93 ページ参照。
（6）　「高等学校学習指導要領」平成 21 年 3 月，文部科学省，354 ページ。
（7）　平成 13 年 7 月改正・施行。
（8）　「社会教育法第 5 条十四」『教育小六法　2010』学陽書房，2010 年，482 ページ。
（9）　筆者が主催者のひとりとして企画参加した 2011 年 9 月の海外ボランティア活動に参加した東洋大学 2 部学生に参加費用総額の約半額に相当する 5 万円を東洋大学は補助した。必要書類はボランティア団体の代表者による参加証明書のみであった。
（10）　文部科学省「高等学校　学習指導要領」平成 21 年，15 ページ。
（11）　同上　18 ページ。
（12）　同上　22 ページ。
（13）　同上　21 ページ。

(14) 同上　352 ページ。
(15) 同上　20 ページ。
(16) 同上　353 ページ。
(17) 同上　354 ページ。
(18) 文部科学省「中学校　学習指導要領」平成 20 年，15 ページ。
(19) 同上　120 ページ。
(20) 文部科学省「小学校　学習指導要領」平成 20 年，13 ページ。
(21) 世界遺産の登録基準は，文化遺産の登録基準 6 つと自然遺産の登録基準 4 つの 10 の基準がある。プレアビヒアは（ⅰ）人間の創造的才能をあらわす傑作であることなど 3 点以上の基準を満たす遺跡である。佐滝剛弘『「世界遺産」の真実─過剰な期待，大いなる誤解─』祥伝社，2009 年，85 ページ参照。
(22) The University of Tokyo, The Royal University of Phnom penh, Cambodian Center for Study and Development in Agriculture, Pride of Asia–Preah Vieah Association Japan, "Orientation Plan for the Development of the Preah Vihear Area—A Challenge for Building a Net Zero-Emission and Resource-Cyclical Community," 2010.
(23) 吉田恒明（東京大学名誉教授・カンボジア政府　世界遺産プレアビヒア寺院機構上級顧問）「カンボジア世界遺産『プレア・ビヒア寺院』地域の保全と持続可能な開発」プレアビヒア日本協会，2011 年。
(24) H. E. Mr. UK Someth: Advisor to the Deputy Prime Minister SOK AN, President of APSARA Authority. Responsible for the Development of Siem Reap Angkor and Preah Vihear Regions. 彼との面談の記録は録画され DVD で保存されている。カンボジアの欲している援助の全容が理解できる貴重な資料である（日本大学法学部 9 号館 106 号壽福研究室にて保管）。
(25) 社団法人東京倶楽部（理事長吉澤建治），1884 年（明治 17 年）設立，国政関係の研究に対する補助，国際会議への助成を行っている。
(26) 森田徳忠「プレアビヒア・プロジェクトの近況報告及びカンボジア・チームの北海道訪問の日程変更について」PVAJ 回覧メール，2011 年 9 月 11 日。
(27) アンケート項目は以下の通りである。
　　「世界遺産プレアビヒア」とその周辺地域でのボランティアに関するアンケート
　1. 海外旅行の経験（このボランティアに参加する以前）
　　　なし　　あり（1 回　　2 回　　それ以上）
　2. 1 で経験があると答えた人に質問します。その地域はどこですか。
　　　アジア　　北米　　中南米　　ヨーロッパ　　アフリカ　　オセアニア

3. アジアと答えた人に質問します。その国はどこですか。
4. このボランティアに参加する前に他のボランティアに参加した経験がありますか。
　はい　　いいえ
5. はいと答えた人に質問します。それは国内外どちらですか。
　国内　　海外
6. はいと答え人に質問します。そのボランティアの具体的な活動内容はなんですか。
7. ボランティアに参加する前に「プレアビヒア」を知っていましたか。
　知っていた　　知らなかった
8. ボランティアに参加する前から「世界遺産」に関心がありましたか。
　あった　　なかった
9. ボランティアに参加する前から東南アジアに関心がありましたか。
　あった　　なかった
10. ボランティアに参加した動機を説明してください。
11. 「世界遺産プレアビヒア」に関する印象を聞かせてください。
12. このボランティアに参加してよかったですか。
　よかった　　どちらとも言えない　　よくなかった
13. このボランティアに参加して、このボランティア活動についてもった印象を率直に話してください。
14. このボランティアに参加して、東南アジアにたいする認識が何か変化しましたか。
　変化した　　変化しなかった
15. 14で変化したと答えた人に質問します。どのように変化しましたか。
16. このボランティアに参加して、自分の生き方に何か変化はありましたか。
　あった　　なかった
17. 16で「あった」と答えた人に質問します。どのように変わりましたか。

(28) 以下，協定書全文

PROPOSED VISIT TO PREAH VIHEAR Of University of Japan Students (N. Morita Jan.21 2011)

1. On 20 January 2011, Mr. N. Morita, Special Advisor to SNEC and Chairman of Preah Vihear Association Japan (PVJA) and Prof. T. Jufuku visited President Chuch Phoeurn of Preah Vihear National Authority (PVNA) at his office. They discussed the proposed visit of the group of the students of the University of Japan to Preah Vihear. The students' group has been organized as one of the main affiliates of PVJA for the purpose of supporting the activi-

ties of local community in Preah Vihear. The planed visit of the students (in two stages) will be made in association with PVJA.

2. First Group 9–14 Feb. 2011 consisting of 12 members. The team led by Prof. T. Jufuku. From PVJA Prof. T. Yoshida (Board member) will join the team and advise both the students and PVNA. The team will be fielded as shown below (nights):

Arrive PV from Siam Reap: 10 (Thu) noon
Leave PV for Siam Reap: 14 (Mon) morning

3. The purpose of this Group is mainly to initiate the long term association of the students group and the local community. It will introduce the University and the group to the local people and familiarize themselves with the community members and their needs. To achieve these objectives, appropriate program will be organized including jamb lies, discussions with villagers, teachers and children and also visits to farm houses, schools, clinics and other facilities as deemed useful. As a part of preparation, seminar to the villagers prior to the students' visit by Cambodian side would be useful for the better understanding by them about the purpose of the proposed students' visit. Close association of the students with PVNA field staff and their input to the students will also be essential to formulate effective program for the community. Transport and accommodation will be arranged by the University students through a travel agent. Detail itinerary will be prepared and emailed to PVNA.

4. Second Group in August 2011 (date to be decided). The team consisting of 20-30 members will be lead by Prof. T. Jufuku and start working on the programs along the line with the programs conceptualized/initiated by the First Group.

........................<<<<.................... <<<<................<<<<

5. At the above meeting, President Chuch Phoeurn and Mr. Morita also discussed following:

President Chuch Phoeurn informed Mr. Morita that PVNA has a plan for creating a nursery in the pond area across the road. The plan would be prepared in close coordination with the Forestry Department, Ministry of Agriculture. Similarly, a forestry plan covering the entire PV area would be formulated. Availability of water, suitability of soil as well as selection of the specific species would be the central elements for which the Ministry's technical inputs are expected. Mr. Morita congratulated the President for the above initiatives as it would provide the basis for the forestation program. The student group can participate jointly with the villagers and work together in creating the nursery. PVAJ can also be an active party in supporting the forestry program in various ways in a preparatory as well as at implementation stages. The planed visit of Prof. Yoshida with the students in February would offer an excellent opportunity for further discussion re long-term association of PVAJ in various sub-sectors. Both noted the need for the continued dialogue for the effective corporation for the Project.

Mr. Morita thanked the President for the help by PVNA staff to the forth coming visit of the student group.

あとがき

　2019年度（平成31年度）から，教職課程の新課程がスタートする。全国の教職課程を持つ大学は2017年（平成29年）から再課程認定に向けて多くの作業を必要とした。2019年度いっぱいで退職を予定している筆者は今後旧課程担当教員と呼ばれることになるのかも知れない。少し寂しい気もするが，これからの教員養成を担う若い先生方の成長を期待しなければならないのだろう。

　さて，本書を刊行するにあたって，これまでの筆者の研究や教員生活について，多くの方々への感謝と自分自身の反省を記しておかなければならない。

　筆者は1974年（昭和49年），日本大学文理学部教授故土屋忠雄先生に出会うことによって教育学に出会い，先生のご指導の下で大学院へ進学し，教育学研究に向かうことになった。土屋先生のもとで教育学の勉強をすることは大変楽しかった。当時は，まだ，研究生活や学問することの意味が自分自身よく理解できていなかったからかもしれない。

　当時，教育心理学を教わった元日本大学法学部教授野々村新先生，研究助手であった元日本大学法学部教授安藤忠先生，元日本大学文理学部教授羽田積男先生，元日本大学文理学部教授関川悦雄先生に出会うことができ，今日に至るまでご教示いただいているが，その頃，筆者は「やんちゃ」盛りで，随分ご迷惑をおかけしたものと思う。

　筆者はその後，博士後期課程に進学したが，2年生のとき，土屋先生は私に日本大学ロバート・F・ケネディ奨学金の受賞と海外留学への道筋をお付けくださり，その直後急逝された。博士後期課程で勉学する院生が指導教授を失うということの意味を実感したのは，米国留学から帰国してからであった。研究生活では孤児のようになったこの頃の筆者を公私ともにご指導ご鞭撻くださったのが，元日本大学文理学部教授今野三郎先生，元日本大学文理学部教授川本亨二先生である。言葉では言い表せないほどのご恩をいただいた。

　院生としてさまざまな学会に参加するようになったが，学生時代からの指導教授を失った院生にとって，学会はあまり居心地の良いところではなかった。

そんな筆者を研究者の一人として受け入れ，研究グループの一員としてご指導くださったのが，元鳴門教育大学教授田甫圭三先生と元亜細亜大学教授中川隆先生であった。研究を続けることができたのは両先生のおかげである。

　その後，日本大学文理学部教授に就任され，博士後期課程で院生の指導にあたられた佐藤秀夫先生のもとで研究を継続し，佐藤先生に研究の基本を叩き込んでいただいた。筆者の研究に「教育課程史」という方向を指し示してくださったのは佐藤先生である。また，元日本大学文理学部教授石井正二先生は筆者の研究を評価くださり，先生からさまざまなご指導とご鞭撻を賜った。

　ところで，博士後期課程在学中に川本先生に日本大学第一高等学校教諭浦澤孝俊先生をご紹介いただいた。その後，浦澤先生のご尽力で日本大学第一高等学校に職を得た。当時の同校理事長・校長であった加納弘先生，教学担当理事加藤喜蔵先生のご理解とご支援で高等学校教諭を勤めながら研究を継続することができた。この経済的安定はその後の筆者の研究活動には大変大きなことであった。心より御礼を申し上げたい。

　この高等学校教諭を勤めながら教育学研究を続けていた筆者に新たな研究方向を提示くださり，研究メンバーとしてお声をかけてくださったのが，元東京学芸大学教授三浦軍三先生である。今日の筆者の研究活動に直結する研究課題を指し示し，お導きいただいた。

　しかし，高等学校教諭を勤めながら，研究活動を続けるのは難しい点があった。教育学研究と教育現場での経験は必ずしも一致するものとは言い切れなかったからである。筆者が研究を続けてこられたのは，東京都の私立高等学校の多くが当時持っていた研究日制度を利用して，大学の非常勤講師として教育学専門科目や教職課程科目を担当できたことが大きな要因であった。

　大学の非常勤講師としての道を開いてくださったのは元埼玉大学教授森川輝紀先生である。私立高等学校の現場教員を埼玉大学の教育学の非常勤講師として採用するにあたっては多くの障害があったのではないかと考えられるが，筆者に教育学研究と高等教育機関での教育機会の道を開いてくださった森川先生には生涯にわたるご恩を感じている。

数年前，知人からWikipediaで筆者の名前を見かけたという話を聞いた。確認したところ，元横浜国立大学教授久木幸男先生の項目のなかで，久木先生の門下生の一人として，ご高名な諸先生方とともに筆者の名前が見られた。大変な驚きであった。

　久木先生は，周知のごとく，長く日本の教育哲学，教育史学をリードされた。また，日本古代教育史の草分けである。筆者が後期課程の院生であったとき，久木先生に私をご紹介くださったのは急逝された土屋先生であったが，それ以来，久木先生がご逝去されるまで，あたかも「内弟子」のごとく，毎週，横浜の先生の研究室で指導を賜った。その指導は厳しく，筆者がそのご指導に十分応えられたわけではなかったが，日本古代教育史のテーマのみならず，学校教育の現場で起きる問題から研究者としての生き方，時には筆者のプライベートな問題まで親身なご指導をいただいた。

　久木先生との出会いなくして，筆者の人生は語れない。ただ，筆者の学校歴のなかに，久木先生との接点はなく，世間の人に筆者が久木先生門下であることが知られているとは思ってもいなかった。今，久木先生門下の一人として取り上げられていることは筆者にとってこの上ない誉れである。

　筆者の研究に，ある時は厳しい指摘をくださり，ある時は共同研究のメンバーとしてお声をかけてくださった放送大学教授大戸安弘先生は，先生には大変失礼かと存じますが，筆者にとって久木先生門下のかけがえのない兄弟子である。

　さらに，筆者の研究生活において忘れることができない元日本女子大学教授石川松太郎先生との出会いを記さなければならない。旧著でも本書でも取り上げた日本の古代史教育課程の問題は，石川先生の業績を批判する内容が含まれていた。しかし，この研究に対し，石川先生は先生の御尊父の名を冠した「石川謙日本教育史研究奨励賞」を私に授与くださり，その後もテキストの執筆者としてお声をかけてくださった。ご逝去の折，筆者は英国留学中で，ご葬儀に参列できなかったことを心より申し訳なく思っている。

　15年前，筆者は現場教員として学校での責任が重くなりつつあった。研究活動を今後も続けていきたいとは思うものの，研究職への転職は難しいと感じ始めていた。その頃，筆者へ日本大学への転身の道を開いてくださったのが，元

日本大学法学部教授佐藤邦憲先生であった。佐藤先生と筆者はともに香川県綾歌郡宇多津町を郷里としている。佐藤先生のご実家と筆者の実家が近接していて，佐藤先生は筆者にとって密接な同郷の先輩である。残念ながら，年齢の違いもあって，学童期，青年期にご厚情をいただくことはなかったが，筆者が東京の私立高等学校で教鞭をとっていた時代に出会う機会を得，その後，研究活動や私生活に多くのご指導を賜った。佐藤先生なくして，日本大学法学部で職を得ることも研究者となることもなかった。先生のご厚情を生涯けっして忘れることができない

最後に，本書刊行にあたり，立教大学教授外山公美先生と日本大学教授松嶋隆弘先生にお世話になった。両先生には筆者の研究へのご理解を賜り，芦書房中山元春社長をご紹介くださった。中山社長のおかげで，本書を出版することができた。

ここに記して感謝の意を表します。

初出一覧

第1章　歴史教育課程における史的研究の重要性
「1980年代の学校と生徒に関する考察」日本大学第一高校「紀要」17号，1997年2月，加筆修正。

第2章　教育の「技術論」考察
「『授業技術』についての考察」日本大学第一高校「紀要」12号，1993年3月，加筆修正。

第3章　教育課程史研究における史料
「近代日本教育課程史研究の史料についての考察」日本大学法学部「桜文論叢」61巻，2004年8月，加筆修正。

第4章　教育課程史の実践的研究
「明治初期古代史教材の研究―「国史略」の分析を通して―」関東教育学会「紀要」11号，1984年9月，一部修正。

第5章　聖徳太子教材の成立
「明治20年代中期の古代史教材の転換―聖徳太子教材の成立を通して―」教育史学会「日本の教育史学」28集，1985年10月，一部修正。

第6章　教育課程を歪める学校教育の現状
「高等学校「日本史」学習における歴史イメージの形成に関する研究―「古代籍帳」を題材とした演習問題を通して―」日本社会科教育学会「社会科教育研究」No.84，2000年10月，加筆修正。

第7章　教育課程の現代的課題
「真の学力の育成をめざし静かなる崩壊を防ぐために―学校教育改革の必要性を考える―」日本大学第一高校「紀要」23号，2003年3月，加筆修正。

第8章　文化財保護と歴史教育の連携
「文化財保護と歴史教育の連携―歴史教育のあり方を考え，改善を目指す―」日本大学教育制度研究所「教育制度研究紀要」第39集，2006年3月，一部修正。

第9章　「身近な問題」としての歴史教材の開発
　「「身近な問題」としての歴史教材の開発―教育史上の民衆に関する史料を教材として開発していく課題―」日本大学第一高校「紀要」16号，1996年2月，一部修正。

第10章　新しい教材の開発を目指す史料の発掘
　「古代日本における塩と瓦に関する試論―教育史的意義に注目して―」日本大学第一高校「紀要」6号，1985年11月，一部修正。

第11章　文化在保護活動に関する調査報告
　「文化財保護活動に関する調査報告―『世界遺産「ヨーク大聖堂」を持つヨーク市を舞台とした文化財保護活動と社会科・公民・歴史教育の教員養成を中心として』―」日本大学法学部「桜文論叢」81巻，2011年12月。

第12章　中高一貫教育と高大一貫教育における教育課程
　「中高一貫教育と高大一貫教育に関する研究―高等教育機関はいかに対応すべきか―」日本大学教育制度研究所「教育制度研究紀要」第36集，2005年3月。

第13章　高等教育におけるボランティア活動プログラムの研究
　「高等教育におけるボランティア活動プログラムの研究―世界遺産プレアビヒアを題材として―」日本大学法学部「桜文論叢」82巻，2012年2月。

索引

【あ】
青山延于 81

【い】
生きる力 31, 179
石川松太郎 217
岩垣松苗 93, 131, 186

【え】
江木千之 135

【お】
王代一覧 92
OECD学力調査 191

【か】
海後宗臣 277
科学的歴史教育論 194, 198, 201, 204
学習指導における文化財の手引 205
学習指導要領 11, 12, 31, 37, 43, 44, 174, 175, 278–280, 283
学習指導要領一般編（試案） 268
学制 111, 114
学力 43
学力観 44
学力論 176
笠間益三 80, 86, 88, 114, 133
学校教育法 268
学校荒廃 13
学校の教育荒廃 18
学校の荒廃現象 14, 15, 18, 20–23, 25–27
学校紛擾 14, 15, 26
神谷由道 137
川辺里 156, 158
完全学校週五日制 175

【き】
紀事本末体 130, 136, 137, 141, 142
機能的歴史教育論 204
木村正辞 113, 114
教育改革国民会議報告 279
教育課程審議会 175, 176, 179
教育技術 29–34, 36–38
教育技術法則化運動 32–34, 38
教育基本法 268, 274
教育荒廃 13, 15
教育時論 15, 26
教育勅語 58, 111
教育の荒廃現象 38
教授法 31, 34

【く】
久米邦武事件 142
黒板勝美 95
訓蒙皇国史略 46, 47, 58, 59, 81, 88, 93–95

【こ】
コアカリキュラム 31
郷戸実態説 159, 160
郷戸法的擬制説 159
皇朝史略 81, 86, 95, 96, 185
高大一貫教育 259, 260–262, 272–274
高等小学歴史 137, 138
校内暴力 14, 15, 20, 21
古器旧物保存方 199
国史略 58, 59, 81, 91–96, 98, 100–102, 104, 106, 107, 111, 112, 131, 132, 138, 141, 143, 185, 186, 212
国史略三編字引 93
国定教科書 111, 185
国宝保存法 200
古事記 113, 185, 186
古社寺保存法 199
古代戸籍 149, 151
古代籍帳 148, 151–153, 158–160, 165–167

【さ】
斎藤喜博 36, 37, 39

【し】
静かなる崩壊 177, 181, 183, 185, 187, 189
史跡名勝天然記念物保存法 199
史的記念物天然記念物勝地保存心得 199
重要美術品等ノ保存ニ関スル法律 200
授業妨害 177
小学課業表 92
小学教則 92, 107
小学教則大綱 103
小学国史紀事本末 114, 130,

索引 307

134, 135
小学校教則綱領 81, 96, 103, 135, 136, 143
小学校教則大綱 142
小学校用日本歴史 114, 138, 140
小学校用歴史 114, 137, 138
小学校用歴史編纂旨意書 137
小学校令施行規則 104
小学新読本 81
上宮皇太子菩薩伝 133
上宮聖徳太子伝補闕記 133
上宮聖徳法王帝説 133
正倉院文書 151, 152, 156
聖徳太子 104–106, 113, 130, 131, 194, 212
聖徳太子教材 104–106, 111, 131, 136–138, 140–143, 185, 212, 215
聖徳太子像 138
聖徳太子伝暦 104, 133
初等科国史 104
史略 92, 98, 113, 114, 131
新撰日本略史 87
神皇正統記 102
真の学力 179, 181, 183, 185, 189
新編日本略史 80, 81, 86–88, 114, 133, 134

【せ】

世界遺産教育 239, 241, 251, 253, 257, 258

【そ】

総合的学習の時間 11
造東大寺司 202, 218, 230, 232, 235

【た】

大日本史賛藪 105
確かな学力 31

【ち】

中央教育審議会 175, 179, 271, 280
中高一貫教育 259–262, 270–274
中高一貫校 271
調査済教科書表 87
直観 31

【つ】

辻敬之 114, 137
椿時中 114, 134

【て】

帝国小史 104, 114, 130, 138, 140–142
デューイ 196–198

【と】

東大寺要録 214, 215
登録文化財制度 201
特別活動 18, 20
読本 45

【な】

内国史略 95, 96
寧楽遺文 152, 156
南北朝正閏論争 143

【に】

日常知 147, 159, 165
日本書紀 91, 95, 96, 98, 100–102, 104, 107, 113, 114, 130, 132, 133, 137, 138, 142, 185, 186, 195, 212
日本略史 80, 92, 93, 95, 96, 114, 131–133

【は】

パーソンズ 197
バーンズ 195, 196, 197, 198
半布里 152
万国史 45

【ひ】

久木幸男 217

【ふ】

不登校 177
文化財 191, 198–205, 252, 254, 258
文化財保護 191, 198, 199, 200–205, 239, 240, 251, 253, 257
文化財保護法 191, 199, 200, 202, 205, 251
文化的景観の保護制度 201

【へ】

ヘルバルト主義 142

【ほ】

ボランティア活動 279, 280, 282, 283, 289–291, 293–295
翻訳教科書 45

【み】

水鏡 86

【む】

無形文化財 202, 204

308

【も】

桃裕行　217
森有礼　137
文部広報　174
文部省　11

【や】

山県悌三郎　104, 114, 140

【ゆ】

有形文化財　202, 204
ゆとり教育　11, 12, 271
ゆとり世代　11

【る】

ルソー　255, 256

【著者紹介】
壽福隆人（じゅふくたかと）
1955年生まれ
日本大学大学院文学研究科博士課程単位取得満期退学
現在　日本大学法学部特任教授

著書
『日本古代史教材開発―古代生産技術教育史と河川型歴史教材―』梓出版
『教育の方法・技術論教育の方法及び技術論』日本大学通信教育部
『歴史教育の課題と教育の方法・技術』DTP出版
『日本教育史』（共著）玉川大学出版部
『日本民衆教育史』（共著）梓出版
『教育政策・行政』（監修）弘文堂
『現代教職論』（共著）弘文堂

社会科教育課程の歴史的研究
　―古代史教材の分析と社会科の現代的課題を考察する―

■発　　行──2019年3月30日初版第1刷
　　　　　　 2020年6月15日初版第2刷
■著　　者──壽福隆人
■発行者──中山元春　〒101-0048東京都千代田区神田司町2-5
　　　　　　　　　　電話03-3293-0556　FAX03-3293-0557
■発行所──株式会社芦書房　http://www.ashi.co.jp
■印　　刷──モリモト印刷
■製　　本──モリモト印刷

©2019 JUFUKU, Takato

本書の一部あるいは全部の無断複写，複製
（コピー）は法律で認められた場合をのぞき
著作者・出版社の権利の侵害になります。

ISBN978-4-7556-1299-2 C3037